AF477476

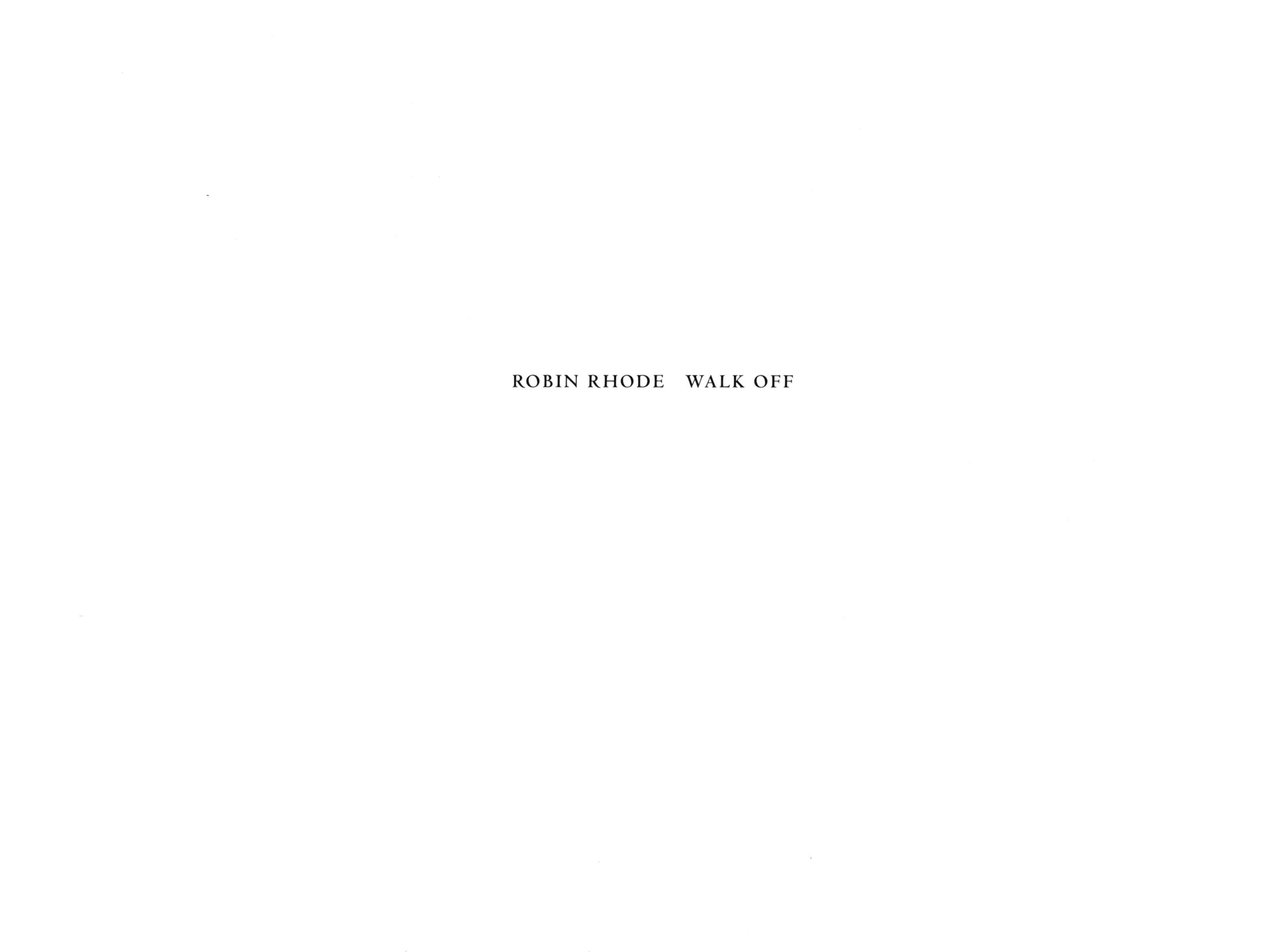

ROBIN RHODE   WALK OFF

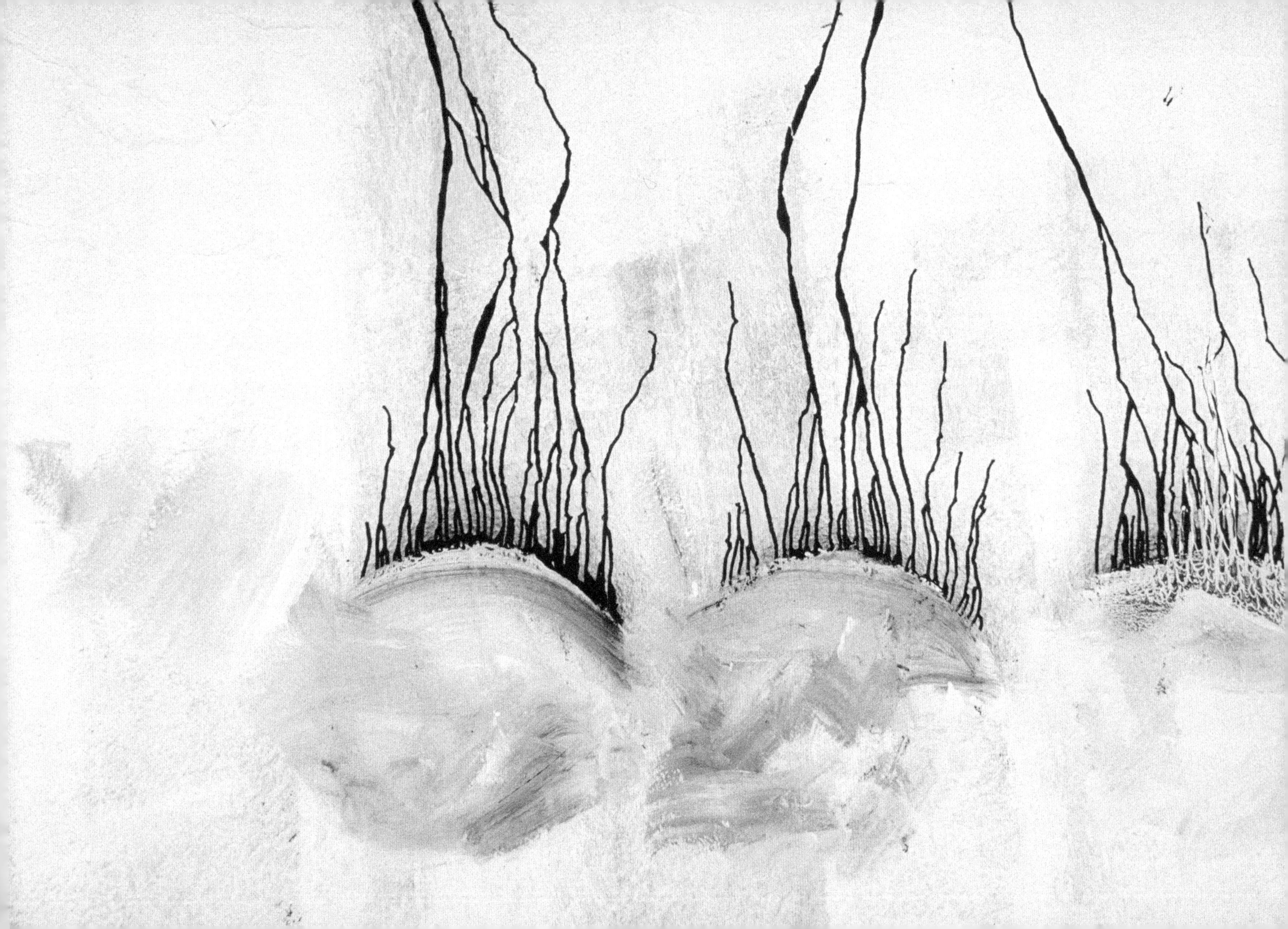

WALK OFF
ROBIN RHODE

Herausgegeben von

Stephanie Rosenthal

mit Beiträgen von

Thomas Boutoux

und

André Lepecki

HATJE CANTZ

INHALT

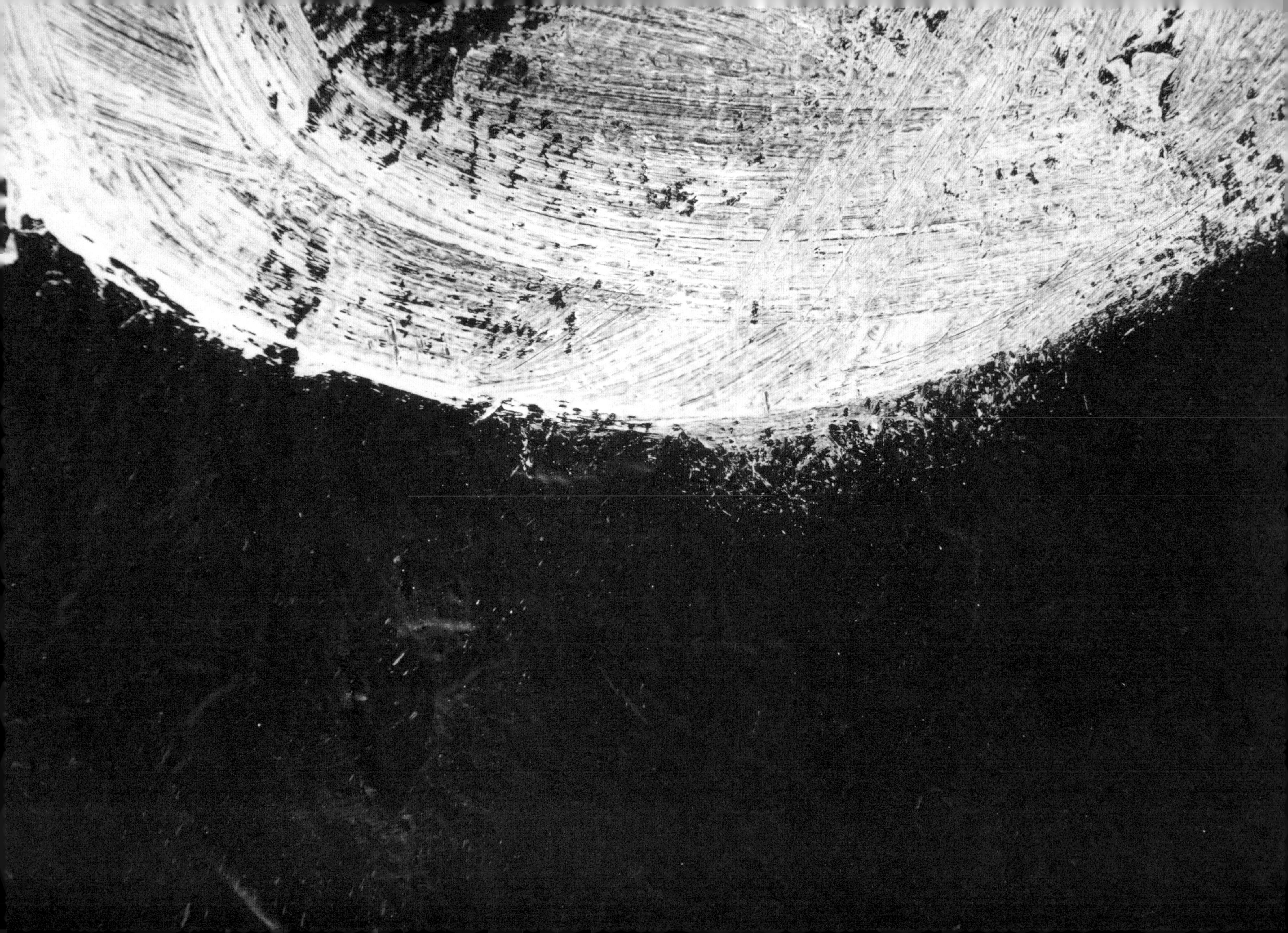

STEPHANIE ROSENTHAL

Walk off

»Beim Baseball nennt man einen Home-Run, mit dem das Spiel endet, einen Walk-off-Home-Run. Durch diesen Home-Run muss die Heimmannschaft mit der letzten Spielchance die Führung übernehmen. [...] Es heißt Walk-off-Home-Run, weil die Mannschaften unmittelbar danach das Spielfeld verlassen.«[1]

Robin Rhode selbst hat den Begriff Walk off für seine Arbeiten geprägt. Das letzte Bild einer Serie, das letzte Ereignis in einer Serie von Bewegungen oder der letzte Strich einer Zeichnung bestimmen für ihn den Ton der jeweiligen Arbeit. Sie sind der Walk off, mit dem Rhode das Bild verlässt und den Betrachter aus dem Werk entlässt. »Dieser Punkt spiegelt die Dimensionalität wider, die durch die Zeichnung und die Interaktion, sofern vorhanden, zwischen dem Realen und dem Nichtrealen entsteht.«[2] Nur wenn dieser gelingt, funktioniert das Werk. Es gilt, den Endpunkt zu setzen, ohne den Zauber des Werks zu stören.

Diesen Begriff möchte ich weiter fassen, zur Anschauung von Rhodes gesamtem Werk anwenden und behaupten, dass dem Künstler der Walk-off-Home-Run innerhalb der Werkserien zwar gelingt, dass aber – wie diese gleichzeitig bewusst machen – ein derartiger Sieg in einer Welt, die eine Welt der Erscheinungen und damit immer auch der unerfüllten Wünsche ist, schwer zu erreichen ist; dass diese Erkenntnis den Künstler veranlasst, den Erscheinungen und Wünschen die Autorität zu nehmen und mit ihnen zu spielen. So entsteht eine Kunst, die das Leben als ein Spiel inszeniert, das um des Spiels, nicht um des Ziels willen gespielt wird: »Manchmal hat man nichts und hat doch eigentlich alles.«[3] Damit drückt Rhode einen kindlichen Glauben an das Vermögen der Fantasie aus, gültige Realitäten zu schaffen.

1976 in Kapstadt geboren, lebte Robin Rhode ab 1984 in Johannesburg, wo er von 1995 bis 1998 Kunst und später auch Film studierte. Seit 2002 wohnt Rhode überwiegend in Berlin, doch bleibt Johannesburg für ihn bis heute ein zentraler und inspirierender Ort des Schaffens: Diese Stadt ist zugleich »Bühne« und »Leinwand« seiner Werke.

Die Werke Rhodes zeigen einen oder zwei Menschen als Protagonisten kurzer Handlungen oder eines Geschehens in zeitlicher Abfolge. Sie erzeugen nur die Illusion realer Vorgänge, da die weitere Ausstattung des Bildes lapidar auf einen Hintergrund gezeichnet ist, der ein Wand- oder (bei fotografischer Aufsicht und entsprechend im Liegen dargestellter Aktion) ein Bodenstück im öffentlichen Raum ist.

Ursprung und immer wieder neuer Ausgangspunkt seiner Arbeiten ist die Zeichnung – Zeichnung verstanden als Zeichensetzen im Raum, als Kennzeichnung, als Zeichnung des Körpers im Raum (seine Choreografie), aber auch als die Realität einer Zeichnung auf dem Boden, der Wand, dem Papier. Die Zeichnung steht für sich, ist aber auch der Mit- oder Gegenspieler in seinen Performances. Mit seiner Zeichnung eignet Rhode sich eine Fläche im Außenraum vorübergehend an, etwa das Stück einer Wand, eines Basketballfelds oder eines Flussbetts. Protagonist ist der menschliche Körper – sein eigener oder/und seit etwa 1999 der eines anderen. Das Erforschen der Beziehung des eigenen Körpers zum Raum schwingt immer mit.

Die Anfänge – Kunstspiel aus dem Moment heraus

1997 begann Rhode, beeinflusst von der Performancekunst der 1960er- und 1970er-Jahre, in seinen Werken mit Objekten zu interagieren, die er mit Kreide auf Wände oder Böden zeichnete. Die Performances waren damals wie heute häufig Aktionen aus dem Moment heraus, die einfach »geschahen«. Ausgangsmaterial waren er selbst und ein Stück Kreide.

Seine Inspirationen findet er im Stadtraum und in den Medien. Direkter Auslöser eines Werkes können eine Wand, ein Zeitungsartikel oder ein Erlebnis sein. »Ich sammle Informationen, wo ich nur kann, Bücher, Zeitungen – Comics, Fotos, Literatur, Filme, alles, was sich mit einer Erzählung verknüpfen lässt, die ich vor meinem geistigen Auge habe. Dabei kann es sich um alles und jedes handeln. Ich kritzele ein paar Ideen auf Zettel, lese Bücher, sehe mir Bilder an, verfolge die Sportergebnisse und finde schließlich einen Weg zur Umsetzung dieser Ideen. Oder ich finde eine Wand, auf die ich zeichnen kann, ohne festgenommen zu werden.«[4]

Zu Beginn fanden seine Aktionen noch ohne Publikum statt. Dadurch konnten sie nicht eindeutig dem Kontext Kunst zugeordnet werden, doch zufällige Beobachter, die unvermeidlich zu Teilnehmern wurden, gab es immer, wie Rhode beschreibt: »Ich habe zufällig mit Liveperformances angefangen. Damals bestand meine Arbeit aus der Videodokumentation von Performances. Ich beschloss einfach, vor einem Livepublikum zu performen, um dessen Reaktion zu testen. Und mit einem Mal wurden mir das Potenzial des Liveacts und seine kommunikative Wirkung klar.«[5] Daher wohnen seinen Werken das Spielerische, die Leichtigkeit, das gleichzeitig Ernsthafte, das zum kindlichen Spielen gehört, und das Präzise inne. Für diesen speziellen Umgang mit Kunst – und damit auch dem Leben – gilt Allan Kaprow als einer der bedeutenden Wegbereiter. Kaprow zählte zu den ersten, die einfache Tätigkeiten wie das Sammeln von Müll im öffentlichen Raum als Happenings aufführten.

Fotografische Serien und Animationen

Rhode begann 1998, seine Performances in fotografischer Form festzuhalten und noch im selben Jahr zu animieren und über Videoprojektionen zu präsentieren. »Ich bin über die Fotografie gestolpert, als ich in Johannesburg Film studierte. Ich arbeitete bereits als Künstler, ironischerweise ohne jedes Einkommen, als ich mich entschloss, mein Wissen zu erweitern, indem ich mich an der Filmhochschule einschrieb. Während meines Hauptstudiums in Produktdesign bildete sich mein Interesse für Storyboards heraus.«[6] Rhode stellt sich hiermit in die Tradition von Performancekünstlern wie Vito Acconci, Valie Export oder Bruce Nauman. Seine Fotografien sind wie diejenigen Allan Kaprows keine Zufallsprodukte, sondern könnten nicht präziser komponiert sein: Die Sorgfalt Rhodes, mit der er in Beziehung zum Ort die Kamera einstellt und seine Kleidung wählt, macht deutlich, dass der Einsatz des Zufalls genau geplant ist. Da Rhodes »Bühnenbilder« auf den ersten Blick zufällig gewählt wirken, erzeugen sie einen extremen Kontrast zu der großen Sorgfalt in der Bildregie und -komposition.

1998 entstand *Classic Bike* (Abb. S. 38–39): Ein Fahrrad ist mit Kreide auf die Wand gemalt. Eine Figur, deren Gesicht nicht zu erkennen ist, in Bluejeans, blauen Turnschuhen, mittelblauer Sportjacke mit weißem Streifen und roter Mütze mit blaugrünem Rautenkranz ist Protagonist. Wie ein Storyboard oder die klassische Stop-Motion-Technik des Zeichentrickfilms zeigen die Einzelaufnahmen dieser Fotoserie die unterschiedlichen Bewegungsphasen. Die Figur hebt ein Bein, um auf das Rad zu steigen, beugt sich nach unten, greift ans Vorderrad, bückt sich und prüft die Kette, geht in die Knie, um das Rad wegzuschieben. Sie nimmt die Zeichnung ernst, glaubt daran, das Fahrrad mitnehmen und darauf fahren zu können.

Das Fahrrad erscheint bei Rhode immer wieder als Gegenstand kindlichen Begehrens: »Mich inspirierte ein konkretes Erlebnis oder Ritual an der Highschool – eine Art Initiationsritus, bei dem die jüngeren Schüler von den älteren mit Gewalt in die Jungentoiletten geschleppt wurden. Man hatte Kreide aus dem Klassenraum geklaut, und mit dieser zeichneten die älteren Schüler einfache Gegenstände wie Kerzen oder Fahrräder direkt auf die Toilettenwände. Der jüngere Schüler wurde anschließend gezwungen, mit dem gezeichneten Gegenstand zu interagieren, er musste entweder versuchen, die Kerze auszublasen oder mit dem Fahrrad zu fahren. [...] Ich fand das Fahrrad aber auch interessant, weil ich noch nie gesehen hatte, dass ein Schüler mit dem Rad zur Schule kam. Daher dachte ich, dass das Fahrrad auf der Toilettenwand vielleicht die Dimension des Wunsches, das Beinahe-Erlangen dieser Freiheit, dieses Gefühl des Besitzens widerspiegelt.«[7] Und Kreide steht für ihn als das Ausdrucksmittel von Schülern, für die die Kunsterziehung nicht zum Lehrplan gehört.

Die einzelnen Bilder beschreiben einen zusammenhängenden Vorgang, stehen also in einem zeitlichen Nacheinander und erinnern an die frühen Fotografien Eadweard Muybridges, die dem Studium menschlicher und tierischer Bewegungen galten. In seiner Animation *Street Gym* von 2004 gibt Rhode vor, ein Reckturner zu sein und den Abgang vom Gerät meisterlich mit Rückwärtssalto und abschließend gestrecktem Stand zu bewerkstelligen (Abb. S. 102–103). Die Schwerkraft überlistet er, indem er das Turngerät auf die Straße gezeichnet und die Bilder senkrecht von oben, sich selbst also in den verschiedenen Positionen jeweils liegend, aufgenommen hat. Typisch für diese Schaffensphase ist es, dass die Kultur der Straße maßgebliche Inspirationsquelle seines Schaffens ist.

Farbe spielt für Rhode sowohl auf der bildkompositorischen als auch auf der inhaltlichen Ebene eine entscheidende Rolle. Ganz offensiv behandelt er dieses Thema in seiner Arbeit *Color Chart* von 2004–2006, ein Werk, das als Animation und als 192-teilige Fotoarbeit existiert (Abb. S. 108–109). Die Zeichnung ist hier ganz verschwunden, Farbe steht im Zentrum. Eine vollständig in Weiß gekleidete Person mit weißer Tafel in der Hand tritt nacheinander den Kampf gegen unterschiedlich farbig gekleidete Personen an. Die Farben, mit denen es Weiß aufnimmt, sind Schwarz, Kaki, Rot, Grün, Gelb, Mittelblau, und zuletzt tritt Weiß gegen Weiß an. Die Figuren sind jeweils mit unterschiedlichen »Waffen« versehen: einer Schaufel, einem Eimer – und immer ist es die weiße Figur, die mit einem Ziegelstein angreift und den Gegner zu Fall bringt. Zum Schluss erliegt sie sich selbst: »Ich wollte mich anfänglich gegen postmoderne Vorstellungen von Malerei abgrenzen, vor allem im Hinblick auf die Farbe. [...] Die Idee der ›Farbe‹ steht in einer tiefen Beziehung zur Geschichte Südafrikas. Das Wort ›Farbe‹ oder ›farbig‹ bezeichnete Marginalisierung und Randbezirke, Identitäten, die durch Absonderung entstanden. Meine ›Farbkarte‹ bezieht sich aber auch auf die Zeit von Gerhard Richters Farbkarten, die späten 1960er- und frühen 1970er-Jahre. Während dieser Epoche der südafrikanischen Geschichte wurde das Land von Gewalt und politischen Unruhen heimgesucht, die in krassem Gegensatz zu Richters kühler, systematischer und kalkulierter Umsetzung dieser Bilder stehen. Meine ›Farbkarte‹ erzählt von Gewalt und Aufruhr mit Hilfe von ›Farben‹, die scheinbar dafür kämpfen, eine Markierung auf der Leinwand zu hinterlassen. Im Fall meiner ›Farbkarte‹ widersetzt sich eine in einen weißen Leinenoverall gekleidete Figur der Last der ›Farbfiguren‹, indem sie diese mit Steinen bewirft. Die formalen Eigenschaften der Arbeit werden durch das brutale Bild unterminiert, das auch aus der Entfernung betrachtet auf der zweidimensionalen Oberfläche zurückbleibt.«[8]

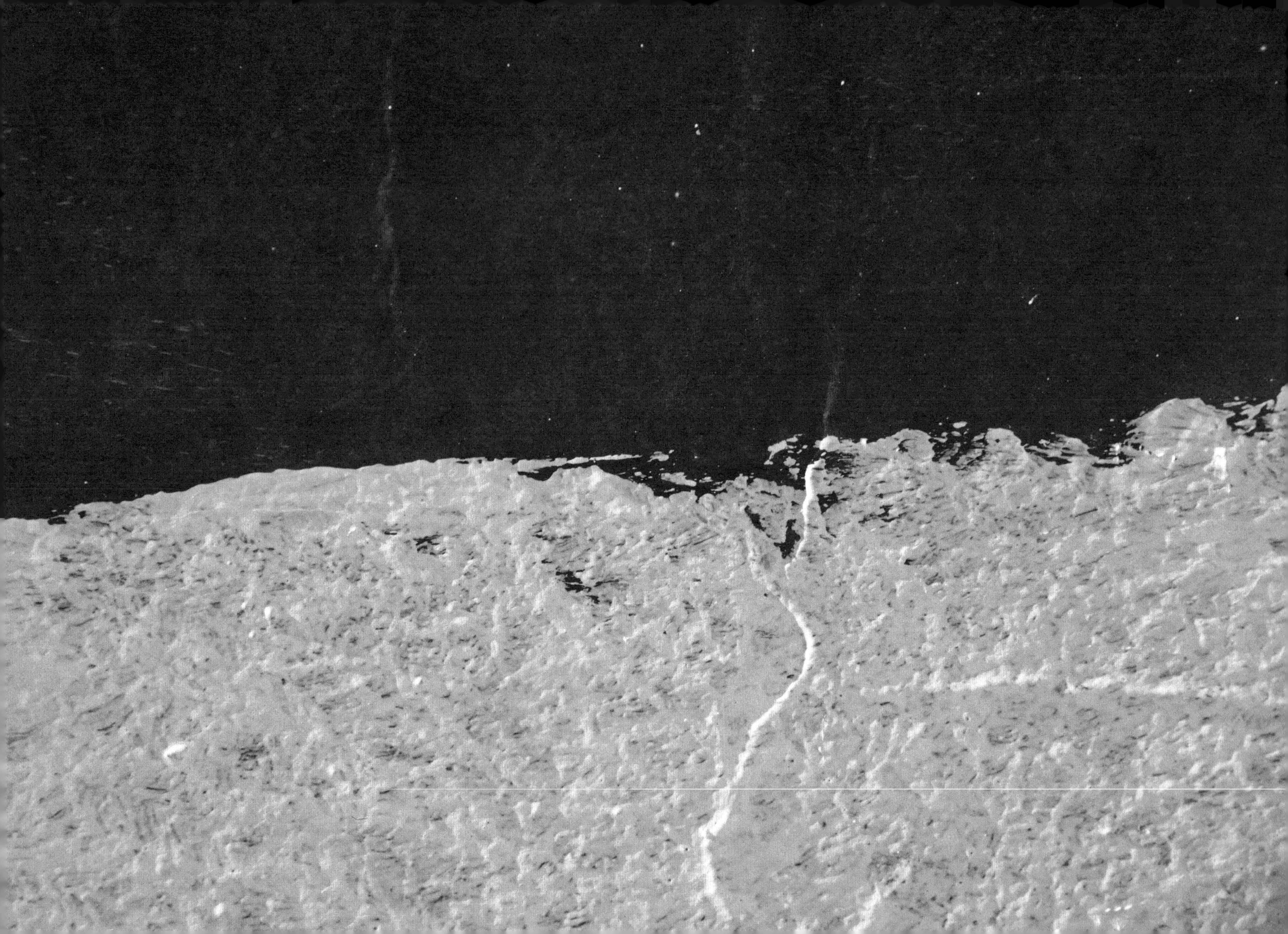

Schatten der Gegenstände

Wesentliche Antriebe der Kunst Robin Rhodes sind das menschliche Wünschen, das Begehren, die Sehnsucht, die Projektion. Gegenstand sind das Fahrrad, die sportliche Kunstfertigkeit am Reck, mit dem Basketball oder Skateboard. Nicht das Fahrrad selbst ist sein Vehikel, sondern die Sehnsucht nach dem Fahrrad. Statt dem Handlungsimpuls, sich ein Fahrrad zuzulegen, zu folgen, benutzt Rhode die Sehnsucht als Spielzeug. Auf deren Sattel lässt er sich in die Realität der Kunst befördern; er ersetzt die Realität der Sehnsucht durch eine neue Wirklichkeit, deren Schöpfer er selbst ist.

Die Zeichnungen schaffen nicht die Illusion einer gegenständlichen Welt, sie stehen nicht für den jeweiligen Gegenstand, sondern für die Idee, die nach Platon die eigentliche Wirklichkeit ist. Dementsprechend kann behauptet werden, dass der Betrachter das von Rhode Gezeichnete im Geist idealisiert und als wahre Wirklichkeit erkennt. Die bloße Sinnenwelt der Objekte ist hingegen nur schattenhaft. In seinem Höhlengleichnis veranschaulicht Platon, dass die Dinge, die der Mensch als real wahrnimmt, nur Schatten und somit Abbildungen des wahren Seienden sind. Die Höhle steht für die sinnlich wahrnehmbare Welt, den Aufstieg des Menschen nach oben ans Licht, für den Weg der Seele hinauf bis zur Erkenntnis des tatsächlichen Zentrums des Seins: der Idee des Guten, die bei Platon durch die Sonne repräsentiert ist. Auch Rhode fordert den Menschen auf, mit der Denkkraft nicht am sinnlich Wahrnehmbaren zu haften, sondern sie auf neue Möglichkeiten hin zu erweitern und mit der sichtbaren Realität spielerisch-schöpferisch umzugehen, die Sehnsüchte als solche zu identifizieren, anstatt sich mit ihnen zu identifizieren.

Nicht die platte Erfüllung eines Sehnsuchtsgedankens ist somit hier das Thema, sondern vielmehr die Gewissheit, dass das Schaffen einer neuen Realität durch den Menschen möglich ist. Diese andere Realität setzt Rhode dem Sehnsuchtsgedanken gegenüber und löst ihn damit auf. Rhode schickt sich an, die Pfeife zu rauchen, von der ihr Maler René Magritte wie ein Spielverderber verkündete, dass es keine Pfeife sei.

Die Stadt als Leinwand und Bühne

Bei all seinen Arbeiten im Außenraum sind die Wand oder der Boden nie nur ein neutraler Hintergrund. Sie bringen immer ihre eigene Geschichte, Beschaffenheit, Struktur und Farbigkeit mit, sind damit wichtiger Bestandteil der Komposition. Sie können auch Inspiration beim Zeichnen sein: Risse im Putz, Moosbewuchs, schmutzige und weniger schmutzige Bereiche, unebene Abschlüsse der Wand nach oben und unten (abgebrochene Ziegelsteine oder unregelmäßig gesetzte Holzbalken des abschließenden Daches), Bohrungen im Boden und manchmal der Schatten von Wäscheleinen oder Elektrizitätsleitungen. Es sind Zeichen der Zeit oder des Lichts, die mit den Zeichnungen Rhodes für kurze Zeit eine Gemeinschaft eingehen.

Gerade in frühen Jahren wählt Rhode häufig dieselbe Wand oder denselben Boden als Untergrund. Johannesburg ist die Stadt, deren Codes Rhode kennt, erkennt und zu deuten weiß. »Nur durch die Vertrautheit des Kontextes und ein tief greifendes Verständnis der zugehörigen subkulturellen Sprache mutet einem ein Ort als Heimat an. Der Kontext erlaubt mir außerdem eine Auseinandersetzung mit einer einzigartigen und vielfältigen, mystischen und relationalen ästhetischen Sprache, die zu erfassen eine gewisse Schnelligkeit erfordert.«[9] In dieser Stadt waren es der Hinterhof seines Elternhauses (*New Kids on the Bike*, 2002, Abb. S. 100–101; *Stone Flag*, 2004, Abb. S. 64–65) und eine Wand im öffentlichen Raum, die ihm für einige Jahre als »Leinwand« diente (*White Walls*, 2002, Abb. S. 98–99; *Table of Contents*, 2006, Abb. S. 80–81), dann erkoren die Graffitikünstler Johannesburgs genau diese Wand als Austragungsort ihres Wettbewerbs aus. Rhode gelang es nicht, sie von der Bedeutung seiner Zeichnungen zu überzeugen, sie betrachteten sie als unwürdig, und er musste die Wand als seinen Ort aufgeben.

Berlin hat einen anderen Einfluss auf ihn. Die Stadt, aber auch die deutsche Sprache ist ihm weniger vertraut. Aus dieser Fremdheit heraus kann er sie als neutralen Raum nutzen, der ihm Freiheiten für neue Ideen bietet. »In Berlin verlor ich den Bezug zum unbeanspruchten Raum und zum ›Readymade‹-Publikum aufgrund des (allzu) informierten Berliner Publikums. Ich schätze in hohem Maße die Auswirkungen von Kunst und Kultur in der/auf die Gesellschaft, da es mir nicht einmal ansatzweise gelingt, den Einfluss der abendländischen Moderne, Philosophie, Literatur

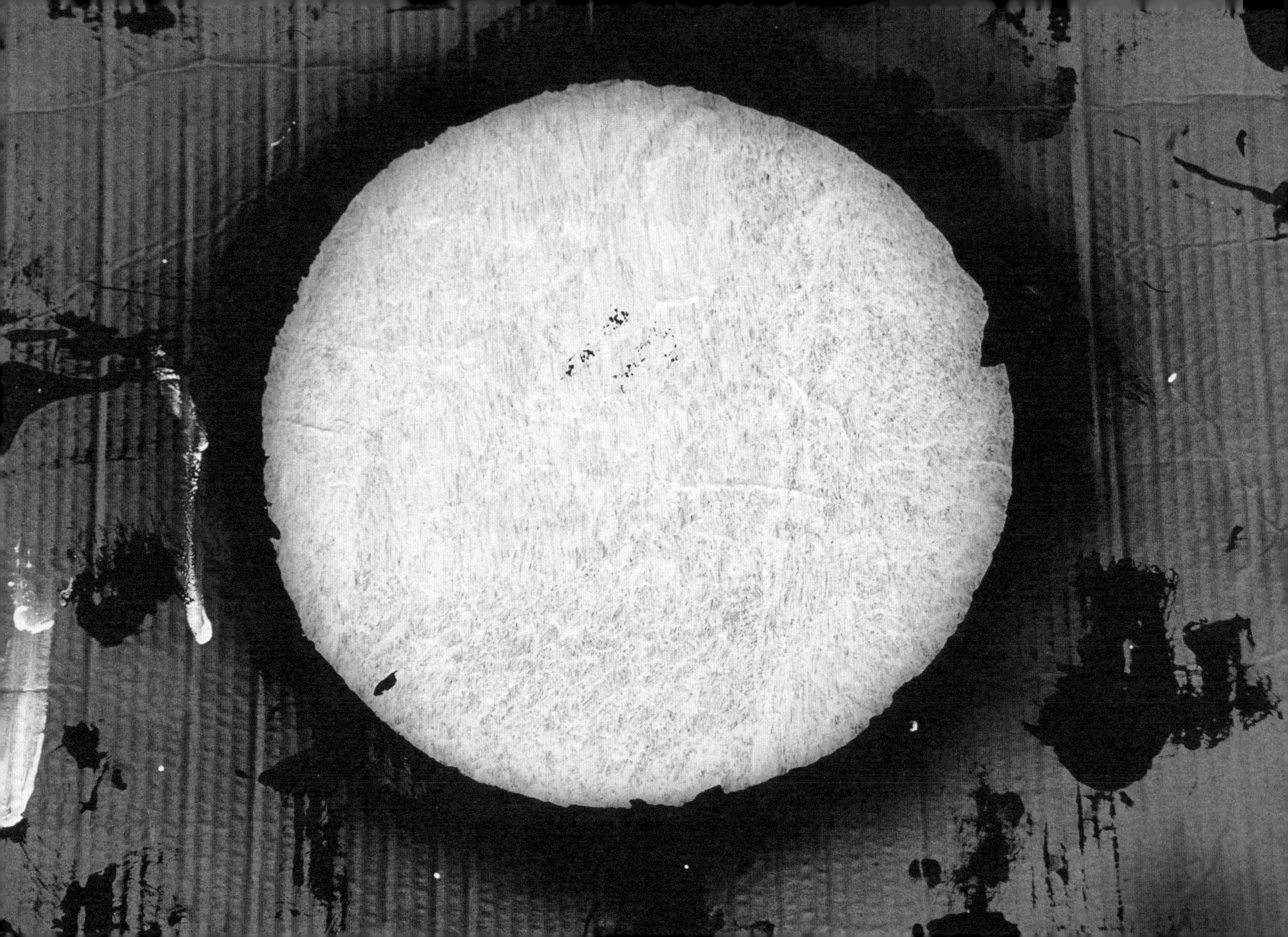

und so fort zu entwirren, der sich diesem Teil der Welt verdankt. Jeder Künstler wäre davon fasziniert and beeindruckt. Der Einfluss von Bauhaus und Dada in Deutschland sind nur zwei Inspirationsquellen, neben Wurst und Pommes. Der wichtigste Aspekt jedoch ist der analytische Ansatz zur Erfassung der Kunst, ihres Wertes und vor allem ihrer Bedeutung.«[10]

Häufig enthalten diese Serien jeweils ein Bild ohne den Protagonisten. Die Zeichnung bleibt als Urzelle zurück und verschwindet mit der Zeit wieder aus dem Stadtraum, wird zum Teil der Geschichte einer Stadt. »Ich lasse die Zeichnungen einfach auf der Wand zurück, denn die Arbeit existiert nun auf Foto und führt damit ein neues Leben. Ich beobachte, wie die Leute auf die Zeichnungen ansprechen, ob beispielsweise Graffitikünstler unmittelbar reagieren, was sie bei meinen Zeichnungen zumeist tun, indem sie diese ›bombardieren‹ (übermalen). Anschließend komme ich wieder und bombardiere ihre Arbeiten, und so geht es immer weiter. In Johannesburg läuft das nun schon seit Jahren so.«[11]

Die Zeit in den Zeichnungen

Realisiert Rhode Performances im Innenraum wie beispielsweise im Rahmen von Ausstellungen, so entsteht eine Zeichnung an der Wand, die sowohl als Zeugnis der Performance als auch als eigenständige Arbeit für die Ausstellung erhalten bleibt. In Houston sah man 2004 im Rahmen der Ausstellung *How Latitudes Become Forms* an einer der Wände die Zeichnung eines Automobils. Am hinteren Kotflügel war zu erkennen, dass mit schmutzigen Händen versucht worden war, das Auto an- oder wegzuschieben. Die Zeichnung war während Rhodes Performance *Untitled (Exit/Entry)* entstanden (2004, Abb. S. 122–123). Ein Monitor gegenüber der Arbeit zeigte das Dokumentationsvideo der Performance. Rhode hatte mit nassen Kleidern das Contemporary Arts Museum betreten, an die Wand mit weißer Kreide, also weiß in weiß, einen Wagen gemalt und dann versucht, ihn anzuschieben. Die Wand sprach nun gleichermaßen von der ergreifenden Hilflosigkeit der Person und ihrem Willen, der auf den Widerstand der Materie traf, wie vom Humor und der Gelassenheit, in die sich ein vergebliches Wollen verwandeln und auflösen lässt. Bei der Wandzeichnung, die während seines Filmprojekts *Untitled (Air Guitar)* von 2005 entstand, scheint sich die Stimmung eines virtuosen Konzertes eingeschrieben zu haben (Abb. S. 132–133). Zwei rechteckige Formen rechts auf einer Wand finden ihre Ergänzung in einem Wirbel von schwarzen Linien zur Linken. In dem Liniengewirr sind Gitarren auszumachen, die sich von links nach rechts bewegen. Die Gitarre scheint durch die Luft zu kreisen. Rhode lässt ganz bewusst Bereiche der Zeichnung stehen, denn nur so kann sie von einem zeitlichen Verlauf erzählen. Dynamik und Bewegung entstehen durch die verschmierten Linien. Eine Form ersetzt die nächste, wird ausradiert, um Platz für das erneute Erscheinen zu machen. Das alte Bild wird von einem neuen ersetzt – so wie wir es auch mit unseren inneren Bildern machen. Erinnern heißt vergessen, übermalen, und das ist es, was Rhode in diesen Arbeiten macht.

Expressiv, fantastisch

Rhodes Umgang mit der Farbe, sei es Kohle, Kreide oder Lack, zeigt die Entwicklung von einer eher beschreibenden zu einer expressiveren Linienführung. Die fotografischen Serien *Untitled (Dream Houses)* und *Untitled (Hard Rain)* fallen durch ihre expressiv-malerische Seite auf (beide 2005, Abb. S. 68–71). Hier werden ganze Flächen mit schwarzer Farbe bedeckt, verwischt, wieder übermalt und dann wieder stehen gelassen; ein Prozess, der sich selbst sichtbar zu machen beabsichtigt.

Sein 2007 realisiertes Werk *Juggla* beispielsweise zeigt den Akteur als Clown oder Zauberer (Abb. S. 88–89). Aktion und Wandbemalung erzählen, er habe ballgleiche Hände, die er der Wand übergibt – an der sie wie zwei in die Höhe geworfene Jonglierbälle emporsteigen, im Zenit der Flugbahn die Seite wechseln und unten wieder aufgefangen werden. Die Wand zeigt Spuren schwarzer Farbe, die von Bild zu Bild schwächer werden, und horizontale Linien, die sich mehren, verändern und verschwinden. In *Blackhead* tritt ein Protagonist auf, der sich seinen Kopf, einen Puachingball, von einer Wand abholt, auf die – auf Kopfhöhe und zur Kreisfläche stilisiert – ein Kopf gemalt ist (2006, Abb. S. 78–79).

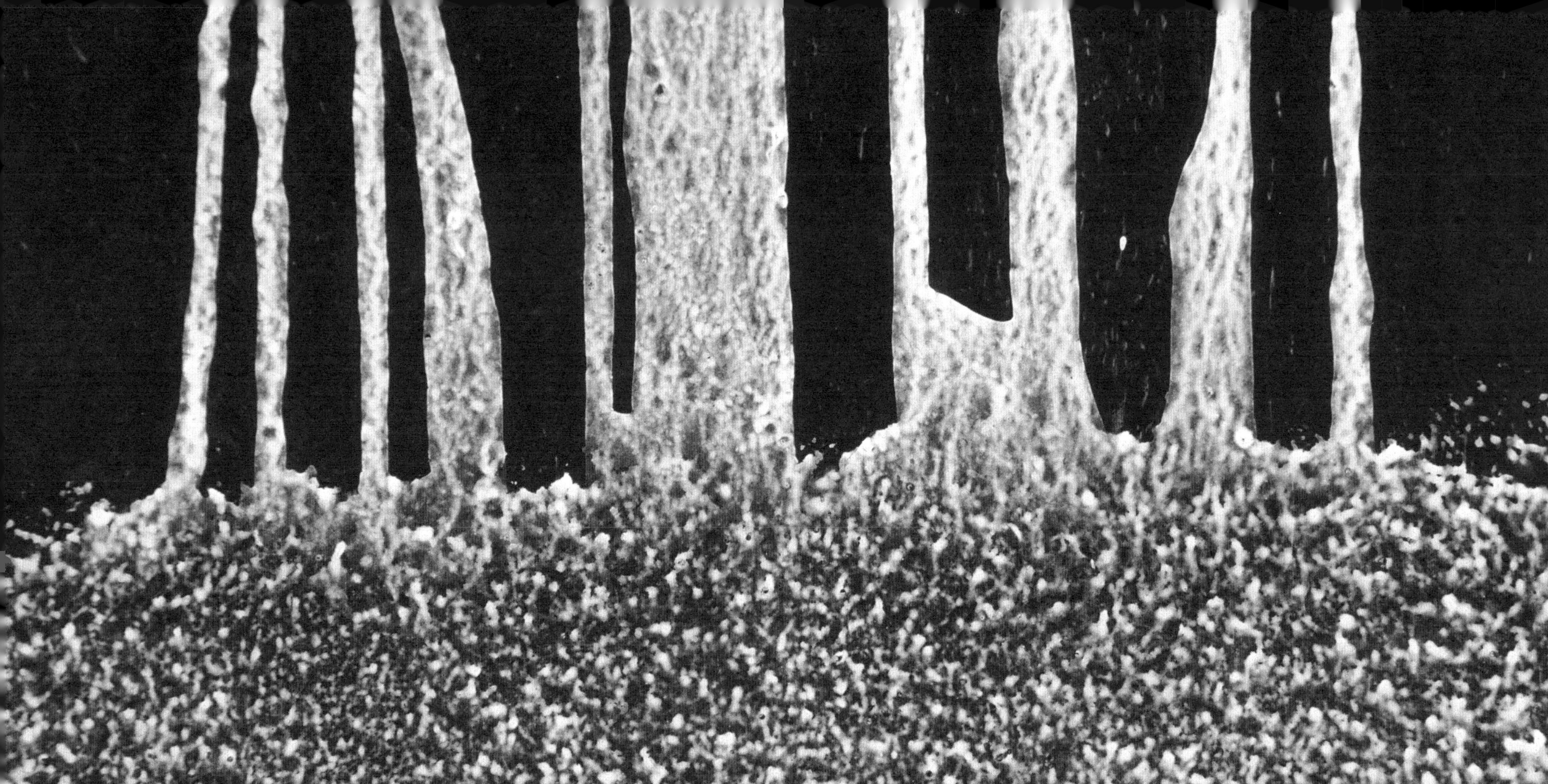

Rhodes Interesse an einer fließenden Linienführung zeigt sich bereits in seiner Animation *Harvest* von 2005 (Abb. S. 106–107). Höhepunkt ist ein weiß auf schwarz an die Wand gemalter Wald aus hochgewachsenen Pflanzen. Die Bildserie beginnt mit der Darstellung des Säens und Gießens durch den Akteur, der hier also ein Bauer sein möchte, und es folgen Ernte und schließlich der Feierabend, zu dem er sich auf dem ins Abgeerntete hinzugemalten Bett zur Ruhe legt.

In diesen Arbeiten sind die Szenen fantastischer, freier erfunden. Häufig arbeitet Rhode nun in Schwarz-Weiß, sei es in Film oder Fotografie, wodurch sich die Assoziation mit der Malerei des Abstrakten Expressionismus noch verstärkt. Auch sind Dynamik und Komplexität der Linie stärker betont. Der Film *The Storyteller* von 2006 zeigt als letzte Einstellung eine weiße Wand, die von schwarzen Linien, die wie Lianen ineinander verwoben sind, überzogen ist (Abb. S. 138–139). Der Ausgangspunkt ist ein Baum, aus dem das Geflecht der Linien wächst. Entstanden sind sie in Interaktion mit dem Tänzer Jean-Baptiste André. Rhode nahm dessen choreografierten Tanz mit Video auf und setzte ihn in eine Zeichnung um. In einem nächsten Schritt fand dann beides, der Tanz Andrés und die Wandzeichnung Rhodes, wieder zusammen. Das Ergebnis ist ein Video von rund 13 Minuten, das zeigt, wie der Tänzer und die schwarzen Linien zusammenwachsen und sich wieder trennen; wie ein Baum, ein Ast, ein Blatt zum Tänzer, und wie der Tänzer zum Baum, zum Ast, zum Blatt wird. André ist für die Zeichnung Brücke und Leerstelle zugleich. Kooperationen zwischen Merce Cunningham oder Trisha Brown mit Robert Rauschenberg sind hierfür durchaus Vorbilder.

Der Tanz wiederum entstand zu einer Musik, die ebenfalls einer Zusammenarbeit erwuchs, nämlich zwischen dem Komponisten Christian Sébille und dem Cellisten Didier Petit. Rhode selbst war dann für den Soundtrack seines Filmes zuständig: »Für *The Storyteller* habe ich den Soundtrack komponiert und verschiedene Sounds von drei Tonspuren zusammengemischt, um eine Komposition zu erhalten, die zum Tempo und der Atmosphäre des Filmbildes passt. Die Musiker sind meine Instrumente beziehungsweise Pinsel.«[12] Wenn Musik Teil einer Arbeit ist, stammt sie häufig von Rhodes gutem Freund Arenor Meyer oder aus der Zusammenarbeit mit ihm: »Arenor Meyer ist ein Musiker und Gitarrist, den ich 2004 dafür engagiert habe, mir mit dem Originalsoundtrack zu meinen Animationen zu helfen. Seit dieser Zeit haben wir bei den meisten Animationsfilmen nach der südafrikanischen Phase zusammengearbeitet, etwa bei *New Kids on the Bike, See/Saw* und so weiter.«[13]

Die Zeichnung wird zur Skulptur

Rhodes Formensprache findet neuerdings auch skulptural ihren Ausdruck. Er ist sozusagen im Atelier angekommen. Über Jahre hatte er sich diesem verweigert, um dem Ephemeren auf der Spur zu bleiben. »Ich habe nun einen Punkt erreicht, an dem ich das Atelier für mich nutzen kann. Mich interessiert der schmale Grad zwischen dem Vergänglichen und dem Dauerhaften.«[14]

Bei einer seiner ersten Glasskulpturen – *Empties (Green)* von 2007 (Abb. S. 168–169)[15] – hat er die Hälse der grünen Flaschen der Marke Black Label in organischem Habitus aus einem Bierkasten scheinbar hoch aufwachsen lassen; vorstellbar, dass das Wachstum nicht abgeschlossen ist und sie erst durch die Decke des Raumes zum Stillstand, vielleicht auch zum Zerbersten kommen können. Die Beleuchtung wirft eine verschlungene Schattenzeichnung auf Boden und Wand. In *Empties (Green)* materialisiert sich das Ephemere seiner Zeichnung und Performance skulptural. Auch in dieser materiell erstarrten Form drückt sich die für Rhode typische spontane und dynamische Energie aus. Während seine früheren Arbeiten mit der Greifbarkeit der Gegenstände spielen, löst er sie hier ein.

Immer spielt die Skulptur eine Rolle. Auch in seinen früheren Arbeiten setzte er seinen eigenen Körper ins Verhältnis zum Raum, behandelte ihn wie eine Skulptur, die er formt, um eine bestimmte Bewegung zu suggerieren. So wie Gilbert & George in ihren *Living Sculptures* oder Felix Gonzales-Torres Go-go-Tänzer, die er auf einer von ihm definierten beleuchteten Plattform einen Striptease ausführen lässt (*Untitled [Go-Go Dancing Platform]*, 1991), macht Rhode seinen eigenen Körper zur Skulptur.

Das Motiv der Flasche taucht öfters auf: Schon 1997 realisierte er unter dem Titel *Pyp* eine Installation mit braunen Bierflaschen, deren abgebrochene Hälse er auf einem Regal platzierte. »Pyp, das afrikaanse Wort für Pfeife, verweist auf die übliche

Funktion dieser Gegenstände als Haschpfeifen, insbesondere wiederum in den ›farbigen‹ Communities. Der südafrikanische Betrachter, der in diesen Arbeiten stereotype Zeichen erkannte, die auf eine ›farbige‹ Identität verweisen, war auch aufgefordert, die Stereotypen bezüglich ›farbiger‹ Communities in Frage zu stellen, etwa Gangstertum, Alkoholismus und das Rauchen von Mandrax-Tabletten und Marihuana in ›weißen Pfeifen‹.«[16] Nachträglich realisierte er hierzu Zeichnungen, die der Flasche durch wechselnde Bezeichnungen unterschiedliche Funktionen zuwiesen. Als Flaschenpost [*Untitled (Winebottles)*, 2004, Abb. S. 146–147] verschickte Rhode eine Zeichnung, in der er erklärte, wie eine Flasche durch Abschlagen des Halses zur Waffe wird. Das zeichnerische Element bleibt in *Empties (Green)* durch die linienhafte Anmutung der Flaschenhälse und das Grafische des Schattens an Boden und Wand erhalten. Der Schatten ist es auch, der Veränderlichkeit und Vergänglichkeit vermittelt.

Noch deutlicher spiegelt sich das Flüchtige in *Soap and Water* (Abb. S. 166–167), *Spade* (Abb. S. 165) und *Chalk and Charcoal Shells* (Abb. S. 162) – alle von 2007 – wider. Entweder verschwinden die Skulpturen, indem sie zum Instrument der Zeichnung werden (*Spade* und *Chalk and Charcaol Shells*), oder sie tragen diesen Aspekt durch ihr Material in sich (*Soap and Water*).

Die Arbeit *Soap and Wate*r – ein Fahrrad, originalgroß, aber aus lindgrüner Seife, und daneben ein Blecheimer mit Wasser – deutet an, dass die Möglichkeit besteht, das Fahrrad in Seifenlauge aufgehen zu lassen: Der Traum vom Rad verflüssigt sich und bleibt nur als Idee zurück. Der Griff des aus Bronze gegossenen und vergoldeten Spatens besteht bei der Arbeit *Spade* aus Kohle. Reibt Rhode den Griff an der Wand und ihn somit auf, bleibt ein Berg aus Kohlestaub. Der Spaten ist wiederum ein häufig auftauchendes Motiv, das eng mit der Geschichte von Johannesburg verbunden ist. Er erzählt von den Hügeln vor der Stadt, die während des blühenden Goldbergbaus aufgehäuft wurden und nun abgetragen werden, um an ihrer Stelle attraktive Grundstücke in Stadtnähe zu schaffen. Mit ihnen schwindet ein markantes Wahrzeichen der Stadt, das vom Grund ihrer Entstehung zeugte und das Bild der auf Gold gebauten Stadt bestimmte. Ausgraben, (einen Wunsch) begraben, zuschütten, vergessen, erinnern – das sind Kategorien, mit denen Rhode auch in seiner Arbeit *Untitled (Spade for Spade)* (2005, Abb. S. 110–111) oder dem Diaprojekt *June's Window* (2006, Abb. S. 144–145) spielt.

Bei *Chalk and Charcoal Shells* gießt Rhode Kohle und Kreide in die Form von Abalonemuscheln, die als Abformungen von Rhodes oberer Schädelhälfte entstanden sind: als zweite Außenhaut – eine Bedeutungsebene des Wortes Shell. »Der Ausgangspunkt liegt viele Jahre zurück, als ich Geschichten über das illegale Fischen in Western Cape (Kapstadt) hörte, eine Gegend, die meiner Familie sehr vertraut ist. Mein Vater gehörte zu einer Gruppe von Strandfischern, die mit großen Netzen aufs Meer hinausschwammen und anschließend zur Freude der vielen Kinder die mit Fischen gefüllten Netze zurück ans Ufer schleppten. Es kursierten zahlreiche Geschichten über das Geheimnis dieser Muschel, des Seeohrs oder ›Perlemoen‹, wie man sie in Südafrika nennt. Darüber, dass man die Wellen hören könne, die an den Strand schlagen, wenn man die Muschel ans Ohr halte, so als erlaubte man der Zeit, unendlich zu sein. Beim Seeohr handelt es sich um eine große Muschel, die zu einer wichtigen Exportdelikatesse für Asien und den Rest der Welt geworden ist. Ich hörte immer viele Geschichten von illegalen nächtlichen Muschelfangzügen, bei denen die Taucher nur mit Messer und Taschenlampe ausgestattet unter Wasser arbeiteten. Sie vergruben kiloweise Muscheln am Strand, damit diese nicht vor ihrer Rückkehr in den frühen Morgenstunden von der Polizei entdeckt würden. Mit Seegras wurde die entsprechende Stelle im Sand markiert, um sie vor Einsetzen der Flut wiederzufinden. Außerdem faszinierte mich, dass die Gehäuse der Ohrschnecke als eine Art Währung zwischen den amerikanischen Ureinwohnern und den Kolonialherren dienten. Die Medien Kreide und Kohle verweisen zudem auf die weiße und schwarze Seeohrart, wobei die weiße Spezies seltener vorkommt und man sie für wertvoller hält als die schwarze, die zwar verbreiteter ist, der aber aufgrund der Überfischung die Ausrottung droht.«[17]

Mit Kreide und Kohle hat Rhode Materialien gewählt, die zur harten Schale der Muschel einen Kontrast bilden. Die Muscheln erklärt Rhode wiederum zum »Stift« für seine Wandzeichnungen: Er malt mit ihnen direkt auf die Wand, bis sie zerbrechen oder aufgebraucht sind (*Heads and Tails*, 2007, Abb. S. 163). Auch hier nimmt Rhode den Skulpturen ihren materiellen Wert, indem er sie materiell in Zeichnungen verwandelt. Wieder bleibt die Idee als Zeichnung vorhanden: »Während des Zeichnens veränderte sich die Form des Gegenstandes, sodass die Zeit in der Umsetzung einer Idee allgegenwärtig wurde.«[18]

Rhode schafft Gegenstände, die wir aus dem Alltag kennen – eine Schaufel, ein Fahrrad oder einen Bierkasten – und die er verfremdet und zu Trägern neuer Bedeutung überführt. Ihnen ist gemein, dass sie das Flüchtige und Vergängliche in sich tragen. Wie schon seine Zeichnungen stehen sie für die Idee, die er über deren gegenständliche Manifestation stellt.

Der Künstler als Clown und Sisyphos

Rhodes Skulpturen haben den gegenständlichen Aggregatzustand zwar erreicht, doch hat er ihnen nur eine beschränkte Ausdauer mitgegeben. In ihnen ist wie in den Werkgruppen der fotografischen Serien, Animationen, Film- oder Diaprojekte das Ephemere angelegt. Wenn Rhode die Welt der Gegenstände betritt, dann mit dem Bewusstsein, dass ihre Wahrheit nicht die seine ist; dass ihm die Aufgabe zufällt, daran zu arbeiten, ihrem Kraftfeld und Wahrheitsanspruch mit der Waffe der Leichtigkeit und Präzision die hypnotisierende Wirkung zu nehmen, getreu der Weisheit eines Clowns: »Nur wer zugibt zu lügen, sagt die Wahrheit.«[19]

Rhodes Manege ist wie Platons Höhle ein Ort innerhalb der Begrenzung. Die Befreiung besteht darin, sich der Begrenztheit bewusst zu werden und einen neuen Umgang mit den Reizen zu entwickeln. Kunst im Bewusstsein ihrer Beschränkung im Sinne der Nachahmung zu realisieren, schafft eine Nähe zum Clown in der Gestalt des Sisyphos. »Der andere Weg zur Kunst (die realistische Option) ist das Anerkennen ihrer ›Unreinheit‹. Dieser führt zu einem Ansatz, der das vor langer Zeit von Sisyphos erlangte Wissen für sich geltend macht, zu einer Kunst, die sich erlaubt zu träumen und dabei das illusorische Wesen des Traums anerkennt, eine Kunst, die niemals das Gewicht der Realität vergisst, welche den Abhang hinaufgewälzt wird, so wie Clowns, die sich stets der riesigen Schuhe bewusst sind, die sie durch die Zirkusmanege wuchten.«[20]

Die Bemerkung Albert Camus' über Sisyphos lässt sich ebenso auf die Zirkusmanege wie Platons Höhle beziehen: »Seine Verachtung gegenüber den Göttern, sein Hass auf den Tod und seine Leidenschaft für das Leben brachten ihm jene unaussprechliche Strafe ein, bei der das ganze Sein dazu aufgewendet wird, nichts zu erreichen. Das ist der Preis, den man für die Leidenschaften dieser Welt zahlen muss.«[21] Der Sisyphos von den Göttern auferlegte Zwang, wieder und wieder einen Felsbrocken den Berg hinaufzurollen, bedeutet für ihn auch eine ungeheure Freiheit, denn das Bewusstsein stellt gleichzeitig auch den Schlüssel zu dessen Überwindung dar. »Das Wissen, das seine eigentliche Qual bewirken sollte, vollendet gleichzeitig seinen Sieg. Es gibt kein Schicksal, das durch Verachtung nicht überwunden werden kann.«[22] Der Clown also nicht verstanden als melancholischer, sondern glücklicher Mensch, da er sich seiner Situation bewusst ist.

Robin Rhodes Werk bereitet einen Walk-off-Home-Run in seinem Fall aus der Manege vor, indem er mit ihm die Fesseln der Welt der Gegenstände lockert. Er ist sich der Schwierigkeit bewusst und doch gilt das Plädoyer seiner Kunst dem Versuch: »Manchmal hat man nichts und hat doch eigentlich alles.«[23]

1 http://en.wikipedia.org/wiki/Walk-off_home_run, zuletzt abgerufen am 19. Juni 2007.
2 Robin Rhode in einer E-Mail an die Autorin am 20. Juni 2007.
3 Robin Rhode in: Andrea Bellini, »Robin Rhode: The Dimension of Desire«, in: *Flash Art*, 244, Oktober 2005, S. 90–93, hier S. 91.
4 Robin Rhode in einer E-Mail an die Autorin am 4. Juni 2007.
5 Robin Rhode in: Bellini 2005 (wie Anm. 3), S. 91.
6 Robin Rhode in einer E-Mail an die Autorin am 4. Juni 2007.
7 Robin Rhode in: Bellini 2005 (wie Anm. 3), S. 91.
8 Robin Rhode in einer E-Mail an die Autorin am 26. Oktober 2006.
9 Robin Rhode in einer E-Mail an die Autorin am 4. Juni 2007.
10 Ebd.
11 Robin Rhode in einer E-Mail an die Autorin am 14. Juni 2007.
12 Ebd.
13 Ebd.
14 Robin Rhode in einer E-Mail an die Autorin am 4. Juni 2007.
15 1997 realisierte er eine Installation mit abgebrochenen Flaschen. Siehe weiter unten *Pyp*.
16 Stephen Hobbs, »Using My Youth to the Truth«, in: *Fresh. Robin Rhode*, hrsg. von Emma Bedford, Ausst.-Kat. South African National Gallery, Kapstadt 2001, S. 8.
17 Robin Rhode in einer E-Mail an die Autorin am 4. Juni 2007.
18 Ebd.
19 Didier Ottinger, »The Circus of Cruelty. A Portrait of the Contemporary Clown as Sisyphus«, in: *The Great Parade. Portrait of the Artist as Clown*, Ausst.-Kat. National Gallery of Canada, Ottowa 2004, S. 43.
20 Ebd.
21 Albert Camus, *Der Mythos von Sisyphos. Ein Versuch über das Absurde*, Reinbek bei Hamburg 1986, S. 89.
22 Ebd., S. 99.
23 Robin Rhode in: Bellini 2005 (wie Anm. 3), S. 91.

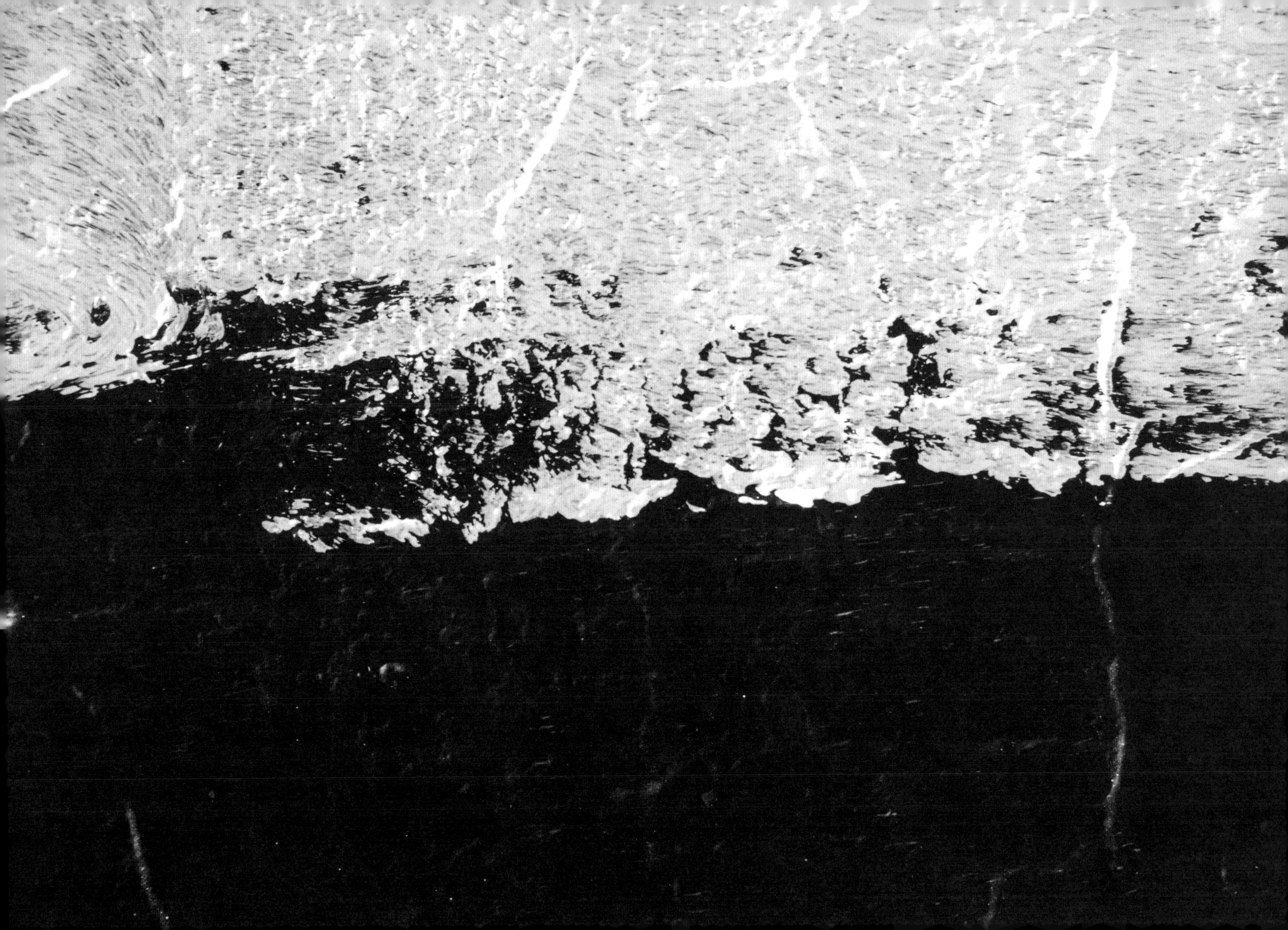

ANDRÉ LEPECKI

Schmierer

Schmiererei, *n.*

1. a. Schmutziger Fleck, *insbes.* durch Verwischen oder Verreiben eines früheren Flecks verursacht.

2. a. Schmieriger Zustand, Stoff etc.; Resultat des Schmierens oder Verschmutzens.

2. b. *techn.* Farbschleier.

4. a. Foto, *insbes.* eines Boulevard- oder Pressefotografen.

Übersetzung eines Auszugs aus dem OXFORD ENGLISH DICTIONARY

1.

Ein Ereignis, festgehalten vom Videokameramann Paul Druecke am 15. Juli 2004, vorm und im Contemporary Arts Museum Houston zu einem nicht registrierten Zeitpunkt während der regulären Öffnungszeiten des Museums:

Es wurde dokumentiert, wie ein junger Mann von hellbrauner Hautfarbe in legerer hellgrauer Kleidung zügig den Montrose Boulevard in Richtung Bissonnet Street entlangging. Als er sich dem an der Kreuzung der beiden oben genannten Straßen gelegenen Hauptgebäude des Museums näherte, wurde auf Video festgehalten, wie er sich in den runden Springbrunnen auf dem Museumsgelände entlang dem Montrose Boulevard stürzte. Außerdem wurde dokumentiert, wie kurz vor dem Sprung ein Rettungswagen unter Sirenengeheul über die Kreuzung gerast war und so Anhaltspunkte für einen zwar anonymen, dennoch dringlichen Notfall lieferte. Zu diesem Zeitpunkt lässt sich die Bedeutung dieser Tatsache noch nicht bestimmen, da unklar bleibt, ob diese in einem Verhältnis zum Handeln des jungen Mannes steht oder nicht. Sicher ist nur, dass der junge Mann dabei gefilmt wurde, wie er vollständig ins Wasser eintauchte, komplett angezogen und mit einer roten Strickmütze auf dem Kopf. Man sieht einen Passanten das seltsame Treiben fotografieren. Der Mann planschte und trieb etwa eine Minute lang im Wasser, stieg dann aus dem Brunnen und lief auf den Vordereingang des Museums zu. Die Kamera hielt fest, wie er in den Hauptausstellungssaal stürzte, sich hektisch hin- und herbewegte, einige Förderer des Museums beiseite schob und hinter Stellwänden, Tafeln und Skulpturen verschwand, als suchte er irgendetwas. Seltsamerweise schienen nur wenige Personen einer kleinen Besuchergruppe von der Anwesenheit des Mannes bei seinem Betreten des Museums überhaupt Notiz genommen zu haben, und das, obwohl sein eigenwilliges Verhalten, sein Verfolgtwerden von einem Kameramann, seine triefend nassen Kleider und Schuhe ihn zu einer durchaus ungewöhnlichen Erscheinung machten. Als er auf Umwegen durch den Hauptsaal stürmte, ließ er etliche Wasserflecken auf dem Fußboden zurück. Anhand der Kamerabewegung lässt sich beobachten, wie der Kameramann dem Mann so gut es ging folgte und dabei auch der kleinen Menschenmenge auswich, wie er sich bemühte, den Mann im Bild zu halten, auch als dieser Haken schlug und zeitweise hinter größeren Exponaten, Wänden und Türen mit der Aufschrift »Personal« verschwand. Als die Person außer Sicht geriet, gelang es dem Kameramann, ihre Spur wieder aufzunehmen, indem er den nassen Fußabdrücken folgte. An einem gewissen Punkt wirkten einige der Förderer des Museums ernsthaft irritiert, insbesondere zwei Damen, die etwas nass geworden waren, als der junge Mann sie in seiner Eile streifte. Nach einigen Minuten ziellosen Herumrennens kam der immer noch tropfende Mann vor einer großen weißen Wand zum Stehen, hockte sich schnell vor ihr nieder und begann umgehend damit, die Umrisse eines Autos zu zeichnen, das nach Vollendung die gesamte Länge der Wand einnahm. Da sich die von dem Mann benutzte Kreide mit dem Schmutz seiner Hände vermischte, hinterließ sie eine hellgraue Spur auf der Wand. Der Mann in der roten Mütze zeichnete sein Auto in weniger als dreißig Sekunden und nahezu weiß auf weißem Grund, ausgeführt mit der Sicherheit und Schnelligkeit eines ausgebildeten Graffitikünstlers. Anschließend legte der an einem Ende der Wand stehende Mann seine Hände auf das Heck des Autos und versuchte, den Wagen wegzuschieben. Als seine feuchten, dreckigen Hände auf der glatten Oberfläche der weißen Wand ausglitten, streiften sie auch über die Kreidelinien und verschmierten die Wand in dunklem Grau und Schwarz, einer Mischung aus Handabdrücken, Fingerabdrücken und verwischten Kreidestrichen. Es wurde auf Video festgehalten, wie der Mann ein paar Mal, als er versuchte, seine Zeichnung wegzuschieben, aufgrund seines eigenen Körpergewichts ausrutschte und stürzte. Bei jedem Schub wurden die Umrisse des Autos abstrakter, fleckiger, formloser. Je feuchter der Boden unter seinen Füßen wurde, desto heftiger wurden seine Versuche und desto gegenwärtiger und aufmerksamer die Menge. Der Mann ging nun zum anderen Ende der Wand und versuchte, den Wagen von dieser Seite aus anzuschieben. Weiteres Verwischen. Nach einem weiteren, etwa anderthalb Minuten andauernden Versuch, das Unbewegliche zu bewegen, gab der Mann schließlich auf und verließ eilig die Szene. Der Kameramann war nicht so schnell wie sein Motiv, konnte jedoch noch aus einiger Entfernung festhalten, wie die männliche Person durch den Hauptausstellungsraum des Museums lief. Die Aufnahme endet damit, dass die Kamera den (bereits trocknenden) Fußspuren des Mannes bis zu einer Hintertür folgt, die wiederum zu einem kleinen, von Bäumen gesäumten Garten führt. Man hört das Zwitschern eines Vogels, während die Kamera um diesen begrenzten Raum schwenkt und dabei keinen Hinweis auf den durchnässten jungen Mann mit der roten Mütze und den kreideverschmierten Händen findet.

Aufgezeichnete Gesamtdauer des festgehaltenen Ereignisses vom Sturz des Mannes in den Springbrunnen über das Hineinstürmen in die Galerie, die Anfertigung der Zeichnung, ihr Verschieben in eine, dann in eine andere Richtung, ihr Verwischen und bis zu dem eiligen Verlassen des Ausstellungsraums schließlich: 5 Minuten und 18 Sekunden.

2.

In zahlreichen seiner Performances nutzt Robin Rhode eine dem oben Beschriebenen verwandte Strategie: Er erscheint, wenn das Museum oder der Ausstellungsraum mit Leuten gefüllt ist, drängt sich mit der Direktheit eines Schlägers oder Einbrechers durch die Menge, führt eine gewöhnlich um die Entstehung einer Zeichnung oder eines Gemäldes auf einer leeren Wand kreisende Handlung aus und verschwindet wieder. Hineingehen, seine Arbeit machen, wieder hinausgehen. Und zwar schnell – denn niemand weiß, was die Zukunft bringen mag.

Es besteht eine unmittelbare formale Beziehung zwischen der besonderen Qualität von Rhodes Bewegungsmuster in seinen Performances und der Qualität seiner persönlichen Methode, eine Linie zu zeichnen. Angesichts der Tatsache, dass Rhode vor nicht allzu langer Zeit selbst von einer Korrespondenz zwischen seinen Zeichnungen und seinen Performances sprach und erklärte, dass sein Werk als solches »im Wesentlichen als Zeichnung existiert«,[1] dürfte es außerdem von Bedeutung sein, aufzuzeigen, worin diese miteinander verwandten Qualitäten des Bewegens und Zeichnens liegen: Flüssigkeit, Schärfe, Genauigkeit, Fülle, Fokus, Schnelligkeit und Unmittelbarkeit. Wenn für Rhode »die Performance letztlich als eine Art zeichnerische Studie existiert«,[2] so besteht die Korrespondenz zwischen diesen zwei unterschiedlichen Kunstformen – durch die sich beide wie bei einem zusammengesetzten

Klang zu höchster Intensität steigern – in Rhodes exakter, klarer und flüssiger Kontur. Und im anschließenden Verwischen dieser Kontur.

Das Verwischen während der Performance enthüllt einen auf eine unbestimmte Zukunft verweisenden Zeitvektor. Insofern verdankt sich die zentrale Bedeutung des Verwischens einer Linie nicht lediglich dem Wunsch nach Aufzeichnung eines bestimmten heiklen Bildzustandes, sondern auch dem Bedürfnis, eine nicht gegenständliche Technik und eine Politik der Kunstproduktion mit dem Risiko einer ständig drohenden Gefahr zu erzeugen. Das Verwischen stellt die angemessene Technik für alles dar, was man als die regulären Darstellungsgrenzen überschreitend beziehungsweise als »Farbschleier« bezeichnen könnte.

Durch die Einbeziehung von Farbschlieren in öffentlichen Performances greift Rhode wiederholt einige der zentralen Themen des Action-Paintings auf, um sie grundlegend (und auf ironische Weise) zu unterminieren. So verwundert es nicht, dass Rhodes Subversion der Action-Painting-Heroik über den Prozess einer bewussten Politisierung jener Charakteristika vonstatten geht, welche die Kunstgeschichte tendenziell auf den Bereich des rein Formalen beschränkt. Mit Rasse, Gesellschaft, Klasse und Geopolitik verknüpfte Elemente nehmen innerhalb von Rhodes kritischer Neuformulierung des Wesens und Gebrauchswertes von Materialien, Trägern und Vorgängen zur Kunstproduktion eine zentrale Rolle ein. Im Hinblick auf seine Performance im Contemporary Arts Museum in Houston ist es entscheidend, dass der Künstler das Museum völlig durchnässt und vor Wasser triefend betritt. So wird sein Körper selbst zum Pinsel, der unbehandelte Fußboden zur ungrundierten Leinwand. Rhode erweitert den potenziellen Bildträger für seine Zeichnung nicht nur auf nicht gekennzeichnete senkrechte Flächen, sondern auch auf einen politisch und ökonomisch aufgeladenen – und nicht unbedingt hilfreichen – »Boden«.

Vielleicht hält Rhode aus diesem Grund die Art der Beeinflussung der Linie durch seine Bewegung fest und nutzt dazu verschiedenste unkonventionelle Bildträger – vor allem Makadam und Asphalt, Beton- und Steinmauern. Ob er nun auf die Außenwände des Parlamentsgebäudes in Kapstadt zeichnet (*Park Bench,* 2000), auf den Gehweg einer Straße in Kapstadt (*Street Gym,* Abb. S. 102–103; *He Got Game,* Abb. S. 40–41, beide 2004), auf die Innenwände eines alten Wasserspeichers in Las Palmas [*Untitled (Landing),* 2005, Abb. S. 72–73], auf die leeren weißen Wände des Walker Art Centers (*Car Wash, Car Theft,* beide 2003, Abb. S. 116–119), des Contemporary Arts Museums in Houston [*Untitled (Exit/Entry),* 2004, Abb. S. 122–123] oder der Perry Rubenstein Gallery in New York (*Night Caller,* 2004) – für Rhode betrifft seine Entscheidung nicht nur die Art der Zeichnung (eine Frage des Stils), sondern auch den Ort für seine Linien und seine Kunst (eine Frage der Moral), durch die seine Zeichnungen und Performances letztlich zu sorgfältigen Inszenierungen einer Politik des Ortes werden.

Rhodes Arbeiten sind stets auch durch ihren Ort geprägt. Oder, wie er selbst es formulierte: »Anfangs habe ich eine eher politische Position eingenommen und meine Performances in Südafrika im öffentlichen Raum stattfinden lassen, damit ich ein Publikum erreichte, das über wenige oder gar keine Verbindungen zur zeitgenössischen Kunst verfügt. Ich fühle mich nach wie vor davon angespornt, Kunst als ein Bedürfnis zu verstehen.«[3] Von diesem Punkt an wird die Stadtlandschaft zum unmittelbaren Partner beziehungsweise zu »einer Art Denkprozess«,[4] wie Rhode es ausdrückt – zu einem Prozess, der im vorliegenden Fall als exakte Kartografie jener Kräfte erscheint, die das geplünderte Terrain prägen, auf dem er seine Kunst schafft. Dieses Terrain, sein »Heimatboden« wiederum, wurde in einer langen Geschichte kolonialer Gewalt und rassistischer Verletzungen verunreinigt, deren direkte Auswirkungen Rhode trotz seiner hellen Haut aus erster Hand erfuhr. Nicht zufällig also trägt Rhode bei zahlreichen Performances (*Night Caller,* 2004) eine blaue Sportjacke mit den Initialen W.P.S.S.S.U. (Western Province Senior Schools Sport Union, eine Organisation, die für ihre Antiapartheid-Initiativen und -Aktionen bekannt wurde).

Ein weiteres augenfälliges Element durchzieht Rhodes Zeichnungen von Autos, aber auch seine Arbeiten *Untitled (Microphone)* (Abb. 136–137) von 2005 oder *The Shower* aus dem Jahr 2004 sowie seine Performances. Es handelt sich hierbei um jene (hauptsächlich durch die Genauigkeit, Schnelligkeit und Konzentration seiner Gesten vermittelte) subtile und dennoch klar umrissene Zeitlichkeit, die sich auch als Dringlichkeit oder als eine gewisse Bedrohlichkeit umschreiben lässt. Es ist, als gemahnte

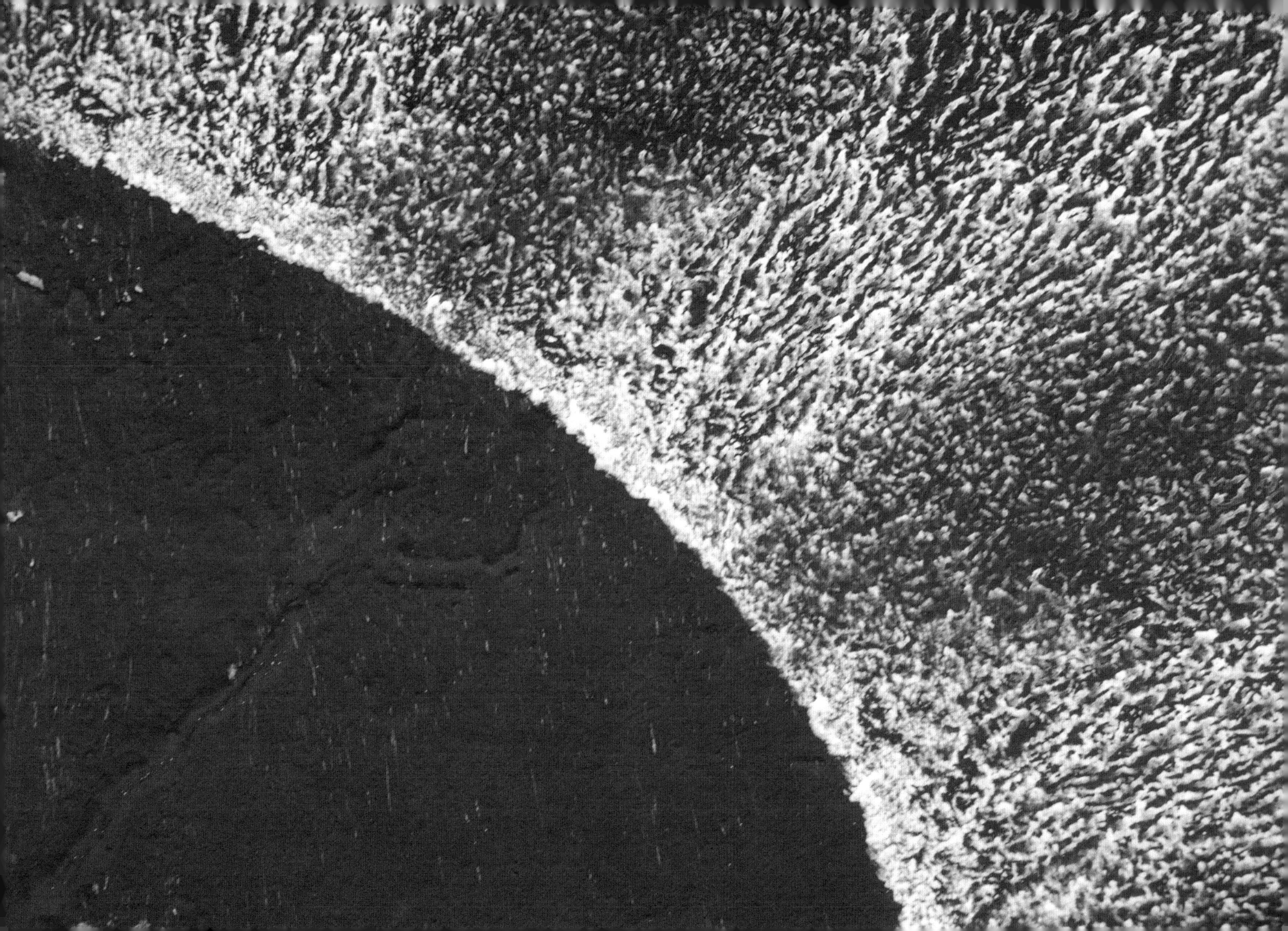

uns Rhodes Schnelligkeit unablässig daran, dass irgendetwas, nicht unbedingt Angenehmes jeden Moment eintreten könnte, ja vielleicht gerade eintritt. Dieses Gefühl einer bevorstehenden Gefahr erzeugt ein zeitliches Paradox, das die Wahrnehmung von Rhodes Arbeiten bei Weitem überschreitet. Dieses Paradox ist eine seltene Mischung aus der (offensichtlich) pseudoimpulsiven Art, die Wände zur schnellen Komposition seiner Zeichnungen zu gebrauchen (indem er ebenso schnell in die Museen oder Ausstellungsräume hinein- wie wieder hinausstürzt), und der kontemplativen, nahezu unendlichen Zeit andererseits, die seine Zeichnungen ausstrahlen – der Inhalt des Augenblicks ist die unendliche Zeit. Das Resultat ist die sonderbare Mischung aus hoher physischer Energie und einem fast melancholischen Effekt, der von Rhodes Werk ausgeht.[5] Betrachtet man jedoch für einen Augenblick das Leben im Kontext der Kolonialisierung und unter den geltenden, institutionalisierten rassistischen Gesetzen, so wird deutlich, dass geradezu ein Imperativ existiert, diese paradoxe Zeit zu beherrschen. Nur so kann ein Überleben an jenen Orten gelingen, an denen historisch gesehen die kontemplative Übung der Untergebenen von den kolonialen Machthabern als Beleg für den Müßiggang der Einheimischen wahrgenommen und der tätige, agile und einfallsreiche Umgang der Untergebenen mit der Welt als Ausdruck eines gefährlichen, rebellischen, wenn nicht gar offenkundig kriminellen Charakters verurteilt wurde. Aus diesem Grund erläutert Rhode im selben Gespräch mit Bellini: »Um in der Welt zu überleben, muss man eine bestimmte Strategie und Psychologie entwickeln.«[6] In Rhodes Fall beinhaltet diese Strategie das Erzeugen einer Zeitlichkeit, durch die seine Arbeiten in die Vergangenheit gesetzt werden (daher die besondere Bedeutung von Markierungen wie den langsam verdunstenden Wasserflecken auf dem Fußboden des Contemporary Arts Museums in Houston, daher auch die zentrale Tätigkeit des Verwischens seiner eigenen Zeichnungen). Gleichzeitig jedoch beziehen Rhodes Arbeiten auch die Gegenwart mit in sich ein (daher die Intensität seiner Präsenz bei den beiden Performances) und erzeugen darüber hinaus eine vielfache Zukunft (daher die Vermischung von Kontemplation und Antizipation in der ungeheuren Geschwindigkeit des Denkens). Es geht im Wesentlichen um ein Verschieben, ein Verrücken der Zeit, darum, »die Arbeit jenseits von Vergangenheit, Gegenwart und Zukunft zu verorten«.[7] Es geht insbesondere darum, die Gegenwart als stabile Bezugsgröße zu verdrängen. Selbst wenn Rhode Museen und Galerien betritt, um eine klar definierte Aktion unmittelbar auszuführen (Zeichnen, Malen, Auslöschen, Verwischen), scheint es daher, als würde die Bedeutsamkeit des Ereignisses durch sein Verhalten und das herrschende Gefühl einer gewissen Dringlichkeit von jeder materiellen Gegenständlichkeit, von seiner körperlichen Präsenz, selbst von seinen Zeichnungen und Verwischungen bewusst entrückt. Stattdessen soll, so scheint es, die allgemeine Bedeutsamkeit des Ereignisses unmittelbar darauf ausgerichtet werden, einen Eindruck zu erwecken, dass irgendetwas Undefinierbares »jeden Moment passieren wird«. Das Erzeugen eines allseitigen und doch unbestimmbaren Bewusstseins dafür, dass »jeden Moment etwas passieren wird«, entspräche also dem tatsächlichen Ereignis hinter den von Rhode inszenierten Ereignissen. Es ist beinahe so, als bereitete Rhode den Ausstellungsraum für ein Verbrechen vor, das jeden Moment stattfinden wird. Wenn der Ausstellungsraum die Kulisse bildet, in der Rhode seine Performance stattfinden lässt, so ist diese Kulisse dem Tatort eines Verbrechens nicht ganz unähnlich.

3.

In einem kurzen Aufsatz über das Verhältnis zwischen der Zeitlichkeit des Kunstwerks und der Globalisierung des Ungeheuren, durch das sich die heutige Spätmoderne auszeichnet, erinnert Peter Sloterdijk daran, dass die Existenz in der Spätmoderne ein Leben an einem permanenten und allumfassenden »Tatort« bedeutet.[8] Für den deutschen Philosophen ist die methodische Transformation des Planeten in einen globalisierten Tatort – laut Sloterdijk eine unmittelbare Folge der »eurozentristischen Epoche von 1492–1945«[9] – das Resultat aus den gemeinschaftlichen Leistungen von »menschlichen Akteuren, Unternehmern, Technikern, Künstlern und Konsumenten«.[10] In der Schaffung desselben (Tat-)Orts als gewähltem Lebensraum offenbart sich die moderne Subjektivität als »Verzicht auf die Möglichkeit eines Alibis«.[11]

Falls Sloterdijk recht hat, ließe sich allerdings hinzufügen, dass an jenem globalisierten »Tatort« (dessen Kulisse mit dem Beginn des europäischen Kolonialisierungsprojekts zusammenfällt), selbst wenn niemand ein Alibi haben muss, selbst wenn es unmöglich ist, einen »Ort« zu finden, der nicht gleichzeitig »Tat-Ort« ist, dennoch jeder Mensch die Möglichkeit hat, Täterschaft zu beanspruchen und sich gegen die Gestaltung des Lebens als voyeuristisch-makabres Gerichtsspektakel zu wehren. Es bleibt stets die Möglichkeit des Widerstands gegen die Fallen der Repräsentation aufgrund der ständigen Erneuerung der Bedingungen, unter denen ununterbrochen ungeheure Verbrechen vor unseren Augen und überall auf der Straße abermals neu inszeniert werden, und das in streng festgelegten und vorweggenommenen Schritten: Schritte der Gewohnheit und Gleichgültigkeit. Meiner Ansicht nach verweist Robin Rhode in seinen Performances deshalb so oft auf Einbrüche, andere Kleindelikte und einen allgemeinen Zustand der Dringlichkeit beziehungsweise Gefahr – in diesen Performances versetzt er uns ausnahmslos und nachdrücklich an den Tatort der Moderne. Aus diesem Grund beruft sich Rhode so häufig auf das Symbol der Moderne, das Auto, als wiederkehrendes Thema, das es zu reklamieren, auszuwischen, zu rauben und zu zerstören gilt.[12] Es ist unmöglich, bei solchen Ereignissen anwesend zu sein und nicht zu bemerken, dass man selbst Teil des von Rhode Kritisierten ist.

4.

Ein Ereignis, anonym auf Video festgehalten am 6. Mai 2003 in der Fondazione Sandretto Re Rebaudengo, Turin. Tageszeit nicht dokumentiert.

Zu Beginn der Videoaufnahme sieht man eine gemischte, verhältnismäßig große Menschenmenge, die sich vor einer breiten, freien weißen Wand in einem Museum drängt. Ein junger Mann von hellbrauner Hautfarbe, gekleidet in hellgraue Hosen, mit einer blauen Jacke und einer roten Mütze wird gezeigt, wie er vor der besagten Wand auf- und abgeht und unter seiner blauen Jacke mit dem Aufdruck W.P.S.S.S.U. auf dem Rücken eine losdröhnende Autoalarmanlage hervorzieht. Man sieht, wie der Mann die laute Alarmanlage neben der Wand auf dem Boden ablegt. Er entfernt sich zügig von der Wand und schreitet in die Menge, wobei er andere Besucher schroff wegschiebt, eilig wieder zurückläuft und andere zur Seite stößt, als er geradewegs auf die Wand zusteuert. Weiterhin ist zu sehen, wie der junge Mann rastlos zwischen Wand und Besuchern hin- und herläuft, sich dann gegen die Wand wirft und versucht, der Schwerkraft zu trotzen und an ihr hochzuklettern. Es wurde dokumentiert, wie der Mann immer wieder die Wand zu erklettern versucht, seinen Körper gegen die harte weiße Fläche wirft, einen jungen, schwarz gekleideten Besucher bittet, ihn hochzuheben (der Besucher lehnt auf Italienisch höflich ab). Schließlich ist auf dem Videoband zu sehen, wie der junge Mann hart nach hinten fällt, einen kleinen Salto schlägt und flink wie eine Katze beziehungsweise wie ein Einbrecher erneut steht, um sich sofort wieder ans Werk zu machen. Das Video zeigt den Mann denselben Vorgang mehrmals wiederholen: den Versuch, die Mauer hinaufzuklettern, abstürzen, zur Wand zurücklaufen, durch die Menge rennen und drängen, zur Wand zurücklaufen, abspringen, um die Wand zu erklimmen, wieder herunterstürzen, zurück zur Wand, dann wieder auf den Boden, dann wieder zur Wand, dann Boden, dann Wand, Boden, Wand, Wand – Boden – Wand. Bei jeder Berührung der Wand mit seinen Tennisschuhen hinterlässt er dunkelgraue Schlieren auf ihr, welche die ansonsten tadellos saubere Fläche beschmutzen.

Gesamtdauer des dokumentierten Ereignisses vom Beginn des lauten Alarmgeräuschs bis zum übereilten Verlassen des Museums durch dessen Haupteingang: weniger als 2 Minuten.

5.

Man muss zwangsläufig daran denken, wie weit diese Arbeit von jener berühmten Wand-Fußboden-Arbeit *Wall-Floor Positions* entfernt ist, die ein anderer junger Künstler an der Schnittstelle zwischen Video und Performance, nämlich Bruce Nauman, 1968 ausführte. Die Entfernung zwischen beiden Arbeiten lässt sich nicht nur im Hinblick auf Rhodes Einbeziehung des Publikums ermessen, sondern auch hinsichtlich der intuitiven Wirkung der durch Rhodes in einer schrillen akustischen Umgebung stattfindenden Angriffe auf die Wand geschaffenen Gefahrenzone – im Gegensatz zur solipsistischen, stärker komponierten, formaleren und in jedem Falle stilisierteren und leiseren Nauman-Arbeit (*Wall-Floor Positions*, 1968). Rhodes Performance in der Fondazione Sandretto Re Rebaudengo, Turin, ist insbesondere deshalb interessant, weil es sich hier um eine der wenigen Performances handelt, bei denen er nicht vom Zeichnen oder Malen ausgeht, sondern von einem Alarmgeräusch, einem institutionellen Kunstraum, aber auch von seiner eigenen Körperlichkeit. Die einzigen Markierungen, die zum Vorschein kommen, sind die verschmierten Abdrücke seiner Schuhe auf der Wand. Wieder steht das Verschmieren, unter dem Eindruck einer drohenden Gefahr, für mehr als nur eine zeichnerische Technik zur Aufzeichnung von Geschwindigkeit oder zur Darstellung der Ungenauigkeit von Repräsentation. Hier, im Rahmen dieser äußerst einfachen Performance, wird das Verschmieren zu einer Folge von Bewegung. Das heißt, Rhode setzt das Mittel des Verwischens nicht im Sinne einer Methode zur Darstellung von Bewegung ein, nicht einmal zur Schilderung der Dauerhaftigkeit seines Werks, sondern im Sinne eines Signalumwandlers der Lebensbewegungen im Augenblick der Gefahr. Es geht hier nicht um eine Frage des Theatralischen oder der symbolischen Gesten, mit denen sich eine bestimmte Empfindung (Furcht) oder Stimmung (Aufregung) oder aber ein bestimmter Zustand (Ernst-/Notfall) wiedergeben ließe. Es geht vor allem darum, wann man Konturen zeichnen und wann man diese verwischen muss – um Bewegung zu beeinflussen, in Gang zu setzen oder sie zu blockieren.

6.

Betrachtet man an dieser Stelle Rhodes Arbeit als ein fortlaufendes Projekt aus strategischen Entscheidungen zugunsten des Blockierens oder Anregens von Bewegung, so kommt der letzten der diesem Aufsatz vorangestellten Erklärungen für Schmiererei eine besondere Bedeutung zu: »Foto [...] eines Boulevard- oder Pressefotografen«. Demnach bezeichnet Schmieren auch jenes zweite in Rhodes Arbeiten genutzte Medium. Das soll allerdings nicht bedeuten, dass seine Fotografie dokumentarisch im Sinne eines Pressefotos wäre. Schmiererei verweist hier auf eine Art der Fotografie, die sich auf das öffentliche Leben gründet, auf das schnelle Auge des Paparazzi (Schmierenfotografen) und seine noch schnellere Hand, auf den in die Welt verstrickten Menschen, der in der Großstadt wohnt und das Leben aufgreift, wie es sich in vielfacher Geschwindigkeit offenbart, und es im richtigen Moment einfängt. Eine Schmiererei ist demnach eine Fotografie, die sich exakt jenem Gefühl von Dringlichkeit verdankt, welche die besondere Intuition des Fotografen vermittelt.[13] Anders als beim Paparazzo beruht Rhodes fotografische Arbeit auf sorgsamer Inszenierung, räumlicher und zeitlicher Komposition und Serialisierung. Dennoch kehren wir im Sinne des drohenden »Sich-jeden-Moment-Ereignens«, das durch die fotografische Schmiererei des Fotos vermittelt wird, zum Thema des Lebens im Notstand, der Moderne als unentrinnbarem Tatort zurück. In der näheren Zukunft der durch die Schmiererei ausgedrückten Unmittelbarkeit, in jener vorausgreifenden Zeitlichkeit, die die Schmiererei von einer bloßen Darstellung einer Spur in ein vollständiges Ereignis verwandelt, wird die Fotografie schließlich selbst zur Notfallzone, zu einem gewalttätigen Dokument. Oder anders ausgedrückt: Rhodes Linie, sein Horizont durchschneidet einen Gegenstand oder Akt, der zutiefst modern ist.

1 Andrea Bellini, »Robin Rhode: The Dimension of Desire«, in: *Flash Art*, 244, Oktober 2005, S. 90–93, hier S. 92.
2 Ebd.
3 Ebd., S. 91.
4 Ebd., S. 92.
5 Dies gilt besonders für seine jüngeren Arbeiten: das ergreifende *Color Chart* (2004–2006, Abb. S. 108–109), das tänzerische *The Storyteller* (2006, Abb. S. 138–139) und das erstaunlich filmische *Candle* (2007, Abb. S. 140–141).
6 Bellini 2005 (wie Anm. 1), S. 92.
7 Khwezi Gule, »At the Centre's Edge«, in: *Art/South Africa*, 4, 1, Frühjahr 2005, S. 28.
8 Peter Sloterdijk, *L'heure du crime et le temps de l'œuvre d'art*, Paris 2000, S. 9.
9 Ebd., S. 20.
10 Ebd., S. 9.
11 Ebd., S. 10.
12 Zum Auto als Symbol der Moderne siehe auch Peter Sloterdijk, *La mobilisation infinie*, Paris 2005.
13 Die Intuition ist laut Gilles Deleuze kein Instinkt, sondern »Denken, das sich mit unendlicher Geschwindigkeit vollzieht«.

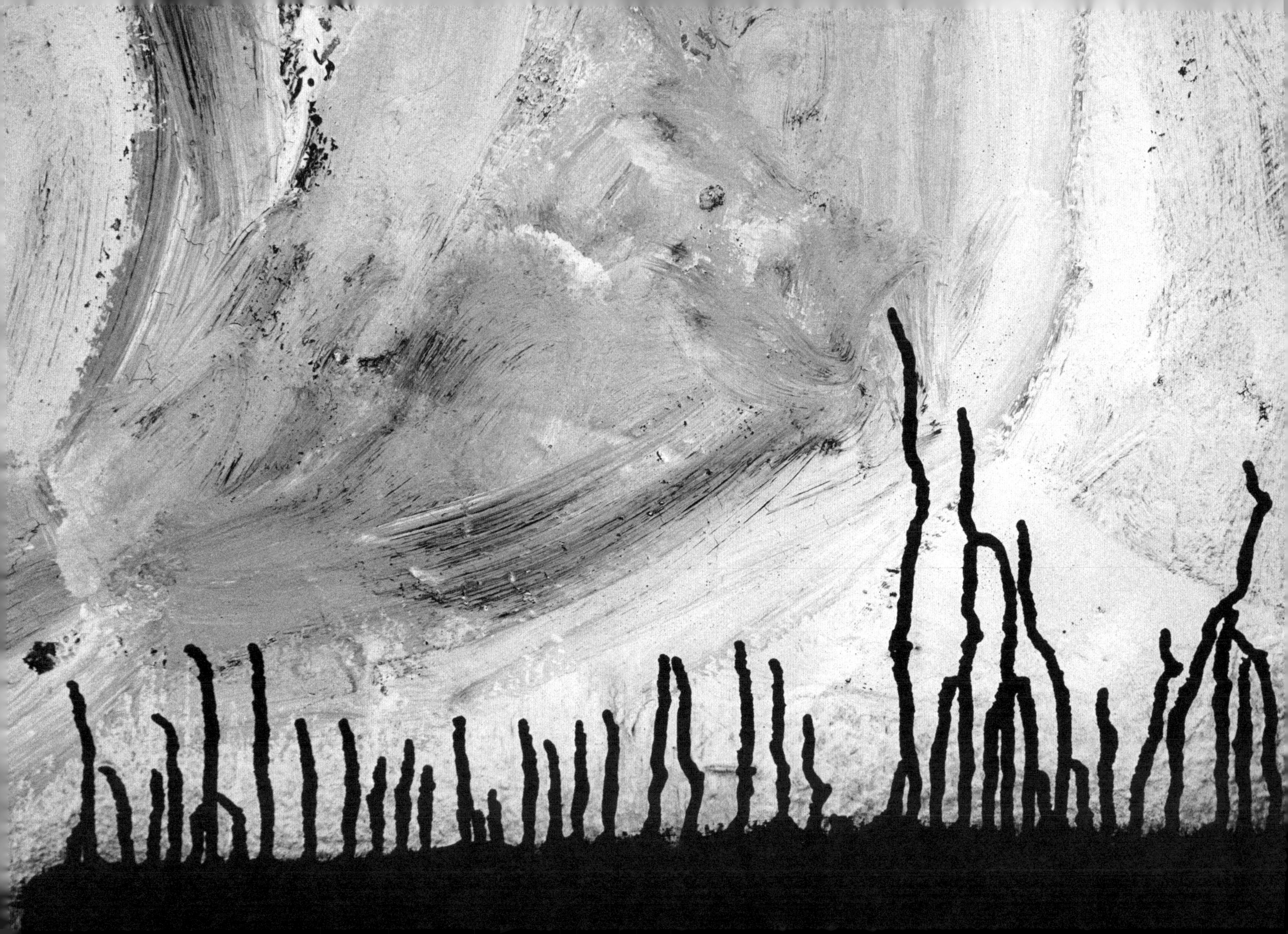

THOMAS BOUTOUX IM GESPRÄCH MIT ROBIN RHODE

»Moment mal, das ist ja Heineken, es sollte aber Black Label sein ...«

TB Als wir uns Anfang 2002 in Südafrika kennenlernten, untersuchte ich gerade die Auswirkungen der beiden Biennalen von Johannesburg von 1995 und 1997; genauer gesagt ging ich der Frage nach, wie ergiebig die »peripheren Biennalen für Gegenwartskunst« als Schnittstelle zwischen der lokalen und der internationalen Kunstwelt sind. Ich möchte dieses Thema noch einmal aufgreifen und Dein Verhältnis zu diesen beiden Veranstaltungen erörtern, die ja – ungeachtet aller Mängel – erheblich dazu beigetragen haben, dass in den 1990er-Jahren eine neue Generation südafrikanischer Künstler ins Blickfeld der Öffentlichkeit geriet. Du selbst warst noch sehr jung, als diese Biennalen stattfanden. Hast Du sie besucht, und wenn ja, wurdest Du in irgendeiner Weise von ihnen beeinflusst?

RR Zur Zeit der ersten Biennale war ich Erstsemestler am Technikon Witwatersrand, es gab damals ein Collegeprojekt als integralen Bestandteil der Biennale, eine Parade, ein Event, irgendetwas, das mit dem Skulpturenkurs zu tun hatte und in Bezug zur Biennale stand, aber lustigerweise nahm ich daran überhaupt nicht teil. Ich hatte keine Ahnung, was die Biennale eigentlich war. Aber zufällig geriet ich irgendwie dann doch auf die Biennale. So eine Freiheit wie damals hatte ich in meinem ganzen Leben noch nie erlebt. Ich kam von einer Highschool, an der totale Disziplin herrschte, an der es die Prügelstrafe gab, und ich war einer von denen, die die meiste Dresche abbekamen, ich hatte den Ruf desjenigen, der von den Lehrern am meisten verprügelt wurde [lacht], weil ich wirklich flegelhaft war – ich tat mich einfach schwer mit der Disziplin. An der Schule galt ich als »der Künstler«. Ich war der, der zeichnete, der die Schulkrawatte aufdröselte –

wir trugen alle dieselbe Uniform – und aus den Fäden neue Muster machte. Das wurde dann zu einem regelrechten Trend an der Highschool, alle anderen machten das nach. Ich versengte auch die Plastikstifte, die wir von der Schule bekamen, und modellierte sie so, dass sie über der Hand abknickten oder andere organische Formen bekamen. Ich hatte dieses kreative Potenzial und schrieb mich deshalb auch als Kunststudent am Wits Technikon ein. Am gesamten College waren wir zwei oder drei Farbige, alle anderen waren weiße Studenten, die im Unterschied zu mir schon an der Highschool Kunstunterricht gehabt hatten. Es fiel mir wirklich schwer, mich anzupassen, ich hatte meine Mühe, die Vorlesungen und Zeichenstunden zu besuchen. Ich fühlte mich fehl am Platz und so haute ich ab, um mich draußen mit meinen Freunden zu treffen. Ich scheiterte hoffnungslos, ich war der schlechteste Student und als Taugenichts abgestempelt. Ich quälte mich also weiter und erst in meinem zweiten Jahr wurde mir allmählich klarer, was ich alles erreichen konnte, wenn ich meine Kenntnisse in Kunstgeschichte vertiefte.

TB Gab es irgendetwas Bestimmtes, das dieses Bewusstsein ausgelöst hätte? Soweit ich verstehe, war es jedenfalls nicht die Biennale.

RR Ja, durchaus. Der Auslöser war, dass ich eine Kunstzeitschrift durchblätterte und dabei auf eine Arbeit von Kendell Geers stieß, den »Flaschenhals« (*Self Portrait*, 1995). Sie faszinierte mich, und plötzlich gelang es mir, meine persönliche Erfahrung und mein Leben mit der Kunst zu identifizieren. Das öffnete mir die Augen – ich stellte fest, dass die Gegenstände, die einem vertraut sind, zu Kunst werden können und dass man darüber in einer Kunstzeitschrift lesen kann. Ich kannte Leute, die einen Flaschenhals als Haschpfeife benutzten, und jetzt war das plötzlich eine Skulptur in einer Kunstzeitschrift. Aber ich dachte: Moment mal, das ist ja Heineken, es sollte aber Black Label sein und kein Heineken. Das ging mir so durch den Kopf. Dann las ich das Interview mit Kendell in der Zeitschrift und dachte mir: So eine Kunst zu machen, das kann ich auch. Das war »der« entscheidende Moment.

TB Was machten die anderen Studenten, welche Art von Arbeiten?

RR Die produzierten alle sehr sehr schöne Zeichnungen, sehr hübsche, präzise Sachen oder akkurat ausgeführte Skulpturen. Ich glaube, das Wort, nach dem ich suche, ist »akademisch«. Und da wurde mir klar, dass ich etwas ganz Einzigartiges schaffen konnte, denn was ich machen wollte, das kannten sie nicht.

TB Das heißt also, 1997, zur Zeit der zweiten Biennale, war Dir bewusster, worum es in dieser Ausstellung eigentlich ging.

RR Ehrlich gesagt, erinnere ich mich nicht mehr so genau, was für Kunst dort gezeigt wurde, woran ich mich aber sehr wohl erinnere, ist die Tatsache, dass ich allein von der raumgreifenden Dimension der Ausstellung ziemlich überwältigt war, von der Größe der Installationen, vor allem derjenigen, die im Electric Workshop im Zentrum von Johannesburg zu sehen waren. Das war wahrscheinlich ein Schlüsselmoment für mich wie auch für viele andere Künstler meiner Generation in Südafrika, insofern, als dies eine Ausstellung war, wie es sie hier noch nie zuvor gegeben hatte, eine Ausstellung, die uns in gewisser Weise einen Horizont eröffnete und uns einen sehr starken Anstoß vermittelte. Woran ich mich in Zusammenhang mit der Biennale von Johannesburg erinnere, ist vor allem der Wunsch, meine Arbeiten in so einer Ausstellung vertreten zu sehen [lacht].

TB Wusstest Du oder hast Du mit Deinen Lehrern darüber gesprochen, dass es damals seitens der internationalen Kunstwelt ein sehr starkes Interesse an den Postapartheid-Verhältnissen in Südafrika gab? War Dir klar, dass die Kunstwelt in zunehmendem Maße die Peripherien der westlichen Welt mit einbezog und dabei vor allem solche Kontexte wie den südafrikanischen, also Kontexte des Postkolonialismus und der Postapartheid?

RR Was mir vor allem bewusst wurde, war die Chance, die sich jungen Leuten wie mir bot, uns Farbigen aus der Postapartheid-Generation: Wir hatten plötzlich das Recht zu sprechen. Mir wurde klar, dass ich, im Vergleich zu den Generationen vor mir, die Chance hatte, an die Öffentlichkeit zu treten. Ich bekam eine Stimme, und mein Gefühl sagte mir: Nutze sie, nutze sie, nutze sie. Ich vertiefte mich also in jede Menge Kunstgeschichtsbücher, ich gehörte zu den ganz wenigen Studenten, die die Bibliothek benutzten, und so lernte ich das Werk von Marcel Duchamp oder Vito Acconci, von Dennis Oppenheim kennen. Ich erinnere mich an den *Gingerbread Man* von der zweiten Biennale. Ich beschäftigte mich immer mehr mit der internationalen Kunstszene, durchforstete die gesamten Bestände der

Kunstmagazine und parallel dazu erforschte ich meine eigene Gedankenwelt, meine persönlichen kulturellen Erfahrungen, so wie es diese großen Künstler, die ich jetzt entdeckte, offenbar auch getan hatten. Und dabei merkte ich, welche Bedeutung meine Erlebnisse in der Schule gehabt hatten, diese »Initiationsrituale«, bei denen ältere Schüler Gegenstände an die Wände malten und die jüngeren zwangen, mit ihnen zu interagieren. Diese und viele andere Erfahrungen drehten sich vor allem um Alltagsgegenstände, das Fahrrad zum Beispiel. Und so begann ich, zu zeichnen und Performances im öffentlichen Raum zu machen – ein krasser Widerspruch zu dem, was die anderen Studenten machten.

TB Du warst noch am College, als Du von dem jungen Kurator Stephen Hobbs, der kaum älter war als Du, eingeladen wurdest, in den Market Theatre Galleries auszustellen. Und damals begann auch Kathryn Smith – ebenfalls aus Deiner Generation –, über Dich zu schreiben. Diese ganze Postapartheid-Generation von Künstlern und Kulturschaffenden ging dann sehr schnell dazu über, ihr Schicksal selbst in die Hand zu nehmen, ohne sich um die Billigung der vorangegangenen Generation, derjenigen ihrer Lehrer, zu scheren.

RR Ja, Stephen Hobbs war der erste, der mich einlud, etwas zu machen. Ich war im dritten Studienjahr, und er schien irgendetwas in mir entdeckt zu haben. Er, der als Künstler und Kurator selbst zu dieser Postapartheid-Generation gehörte, spürte, dass mein Werk ein gewisses Potenzial besaß. Ich meine das nicht im Sinne von Marktwerten, denn damals war der Kunstmarkt in Südafrika kein Thema, zumindest nicht, dass ich das mitbekommen hätte, sondern eher im Sinne einer Bedeutung für die Gemeinschaft von Betrachtern und der Möglichkeit, etwas Neues in diesem sich so schnell verändernden Kontext zu schaffen. Und mein Werk dreht sich ja um diesen Begriff des »Potenzials« oder der »Möglichkeit«: darum, dass die Betrachter eine Linie aus Kohle oder Kreide sehen, die dann wiederum etwas in ihnen selbst öffnet, sodass es mehr wird als nur eine einfache Zeichnung auf einer Wand. Das Beste, woran ich mich aus dieser Zeit erinnere, ist die Tatsache, dass es damals keinerlei kommerziellen Druck gab. Ich lebte nicht »von« der Kunst, ich lebte »für« die Kunst. Die Motivation nach dem Collegeabschluss war nicht etwa, eine Galerie zu finden. Es gab sowieso nur eine Galerie, die Goodman Gallery, die nur anerkannte ältere Künstler zeigte. Wenn ich mir die Verhältnisse hier [in Europa] anschaue, da ist es doch so, dass ein Künstler, sobald er sein Diplom in der Tasche hat, nur noch daran denkt, eine Galerie zu finden. In Südafrika war das völlig anders: Von der Kunst erwartete ich mir nichts, außer Projekte zu machen und interessante Gespräche zu führen.

TB Mit wem hattest Du damals – neben Steven Hobbs und Kathryn Smith – anregende Gespräche?

RR Außer diesen beiden gab es noch Emma Bedford in Kapstadt, Kuratorin an der South African National Gallery, die mich immer gefördert hat; Barend de Wet und Piet Peinaar, ebenfalls in Kapstadt, die meine Performances zum ersten Mal fotografierten; während ich in Johannesburg lebte, verbrachte ich viel Zeit mit Tracey Rose; dann Moshekwa Langa, ein Künstler, der viele von uns inspiriert hat und der immer noch ein enger Freund ist. Mit diesen Leuten machte ich eine Menge Sachen, Projekte. Wir alle standen als Künstler, Ausstellungsmacher, Kritiker mehr oder weniger am Anfang – manchmal in Personalunion – und wir hatten gemeinsame Interessen: Diese jüngere Generation versuchte das Neue in der Geschichte der südafrikanischen Kunst zu definieren. Das war so die Art von Verbindung, die zwischen uns bestand.

TB Du sagtest, Du hättest nicht von der Kunst gelebt oder irgendetwas verkauft, und ich weiß auch, dass die Kunst nach dem Ende der Biennalen in Südafrika keine staatliche Förderung mehr erhielt. Wie habt ihr es dann alle geschafft, trotzdem zu überleben?

RR Nach dem College hab ich mich ein Jahr lang herumgetrieben: Erst machte ich ein Praktikum als Börsenmakler, dann arbeitete ich als Verkäufer für eine Parfümfirma und schließlich ging ich zur Filmhochschule, was ein wunderbarer und entscheidender Moment für mich war. Ich hatte mein Studium abgeschlossen, hatte ein Jahr lang Kunst produziert und Ausstellungen gemacht und daneben gejobbt, und dann beschloss ich, noch einmal Student zu werden. Die meisten anderen Studenten kamen direkt von der Highschool zur Filmhochschule, während ich mir wesentlich klarer darüber war, was ich erwartete und weshalb ich darauf angewiesen war, die Filmsprache zu lernen. Ich ging nur wegen meiner

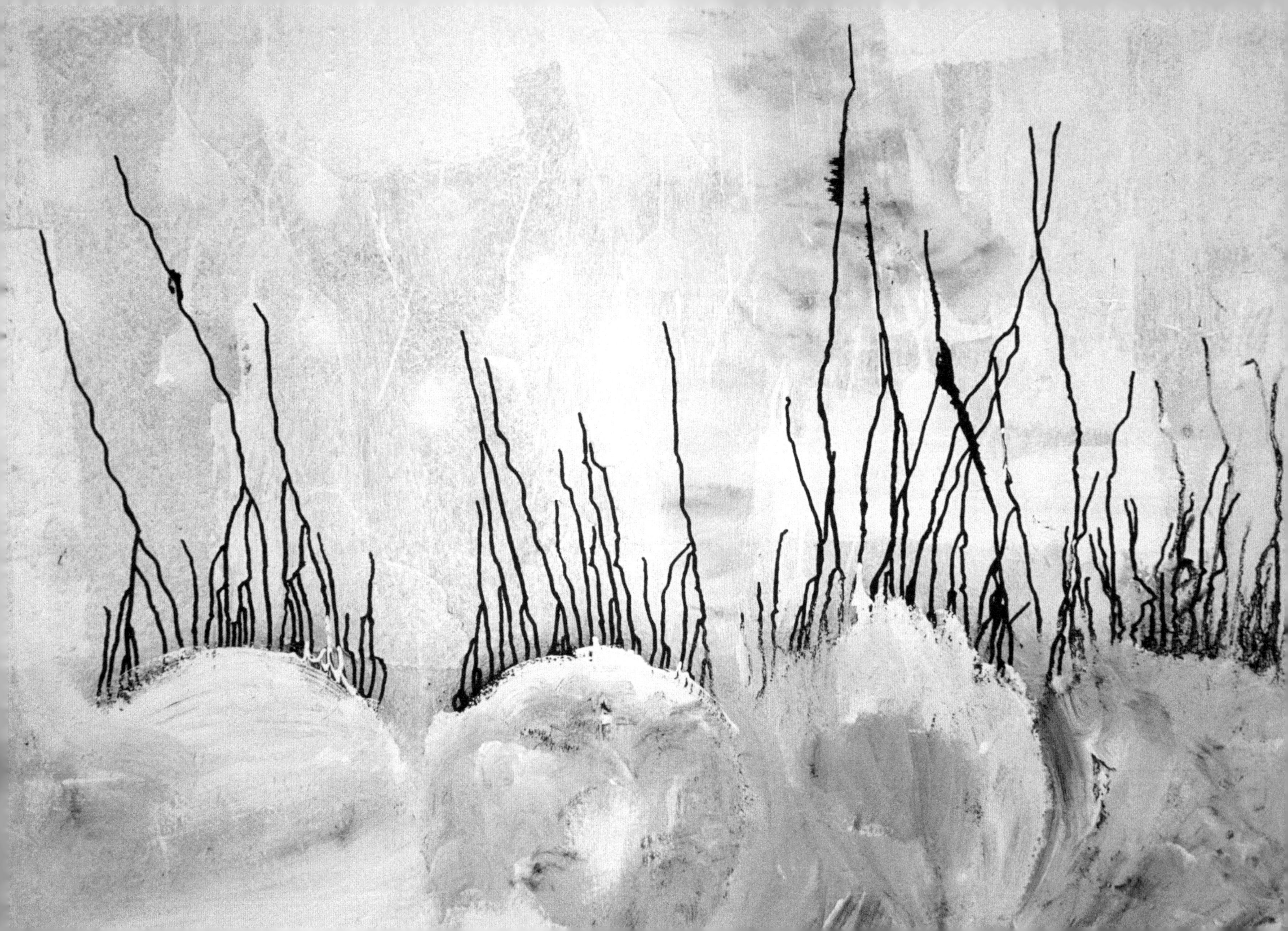

künstlerischen Arbeit dorthin, zu Forschungszwecken, oder genauer beziehungsweise expliziter ausgedrückt: Ich wollte besser verstehen lernen, wie ein bewegtes Bild konstruiert wird. Seitdem ich Grafikdesign im Hauptfach studiert hatte, ging es mir darum, das Skript des Regisseurs in ein visuelles Storyboard umzuarbeiten. Diese Art von Arbeit half mir wirklich zu verstehen, wie ich ein Skript oder eine Performance in Einzelbildern nachstellen kann. Und so verlagerte sich mein Interesse dann immer mehr hin zu den fotografische Serien.

TB Das heißt, Du wolltest nie wirklich Filmregisseur werden oder Dich in der Filmwelt etablieren, sondern Du hast die Filmhochschule ganz bewusst zur Förderung Deiner künstlerischen Absichten benutzt?

RR Ich wollte nicht, dass meine Arbeit durch ökonomische oder kommerzielle Zwänge bestimmt wird. Das war – und ist – mir bei der Realisierung meiner Arbeiten sehr wichtig. Ich möchte für meine Arbeit nicht auf ein Finanzierungssystem angewiesen sein. Und beim Filmemachen geht es ja nur darum, außerhalb eines sehr komplexen Finanzierungssystems scheint es gar nicht denkbar. Undergroundkino natürlich schon. Ich dagegen wollte unbedingt mit dem Experimentieren und Ausprobieren weitermachen. Das Werk sollte eine Leichtigkeit haben, sodass ich es immer weiter und weiter vorantreiben, mehr und mehr ausprobieren konnte.

TB Wie hoch ist der Prozentsatz dessen, was wir von Deiner Arbeit nicht zu sehen bekommen? Wie viele der Ideen, die Du ausprobierst, lassen sich nicht so gut umsetzen, wie Du es Dir vorgestellt hast?

RR Nicht so viele, wie Du vielleicht denkst [lacht]. Vielleicht sollte ich mich mehr anstrengen. Oder mehr arbeiten. Nein, ganz im Ernst, so viele sind es wirklich nicht. Ich habe eine Menge Zeichnungen im Atelier gemacht, die dann verschwinden, die ich wegwerfe, aber mit Aktionen passiert das sehr selten. Keine Ahnung, wie das Verhältnis an Ausschussware bei anderen Künstlern ist, etwa bei Malern. Übrigens wollte ich noch etwas zu meiner Zeit damals in Johannesburg ergänzen, es geht um die Definition meiner Arbeit: Nennt man das Straßenkunst, Graffitikunst, oder was ist es? Von Anfang an hat mich diese Frage verfolgt. Ich persönlich habe mich nie als Straßen- oder Graffitikünstler betrachtet, aber in der südafrikanischen Kunstwelt werde ich bis heute als solcher bezeichnet. Und letztes Jahr passierte mir eine lustige Geschichte, die meiner Meinung nach unglaublich relevant ist: Ich war in Johannesburg und vollendete gerade ein Stück auf einer Straßenmauer. Da sprachen mich Sprayer an, weil ich ihre Tags auf dieser Wand zerstört hatte: Ich hatte ihr Graffiti mit meinen eigenen Arbeiten übermalt. Diese Typen traten also auf mich zu, und einer von ihnen sagte: »Hey, Du hast über unsere Sachen gemalt, das ist nicht gerade besonders respektvoll, mein Lieber.« Ich entgegnete so etwas wie: »Aber geht es bei Graffiti nicht gerade darum, Raum zu besetzen, sich über den Raum herauszufordern? Geht es nicht um Besitzverhältnisse und um ihre Veränderung?« Und der Typ sagte: »Okay, okay, schon gut, aber was Du da machst, ist so abstrakt, damit bringst Du ja überhaupt keine Message rüber, Deine Arbeit existiert auf dem Film, das ist kein Graffiti; Mann, Du solltest das besser im Atelier machen.« Und ich dachte mir: Na, das ist ja wirklich interessant. Graffitikünstler betrachten mich nicht als einen von ihnen, sie sehen mich als Maler und sie raten mir, ich solle im Atelier arbeiten. Das liegt daran, das, es bei meiner Arbeit nicht darum geht, was ich im Straßenkontext zurücklasse, dass was übrig bleibt, ist völlig abstrakt. Im Kunstkontext sieht das ganz anders aus: Was bleibt nach der Aktion und der Performance des Zeichnens auf der Wand zurück? Ich nenne das Nachzeichnung. Ich fand es wirklich interessant, dass mich die Leute aus der Kunstszene als Graffitikünstler sehen und die wirklichen Graffitikünstler hingegen als Maler. Damit wird meiner Meinung nach deutlich, dass der Begriff Graffiti oder das Konzept von Straßenkunst missbraucht oder falsch verstanden wird. Ich habe mich nie, zu keinem Zeitpunkt, als Graffitikünstler oder Straßenkünstler betrachtet. Das ist einer der wenigen Punkte, in denen ich sehr rigoros bin, ohne meine Glaubwürdigkeit in der Szene zu verlieren.

TB Kommen wir noch einmal zu Deiner Biografie zurück und zu dem Augenblick, als Du beschlossen hast, aus Südafrika wegzugehen und in Europa zu leben. Das war 2002.

RR Es war sehr dramatisch.

TB Es war eine sehr komplexe Entscheidung, oder? Es gab familiäre Gründe, aber natürlich auch Karrieregründe, nicht in dem Sinne, dass Du Karrierist wärst, sondern dass Du den richtigen Arbeitskontext finden wolltest; das spielte zumindest eine Rolle bei den Überlegungen im Vorfeld Deines Umzugs. Das war auch das Jahr, als ich mich in Südafrika aufhielt, und viele Künstler in Deinem Alter, aber auch ältere und auch Kuratoren, die ich seinerzeit in Südafrika kennenlernte, stellten sich alle dieselbe Frage: Soll ich bleiben oder soll ich nach Europa oder nach Nordamerika gehen? Irgendwie war die internationale Verbindung seit dem Ende der Biennale von Johannesburg ein wenig abgebrochen, und die Leute in der südafrikanischen Kunstszene fühlten sich plötzlich wieder ein bisschen isoliert.

RR Ich wollte näher bei meiner Familie sein, also mussten wir eine Entscheidung treffen: Entweder würden wir alle in Südafrika bleiben, oder ich würde mit ihnen nach Europa ziehen. Ich glaube, ich habe die richtige Entscheidung getroffen.

TB Und Du hattest keine Angst, dass Dir außerhalb des südafrikanischen Kontexts, der Dich ja sehr unmittelbar zu Deinen Projekten angeregt hatte, die Inspiration irgendwie fehlen würde?

RR Nein, nie. Das war kein Thema. Am Anfang, als ich nach Berlin zog, tat ich mich mit dem Arbeiten noch etwas schwer, weil mir die Wände, die ich wollte, die ich brauchte, nicht zur Verfügung standen, mir fehlten die vertrauten Räume; aber dass ich unfähig wäre, meine Arbeit hier weiterzuentwickeln – nein, diese Sorge hatte ich nicht. Im Gegenteil, ich war sehr daran interessiert, herauszufinden, ob es nicht möglich wäre, die südafrikanische Erfahrung mit der westlichen Welt und ihrer Kunstgeschichte auf andere Weise zu verbinden, als ich es zu meiner Zeit in Südafrika getan hatte. Diese Umkehrung war eine gesunde Herausforderung. Davor, im Jahr 2001, hatte ich Arbeiten in Großbritannien gezeigt. In einer Ausstellung mit dem Titel *Juncture* im Studio Voltaire in London war ich mit einer Performance aufgetreten, und anschließend hatte ich ein kurzes Arbeitsstipendium bei Gasworks. Und das war faszinierend, denn ich hatte das Gefühl, den Kanon in Frage stellen zu können, an einer anderen Sprache teilhaben zu können, an einem anderen Diskurs, außerhalb desjenigen, der mir so vertraut schien und der irgendwie erdrückend war, weil er immer nur wieder zu Postapartheid-Diskussionen zurückführte und sich nicht so sehr um die Kunst selbst drehte. In Großbritannien merkte ich, dass sich das, was ich tat, auf ganz unterschiedliche Weisen interpretieren ließ. Es ging wirklich um den Prozess von Kunst. Als ich damals nach Europa ging, sagte ich gerne im Spaß: Ich will keine Kunst machen, ich will Kunst »werden«. Das mag sehr naiv klingen, klischeehaft, romantisch, wahrscheinlich auch lächerlich, aber das war wirklich das Gefühl, das ich hatte: Ich sah mein Leben vollständig in der Kunst aufgehen, nahm alles um mich herum nur durch die Kunst wahr; meine Arbeitsweise half mir, die Welt zu verstehen, in der ich lebte. Und das entsprach durchaus nicht der Sichtweise, die ich hatte, als ich in Südafrika Kunst machte. Dieses Bestreben war immer irgendwie gefiltert. Die Wahrnehmung meiner Beziehung zur Kunst – oder zu dem, was Kunst ist – war nicht so tief, wie sie es wurde, nachdem ich hierher kam. Das mag nicht wirklich plausibel klingen, weil man ja normalerweise denkt, dass dies die ursprüngliche Ambition ist, die sich dann im pragmatischen Handeln verflüchtigt, aber in meinem Fall trifft das nicht zu: Das offenbarte sich tatsächlich erst hier in Europa. Irgendwie verhinderte der neue südafrikanische Kunstkontext dieses Bedürfnis.

TB Ich glaube, ich verstehe, was Du damit meinst. Aber als ich von der möglichen Angst sprach, dass Dir der südafrikanische Kontext fehlen könnte, dachte ich auch an das spezifische Publikum, das Du dort hattest und das sich von dem hier in Europa ja sehr stark unterscheidet. Als Du in Johannesburg im öffentlichen Raum arbeitetest, hattest Du ein sehr breit gefächertes Publikum – Kinder, Passanten –, es war sehr viel mehr als nur ein Kunstpublikum, während in Europa die Kunst sehr viel bürgerlicher ist und sich weitaus stärker auf Kunsträume beschränkt, als dies in Johannesburg der Fall ist.

RR Da hast Du völlig Recht. In diesem Sinne bedeutete der südafrikanische Kontext sehr viel für mich. Die ganz bewusste Entscheidung, im öffentlichen Raum zu arbeiten, hatte auch damit zu tun, dass meine Zuschauer eben keine Kunstkenner, keine gesellschaftliche Elite sein würden, es wären keine Museums- oder Galeriebesucher, sondern Leute auf der Straße, die zur Arbeit gehen, Erwerbslose, die sich auf meine Arbeit einlassen. Ich weiß noch, wie ich 1999 diese Fahrradperformance im Zentrum von Johannesburg machte. Während meiner Aktion kam ein Wachmann und half mir, dieses gezeichnete Rad zu fahren, er half mir auf meine Zeichnung hinauf. Und anschließend sagte ich zu ihm: »So, und jetzt fahren Sie, ich helfe Ihnen aufs Rad.« Und alle Umstehenden grinsten sich eins, das war wirklich wie ein kleiner Befreiungsschlag. Irgendetwas veränderte sich für mich in diesem Augenblick total. Es ging gar nicht mehr um mich, der Künstler war nicht mehr das Subjekt, plötzlich war der Zuschauer Teil des Werks. Das war ein Wendepunkt und ein sehr spontaner Moment. Natürlich, wenn ich so etwas hier in Europa machen würde, da würde mir keiner aufs Rad helfen, die Polizei würde mich festnehmen, und das Einzige, was man dagegen unternehmen könnte, wäre zu sagen, dass es sich um ein Kunstwerk handelt [lacht]. Dieser Augenblick war insofern sehr wichtig für mich, da er mir half, die Psyche von Südafrikanern zu verstehen. Ich komme ja aus einer Kultur, die sehr spontan ist, die eine Menge Humor, ein sarkastisches, ironisches Element hat. Die Leute lachen sehr leicht über sich selbst. Auch nachdem sie so grauenhafte politische Verhältnisse durchlitten haben, können sie immer noch etwas Komisches daran finden. Und ich denke, ein Großteil meiner Arbeit stammt aus dieser südafrikanischen Eigenheit, Dinge neu zu schaffen und sich darüber lustig zu machen: Man unterläuft sie, indem man sich über sie lustig macht. Das hat etwas mit Freiheit zu tun, mit der Möglichkeit, sich schnell eine andere Welt auszumalen oder neu zu erfinden. Also ja, in Europa funktionieren meine Arbeiten anders, ich habe hier nicht dieselben Zuschauer. Aber mir wurde klar, dass ich meine Arbeitsweise verändern muss. Ich merkte, dass die Betrachter und die Situation, die ich in Südafrika gewöhnt war, Luxus waren. Ich hatte es da einfach zu leicht. Und ich dachte, jetzt ist es an der Zeit zu kämpfen, zu entwickeln, zu testen, die Sprache für den Betrachter, für andere Betrachter zu entwickeln. Es war eine echte Herausforderung, aber sie hat mir gutgetan. In Südafrika konnte ich immer und immer wieder dasselbe machen, während ich diese Erfahrungen hier nochmals durcharbeiten musste, damit sie mehr Bezug gewinnen konnten.

TB Und das ging wirklich so leicht?

RR Hier in Deutschland begann ich, mich stärker auf fotografische Arbeiten zu konzentrieren. Ich fand einen Raum und dokumentierte die Aktion, aber niemand sah die Aktion wirklich. Es wurde eher eine innere Erfahrung. Anfangs war es hier sehr schwierig für mich. Ich besuchte Galerien und Museen, und was ich da sah, waren sehr kultivierte, sehr kalte, sehr kalkulierte, auch sehr intellektuell motivierte Werke, und das lehnte ich tendenziell ab, das fühlte sich fremd an. Zuerst fühlte ich mich auch sehr einsam und isoliert. Es gelang mir nicht, mich als Teil dieser Szene zu sehen.

TB Aber andererseits wurdest Du auch sehr schnell in eine neue Struktur oder Szene integriert, zwar keine lokale, sondern eine internationale und generationsbedingte – die jungen globalen Künstler –, auch wenn der Ausdruck wahrscheinlich nicht der beste ist. Du hast beispielsweise an der Ausstellung *How Latitudes Become Forms* teilgenommen, die sehr deutlich genau diesen Moment in der Geschichte der Gegenwartskunst betonte. Konntest Du keine künstlerischen Affinitäten zu den anderen Künstlern entdecken, die in der Ausstellung vertreten waren?

RR Oh doch, durchaus; bei Jennifer Allora & Guillermo Calzadilla, Marepe, Santiago Cucullu beispielsweise, bei einer ganze Menge von ihnen. Wir befanden uns ja alle in der gleichen Situation: Wir kamen aus diesen geografischen Peripherien, egal ob Asien, Afrika oder Lateinamerika – und lateinamerikanische Kunst und Praktiken haben mir schon immer gefallen, schon seit der Zeit an der Kunsthochschule, Gabriel Orozco etwa oder Helio Oiticica; Oiticicas Werk hing so unmittelbar mit seinem Leben zusammen, dass es ein- und dasselbe war; wo Kleidung zur Skulptur wird, das hat mir immer gefallen. Wir kamen also alle aus diesen verschiedenen Peripherien der westlichen Welt, unsere Arbeitspraktiken waren in gewisser Weise sehr leicht und unmittelbar, erforderten keinen großen Produktionsaufwand, und natürlich waren sie nicht so kunstvoll oder kalkuliert wie diejenigen, die ich beispielsweise in deutschen Galerien zu sehen bekam. Ja, es stimmt, unter den Künstlern, die Philippe Vergne zu *Latitudes* einlud, gab es so etwas wie einen gemeinsamen Nenner. Für mich war die Ausstellung wegen der Gespräche, die ich während dieser Zeit mit Philippe hatte, besonders wichtig. Die Ausstellung wurde an verschiedenen Orten gezeigt, von Italien bis Minneapolis und Mexiko, und wir diskutierten darüber, wie jeder neue Kontext das

Werk beeinflusst und was ich zur Weiterentwicklung der Ausstellung während ihrer Tournee beitragen konnte. Inwiefern kann ich sie ergänzen? Während dieser ganzen Zeit diskutierten wir zum Beispiel sehr viel über den Status der Performances, die ich im Museumskontext durchführte, und das Verhältnis zum jeweiligen Publikum: Was ist die Rolle des Zuschauers, des Publikums während einer Performance im Kontext eines White Cubes? Sind sie passive oder verunsicherte Rezipienten? So entwickelte ich beispielsweise die Idee des »Eskapisten« in meinen Performances: Ich wollte vermeiden, im White Cube gefangen zu sein. Ich musste einen Weg finden, wie ich da rauskomme, ich musste dem Zuschauer den Eindruck vermitteln, dass ich da eigentlich nichts zu suchen habe, oder dass ich, wo ich nun mal hier bin, einen Ausweg finde. Und das hat sich sehr stark auf die anderen Performances ausgewirkt, die ich später veranstaltete, vor allem auf diejenigen in New York [im Artists Space oder im New Museum].

TB Bei unserem letzten Gespräch hatte ich den Eindruck, dass es Dir mehr und mehr widerstrebt, Performances anlässlich von Ausstellungseröffnungen in Museen zu veranstalten.

RR Ich will einfach nicht, dass es zur Routine wird, dass der Zuschauer, wann immer ich an einer Ausstellung beteiligt bin, zu einem bestimmten Zeitpunkt während der Eröffnung eine Performance von mir erwarten kann. Das ist genau das, was ich gerade angesprochen habe. Museen und Wände in Museen haben überhaupt nichts mit den Wänden im öffentlichen Raum zu tun. Es gibt immer etwas, das außerhalb meiner Kontrolle geschieht, ein Schatten, irgendein Ereignis, das mich veranlasst, meine Pläne ein wenig zu ändern. Ich hatte mir das nie recht überlegt, und jetzt bin ich davon völlig überzeugt. Das ist wirklich magisch, ich finde es toll, wenn es passiert, wenn Dinge außerhalb meiner Kontrolle passieren. Ich lasse es einfach geschehen. Natürlich schaffe ich die entsprechenden Bedingungen dafür. Ich entwerfe zum Beispiel nie ein Werk vollständig am Storyboard, ich mache nur eine Skizze, eine Seite, und damit hat es sich. Ich zeichne die Aktion auf eine Seite. Früher zeichnete ich viele kleine Einzelbilder vor der Aktion, aber inzwischen begnüge ich mich mit einer einzigen Seite, nur das Notwendigste, aber das gibt mir Spielraum, es sollte nicht zu rigide sein. Ich habe eine Idee, ich denke: Genau das will ich, so funktioniert es, und dann gehe ich zu dem Ort: O.K., gut, also los. Da muss man blitzschnell denken, im Wettlauf gegen die Zeit arbeiten, ehe das Licht sich verändert, ein Schatten auftaucht und so weiter. Als ich meine letzte Fotoserie machte, passierte etwas sehr Schönes, es war unglaublich. Ich war in Johannesburg, wo ich gerade die Arbeit *Juggla* vorbereitete (2004, Abb. S. 88–89). Mein Plan war, dieses Werk auf meiner Lieblingswand im Stadtzentrum zu machen, auf dieser Wand, die ich 1999 entdeckt hatte, als ich meine erste Arbeit machte, *Big Bike,* ein fünf Meter hohes Fahrrad, einfach nur ein Foto von mir, wie ich vor dem Fahrrad stehe. Und auf dieser Wand machte ich ganz ganz viele Arbeiten (beispielsweise *Pulling the Load,* 2004, Abb. S. 58–59; *The Stripper,* 2004, Abb. S. 104–105). Aber Wände sind autonom, die Leute können nicht wissen, wo, in welcher Stadt sich die Wand befindet, wenn sie mein Werk anschauen. Aber zu dieser Wand in Johannesburg habe ich eine emotionale Bindung. Das Problem ist nur, dass ich dort jetzt nicht mehr arbeiten kann, weil die Wand eine Art »Wall of Fame« geworden ist, viele Graffitikünstler bekommen Aufträge, auf dieser Wand zu arbeiten.

TB Und es ist Dir nie gelungen, eine solche Wand in Berlin zu finden?

RR Die gibt es bisher nicht, und ich würde nie die Erlaubnis bekommen, hier so etwas zu machen. Die Leute rufen die Polizei.

TB Aber Du könntest eine Genehmigung beantragen.

RR Nein, nie. Das ist es ja gerade. Letztes Jahr entdeckte ich eine sehr hübsche Wand, auf der ich ein Projekt entwickeln konnte, das mir schon seit vielen Jahren, seit meiner Studentenzeit vorschwebte, aber ich hatte nie die richtige Wand dafür gefunden, sie musste sehr hoch sein. Allerdings fand ich sie in Las Palmas. Das war für diese Arbeit *Untitled (Dream Houses)* (2005, Abb. S. 68–69), sie basiert auf einer sehr lustigen Geschichte aus Südafrika, die im Johannesburger Stadtteil Hillbrow spielt: In der Silvesternacht, so heißt es, schmeißen die Leute in Hillbrow Möbel aus dem Fenster, und im Laufe der Jahre wurden immer wieder Leute von herunterfallenden Mikrowellen oder irgendeinem Sofa erschlagen [lacht]. Die Idee ist, dass sie den alten Schrott wegwerfen, damit das neue Jahr ihnen Wohlstand bringt, sodass sie dann neue Geräte kaufen können – eine sehr faszinierende Geschichte aus der Subkultur. In dieser Arbeit kann man also sehen, wie ich einen Fernseher auffange, der aus dem Fenster geworfen wird, dann einen Stuhl, einen Tisch, Kaffeekannen, Tassen, das fange ich alles auf, und dann fliegt ein Auto runter [lacht]. Eine sehr lustige Arbeit.

TB Machst Du irgendwelche Aufzeichnungen von Deinen Ideen für Arbeiten, die Du nicht ausführen konntest, weil Du noch nicht die richtige Wand dafür gefunden hast? Hast Du Notizbücher voller Ideen und Storyboards?

RR Nein, ich notiere nie etwas. Es kann passieren, dass ich eine schnelle Skizze auf eine Serviette oder ein Stück Papier zeichne, und es dann irgendwem gebe. Wenn ich eine Idee habe, hoffe ich einfach, dass sie gut genug ist, um an ihr festzuhalten, und dass sie irgendwann – nach zwei, drei Jahren – zu mir zurückkommt. Aber die meisten Ideen ergeben sich sowieso im Kontext einer Ausstellung. Um noch einmal auf *Juggla* zurückzukommen: Ich machte *Juggla* in Johannesburg, auf der Wand eines alten Restaurants, eines Restaurants, das mich schon als Kind fasziniert hatte, weil wir jeden Tag daran vorbeikamen, wenn wir unseren Vater von der Arbeit abholten. Ich fragte mich immer, wie es wohl im Innern dieses Restaurants, das sehr einfaches, typisch afrikanisches Essen servierte, aussehen mochte. Dieses Restaurant existierte nicht mehr, es war zu einem Supermarkt geworden, dann wurde auch der Supermarkt geschlossen, und das Gebäude verkam irgendwie. Später wurde die Fläche von Autoschlossern verwendet, von Leuten, die kaputte Wagen reparieren und neu lackieren. Und diese Typen benutzten die Wände, um ihre Spraydosen zu testen, das sieht jetzt ganz schön aus mit diesen sehr abstrakten Bildern auf den Wänden. Ich war nach Südafrika zurückgekommen, um *Juggla* auf meiner bereits erwähnten Lieblingswand zu machen, und musste feststellen, dass es nicht mehr möglich war, auf dieser Wand zu arbeiten, weil sie wie gesagt inzwischen zu einer Art »Wall of Fame« für Graffitikünstler geworden war. Deshalb schaute ich mich nach einer alternativen Wand um und beschloss, auf dieser Fläche der Autoschlosser zu arbeiten. Und als ich hinkam, waren die Autoschlosser weg, alles war total verödet. Aber es war schön. Ich bereitete also diese Arbeit vor, aber ich war ein bisschen beunruhigt, weil mich zwei Typen auf der anderen Straßenseite beobachteten. Also rief ich sie zu mir herüber. Ich erklärte ihnen, was ich da vorbereitete, dass es ein Kunstwerk sei, das ich auf die Wand malen und wovon ich Aufnahmen machen würde. Dann beschloss ich kurzerhand, dass sie mir bei diesem Vorhaben helfen sollten und ich sie dafür bezahlen würde. Sie waren dort, weil sie vor den Fabriken auf einen Job warteten, sie kamen jeden Morgen, sehr früh, und warteten auf einen Tagesjob in einer der umliegenden Fabriken. Und sie halfen mir, die Wand Schicht für Schicht neu zu bemalen, und wir diskutierten über die Arbeit, über die Bewegungen, über alles. Dadurch bekam *Juggla* noch eine ganz andere Dimension. Es war wie 1999 mit dem Wachmann.

TB Zum Abschluss dieses Interviews wollte ich Dich noch zu den Aneignungen – oder besser gesagt: den Plagiaten – Deines Werks durch Markenfirmen wie Nike und Gap befragen, das sie neuerdings in ihren Werbefilmen kopieren, indem sie Dein System der Einzelbilder mit Kreide, optischen Illusionen und so weiter verwenden. Auf dieselbe Weise hat sich ja auch Honda gerade erst *Der Lauf der Dinge* von Fischli & Weiss für einen Werbefilm zu eigen gemacht. Wie siehst Du das?

RR Ach, das!

TB Du könntest es als eine Art Hommage oder Anerkennung betrachten, ja sogar als eine Errungenschaft, dass es Dir gelungen ist, eine bestimmte Ästhetik von der Subkultur in die Kunstwelt zu verlagern und von dort ins Fernsehen. Nicht dass das unbedingt meiner Auffassung entsprechen würde, aber es interessiert mich einfach, wie Du das aufgenommen hast.

RR Ehrlich gesagt, ich weiß nicht, was ich davon halten soll. Was ich wirklich interessant finde, sind die Debatten, die durch diese Aneignungen ausgelöst wurden und über die ich im Internet gelesen habe, in dem sich viele Diskussionen genau darauf konzentrieren; und auch, dass viele Leute, die ich gar nicht kenne, Leute, die mein Werk irgendwo in Ausstellungen gesehen haben, sich so stark dafür einsetzen. Es hat mich wirklich sehr überrascht zu sehen, wie sehr sich die Leute für mein Werk interessieren.

TB Vielen Dank.

RR Danke auch.

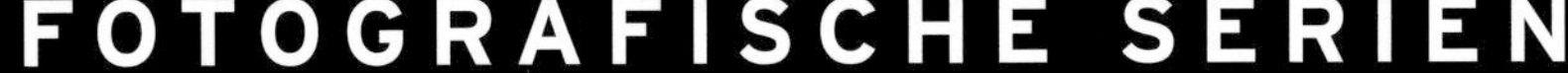

FOTOGRAFISCHE SERIEN

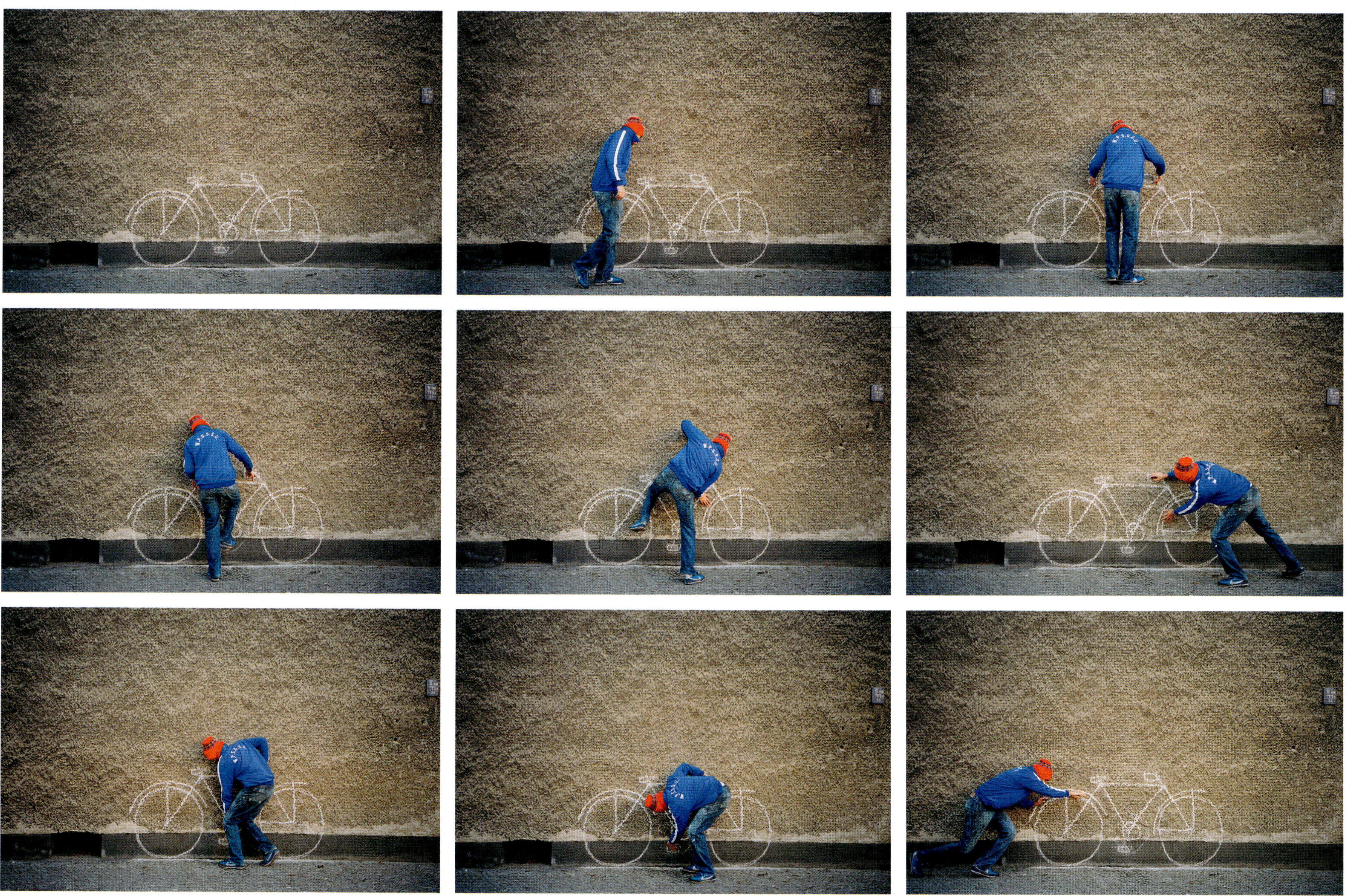

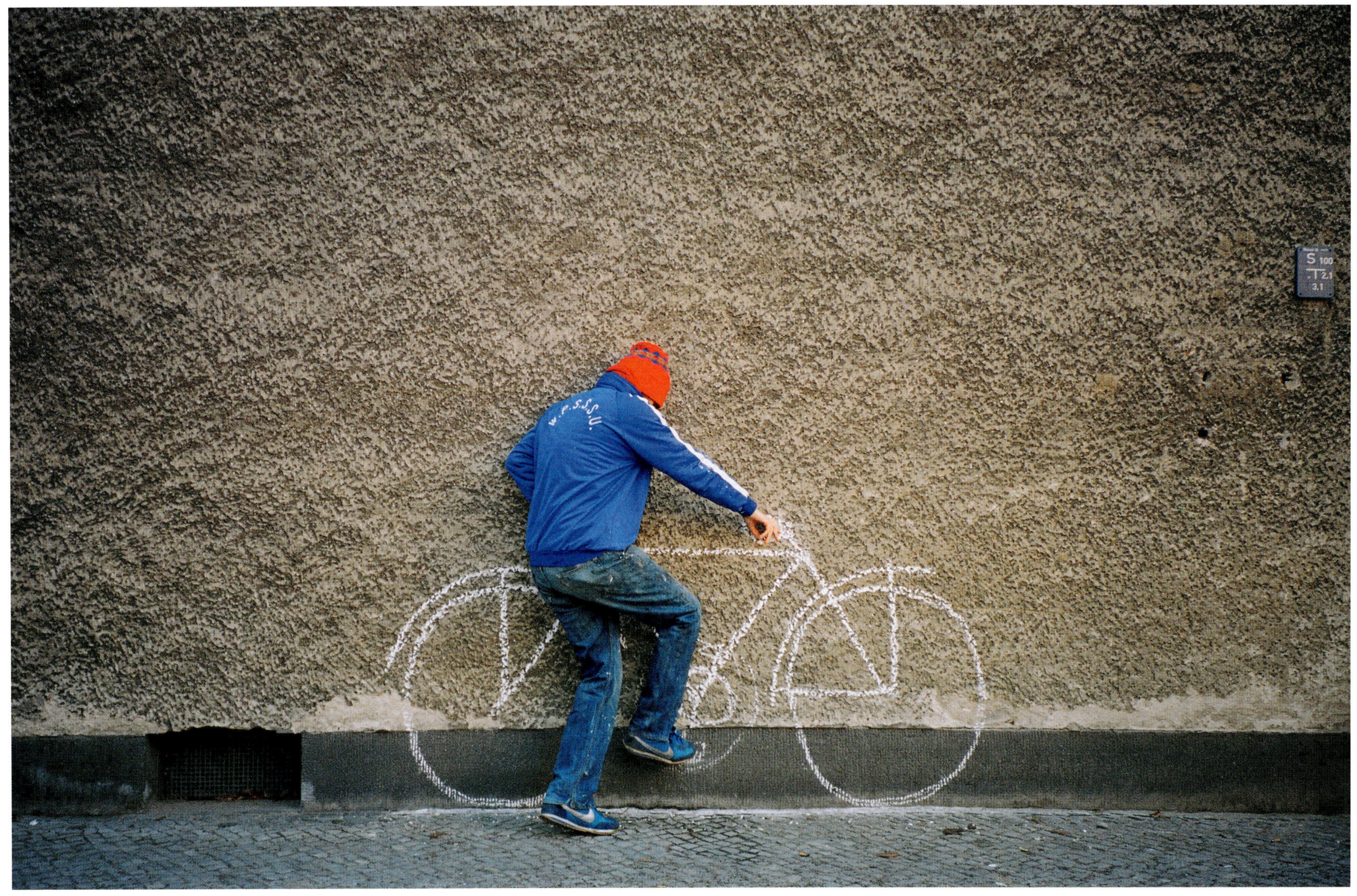

CLASSIC BIKE 1998

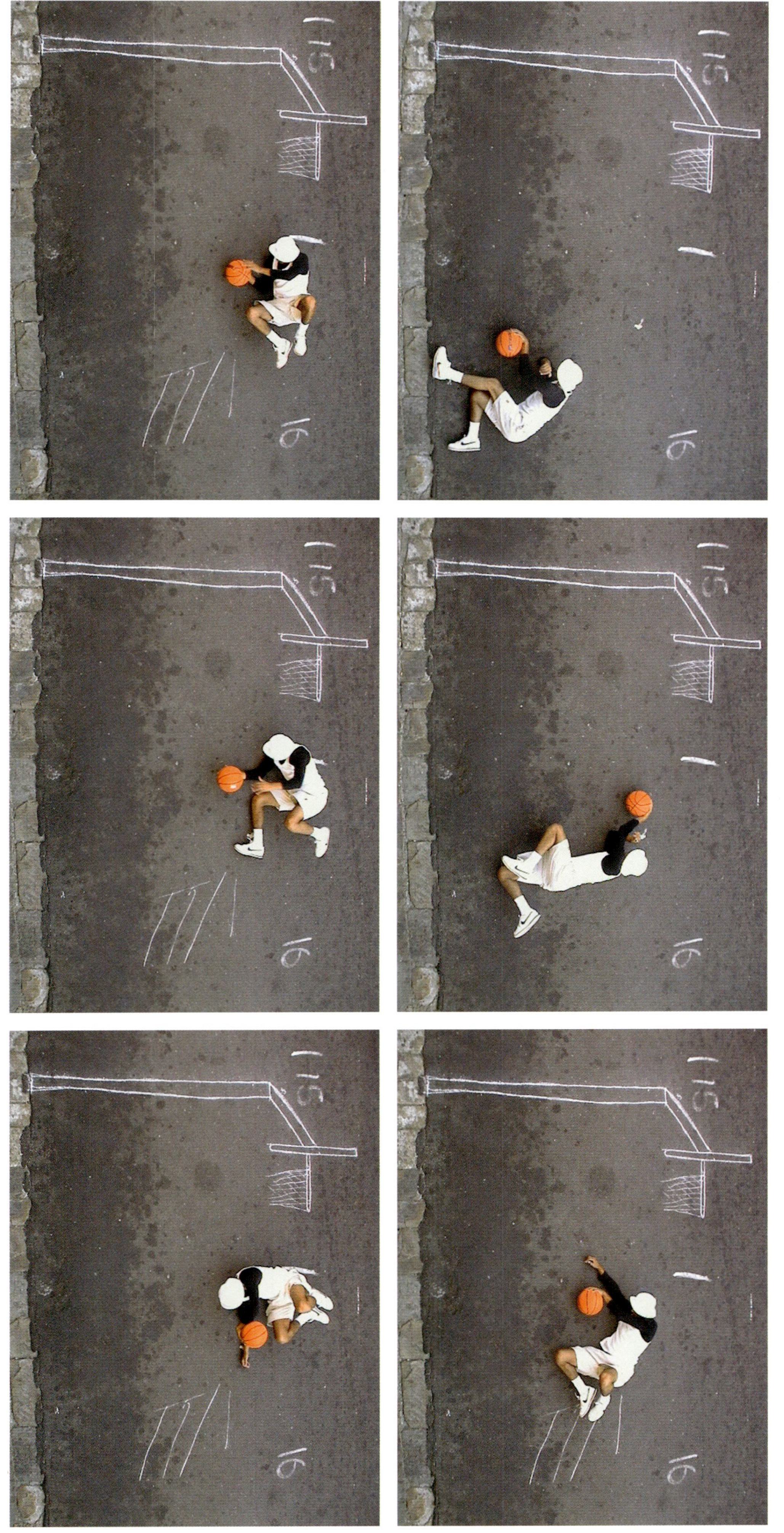

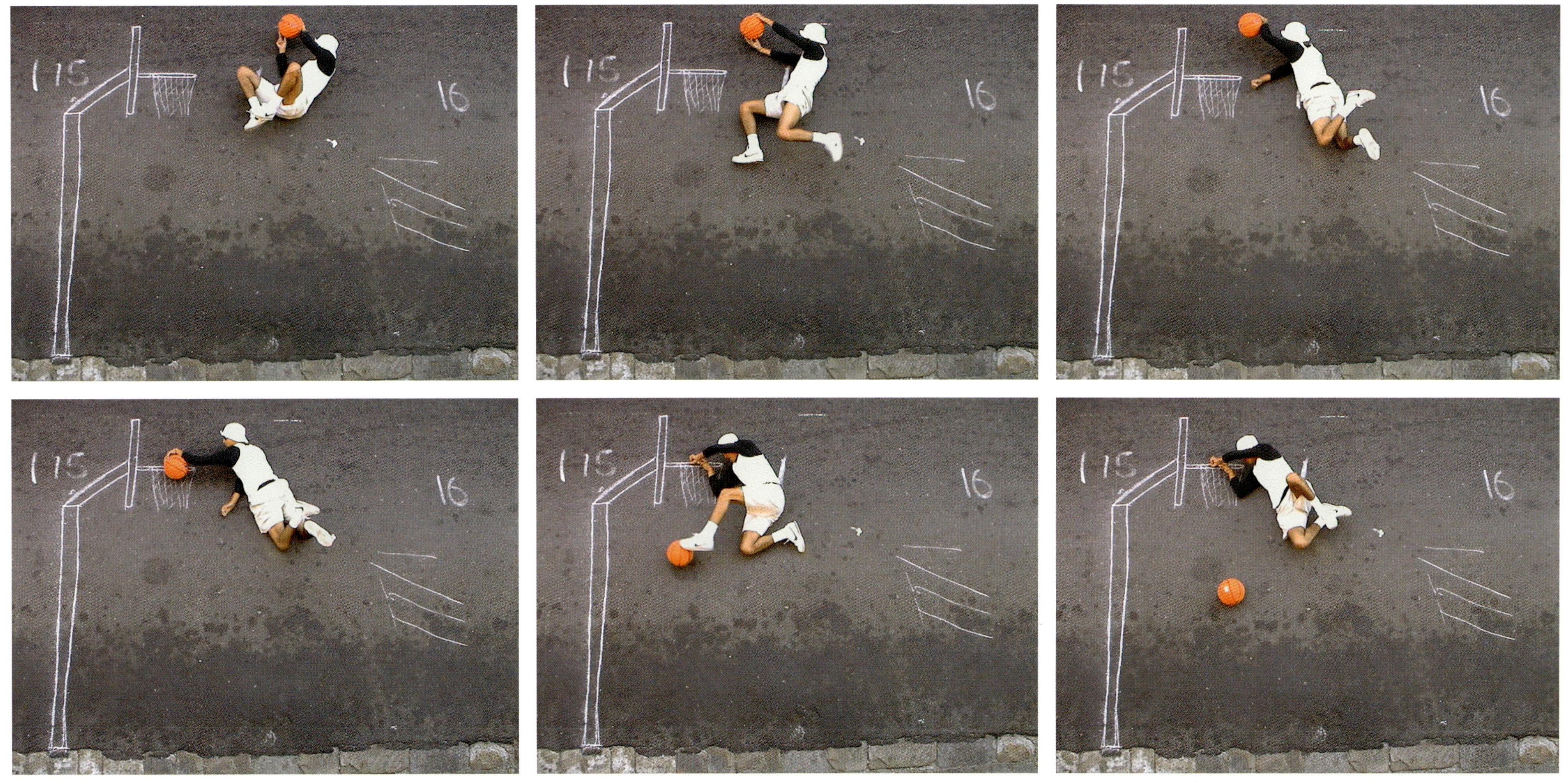
115
16

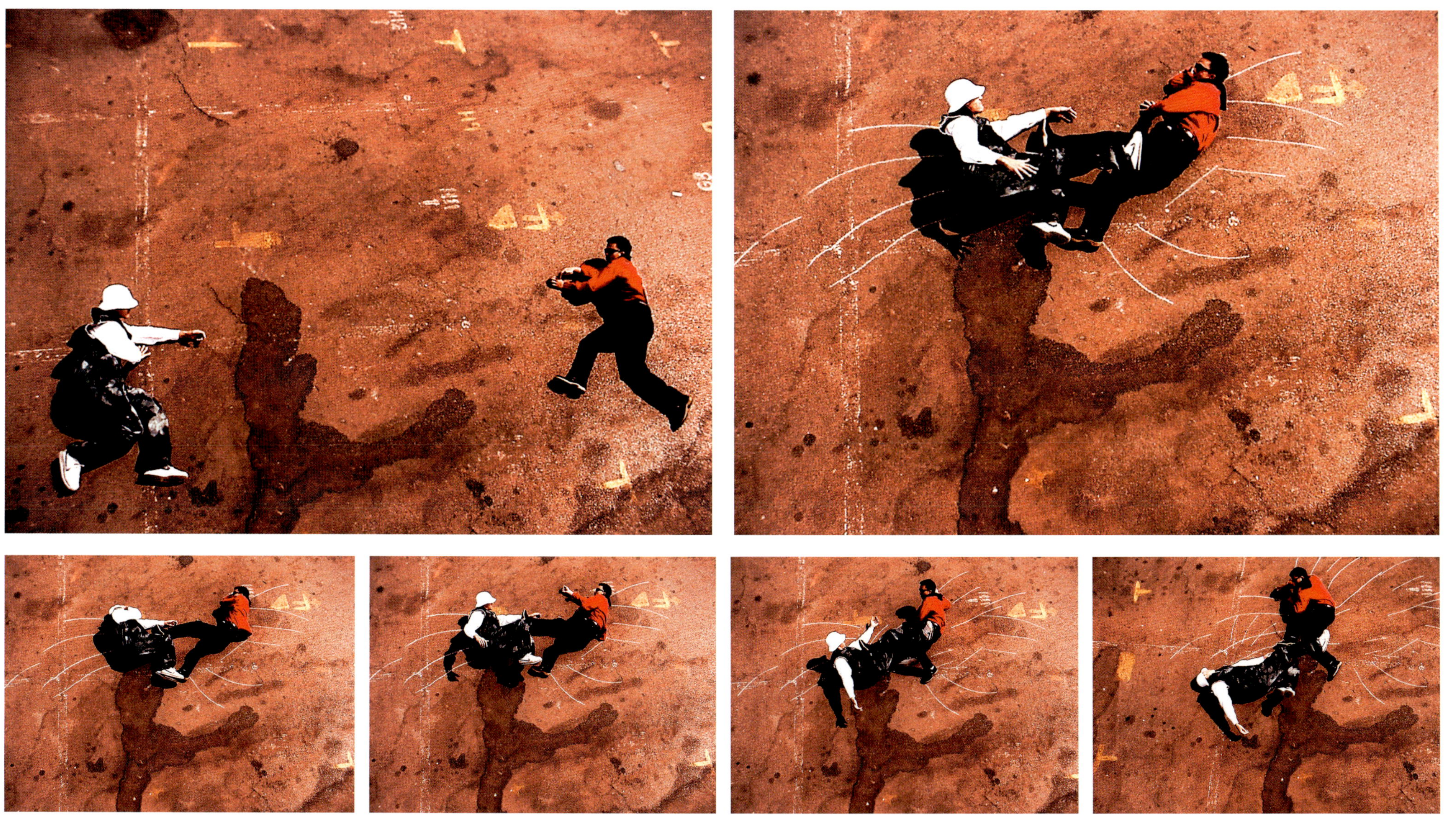

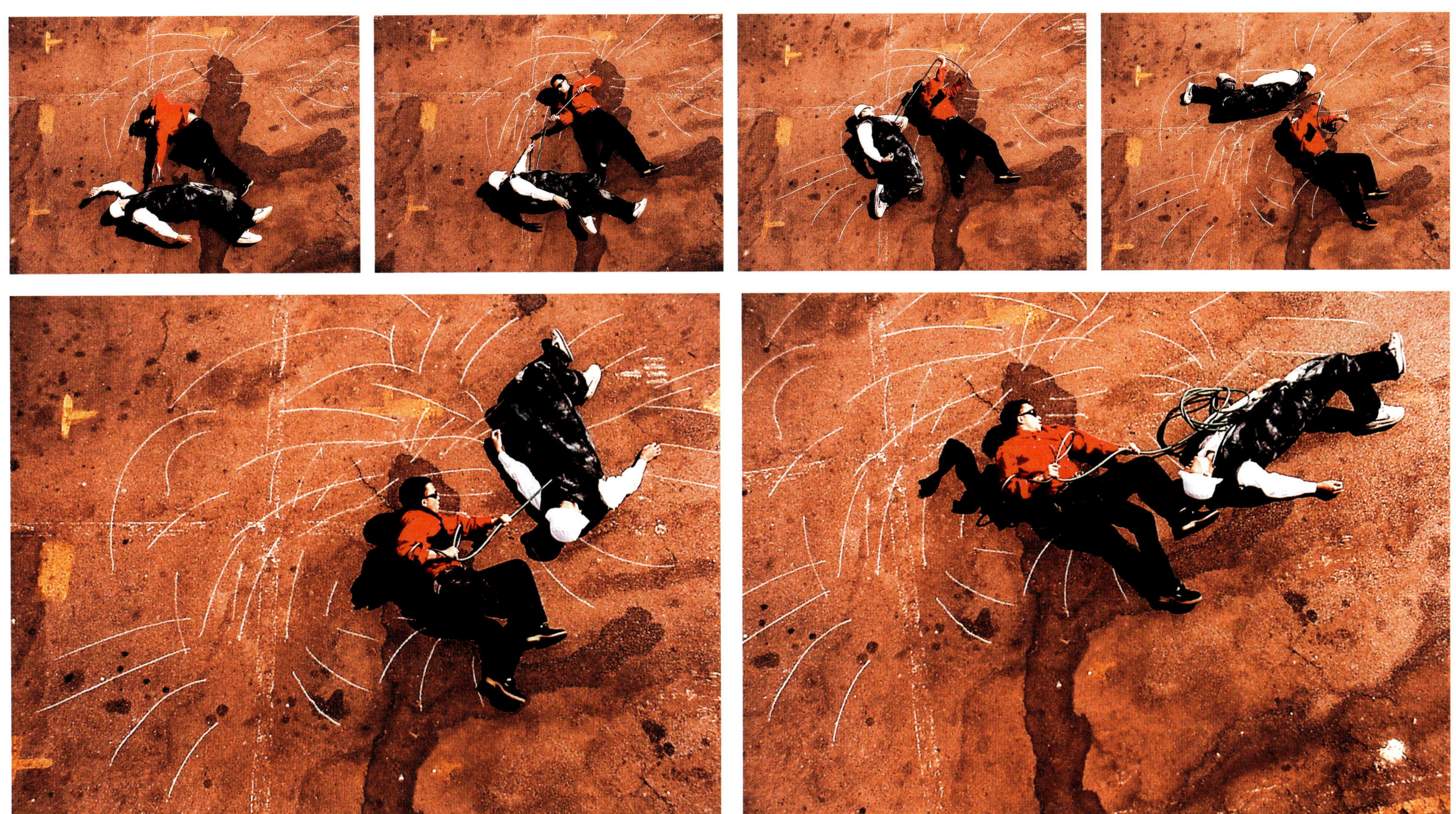

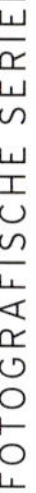

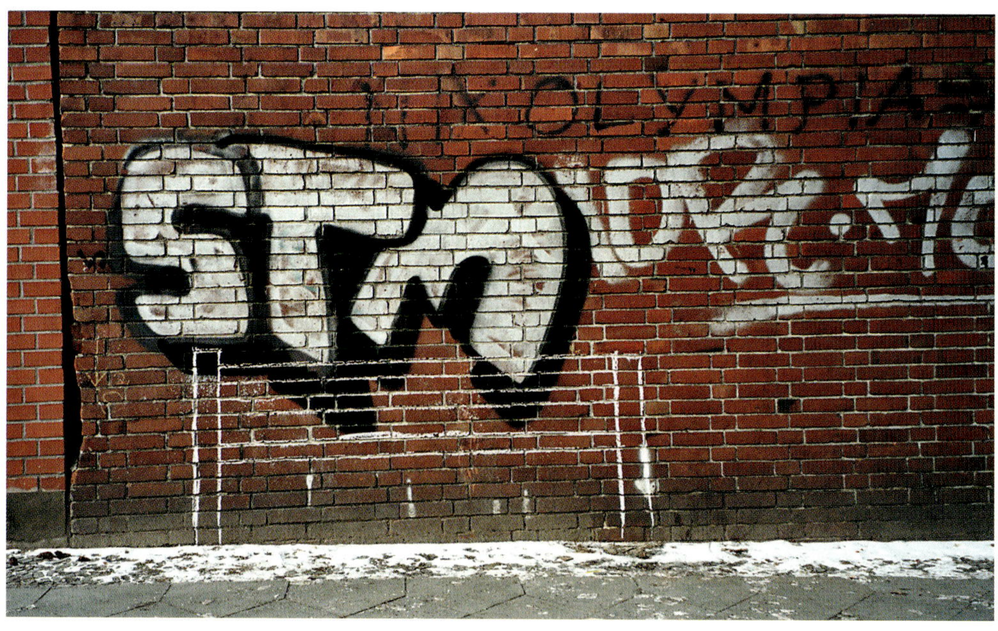
OLYMPIA
STM

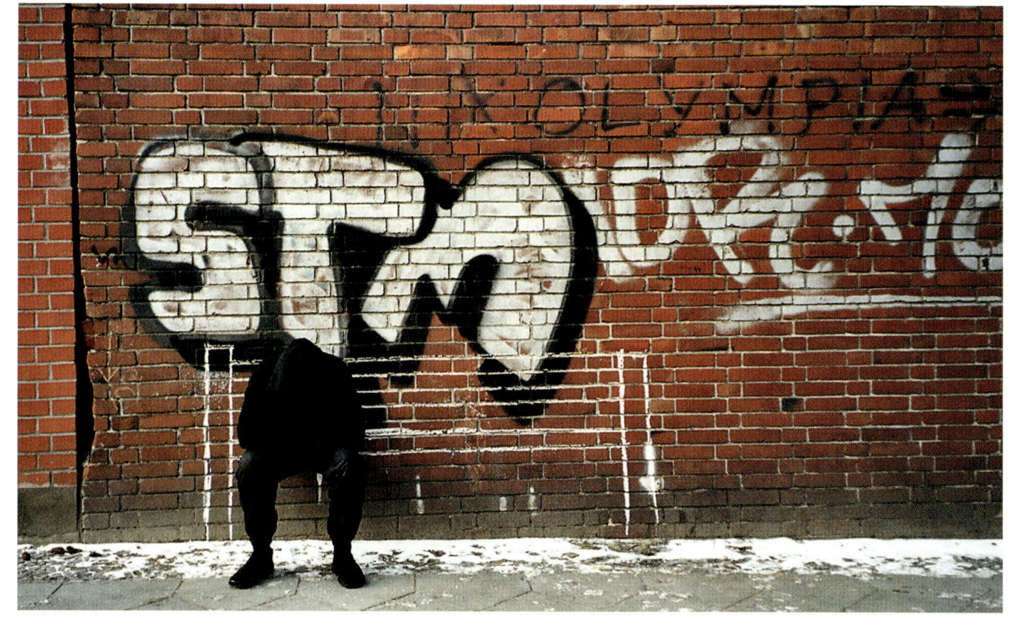
OLYMPIA
STM

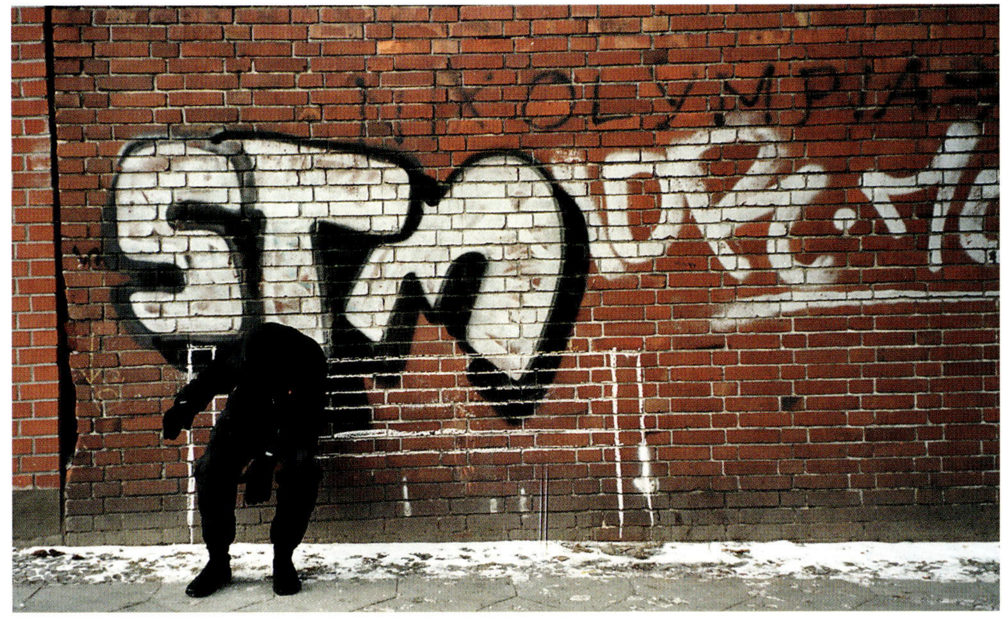

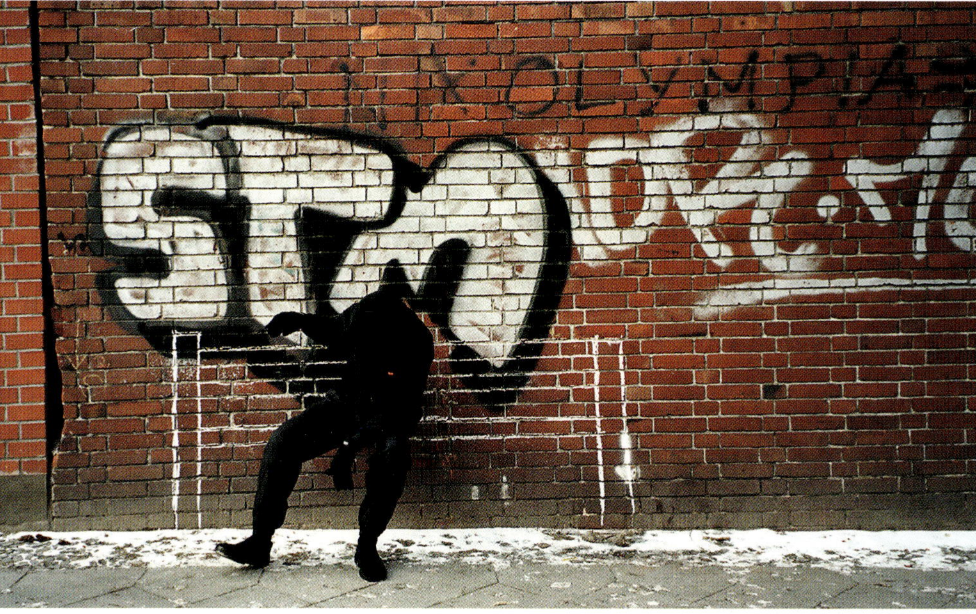

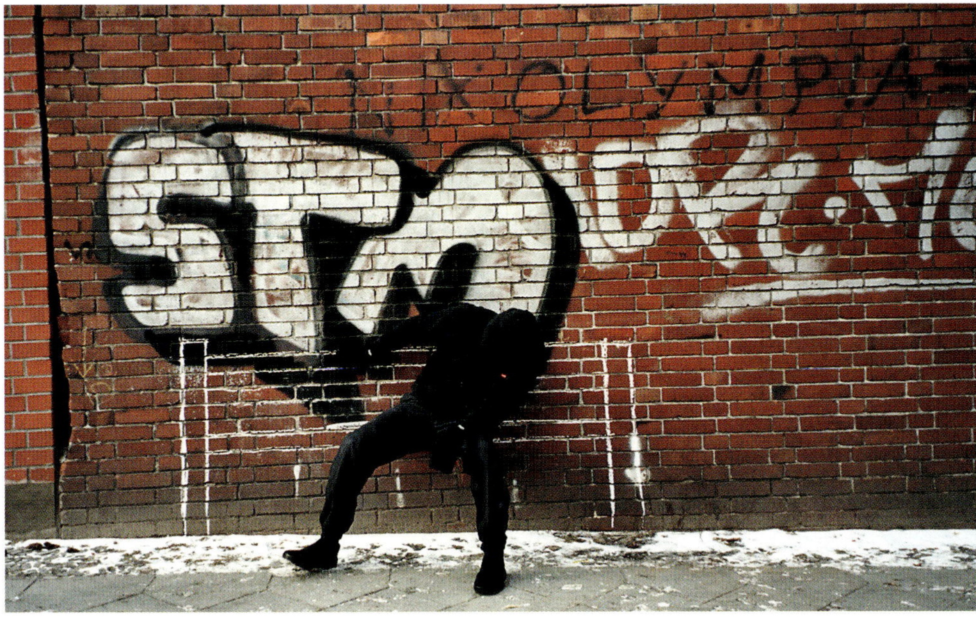

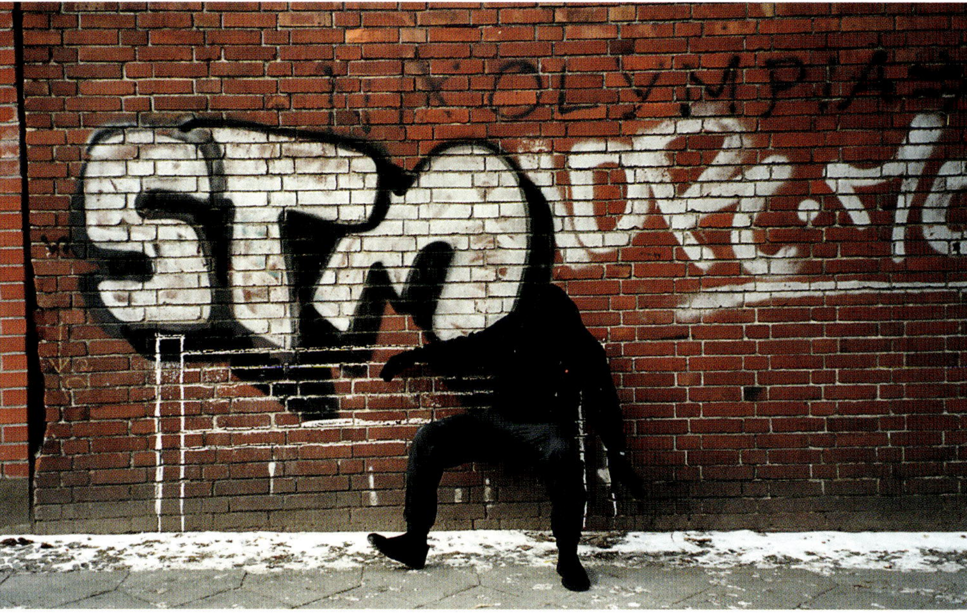

BENCH SLIDE 2002

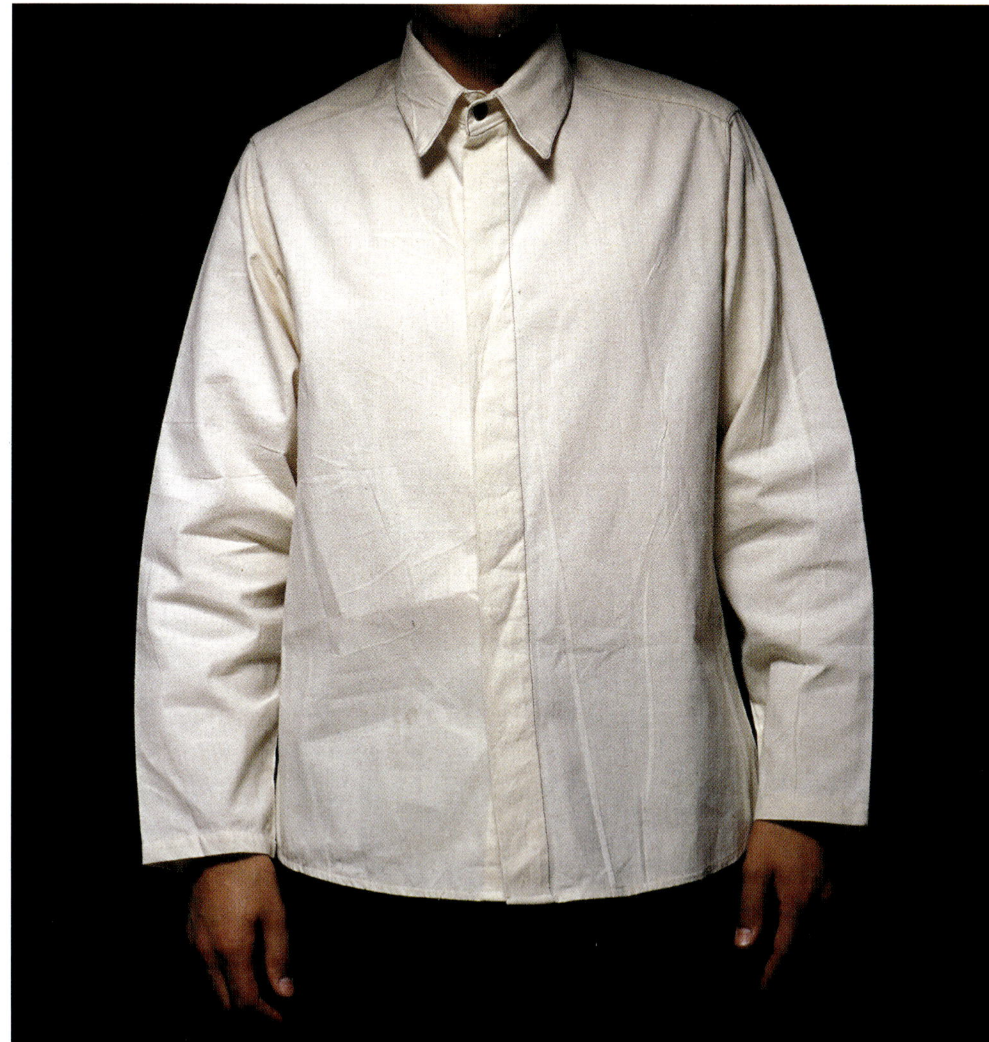

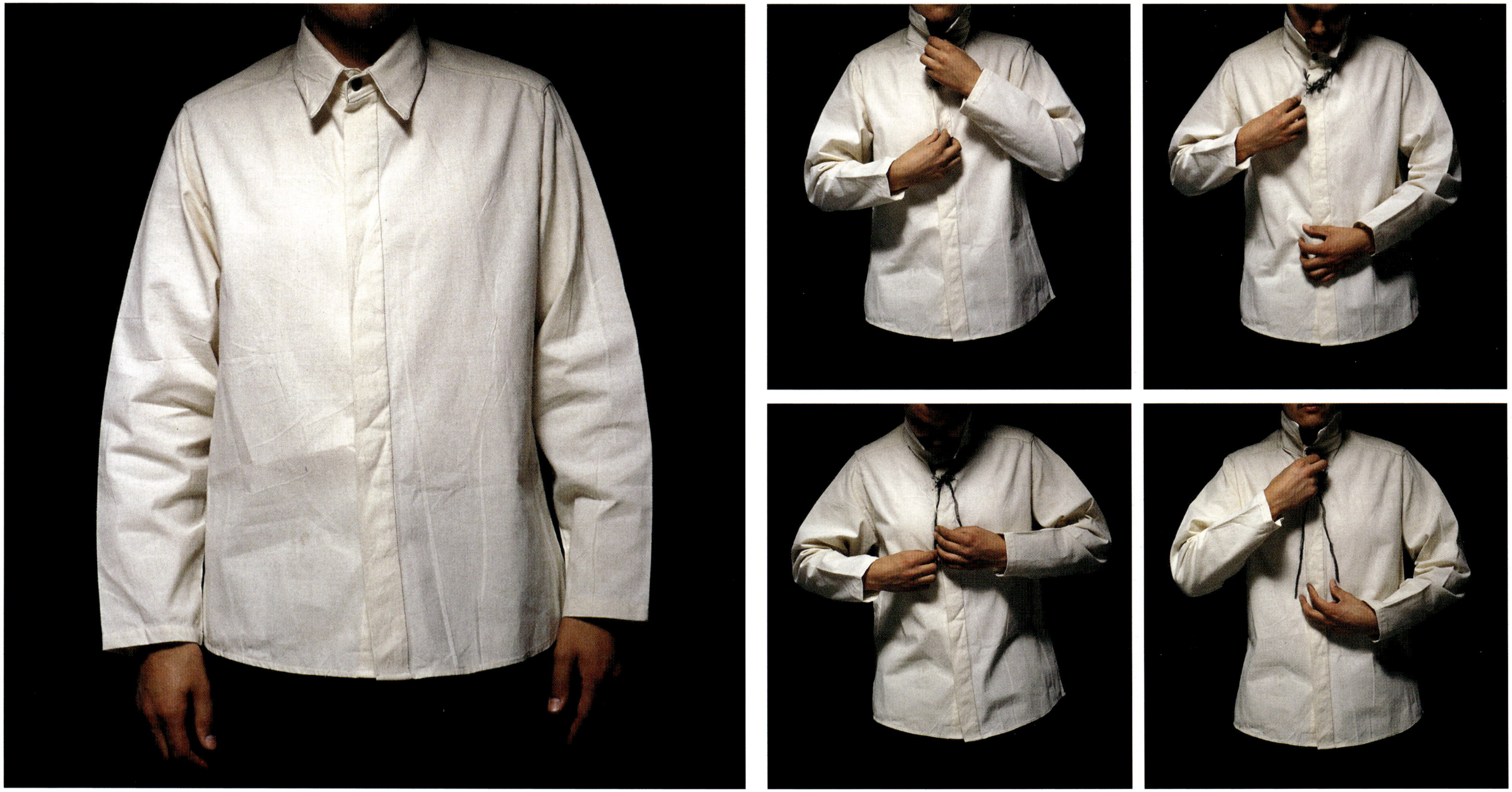

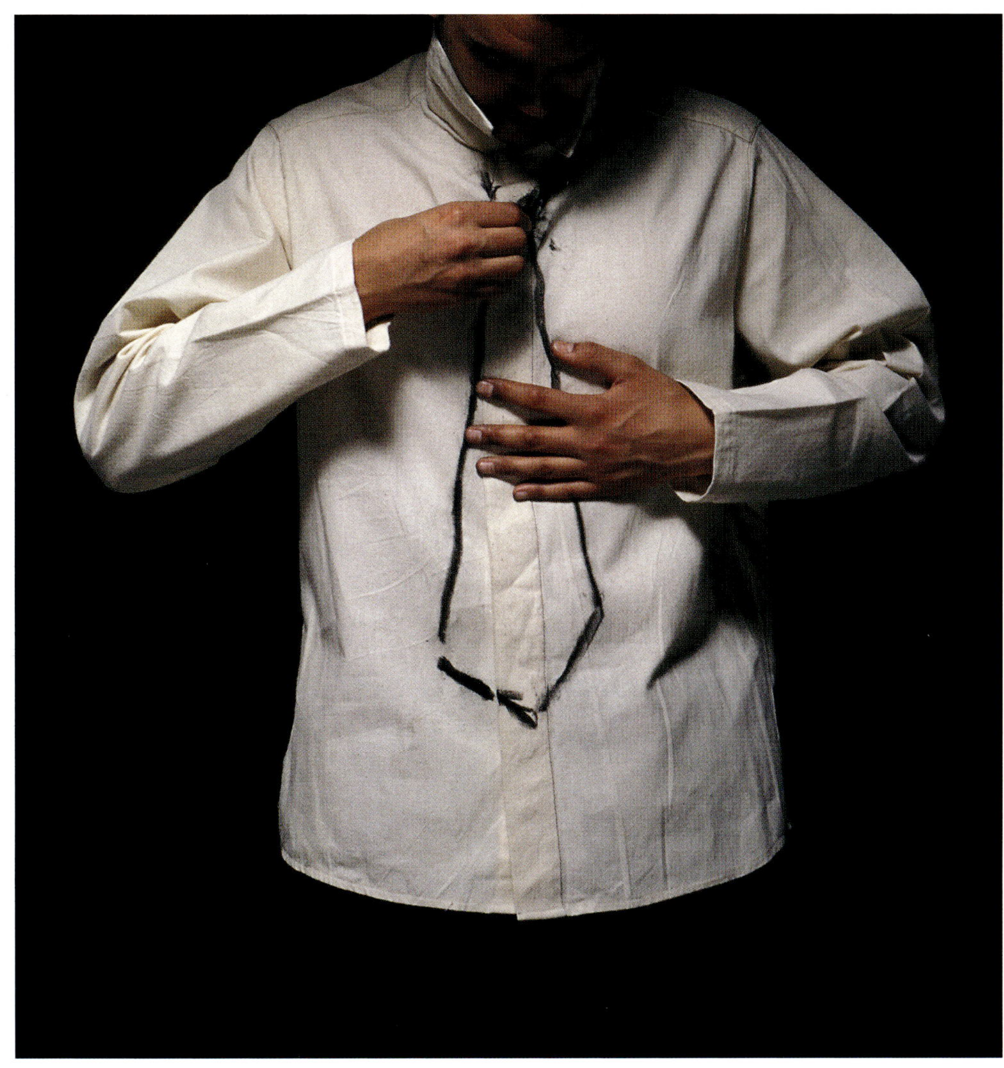

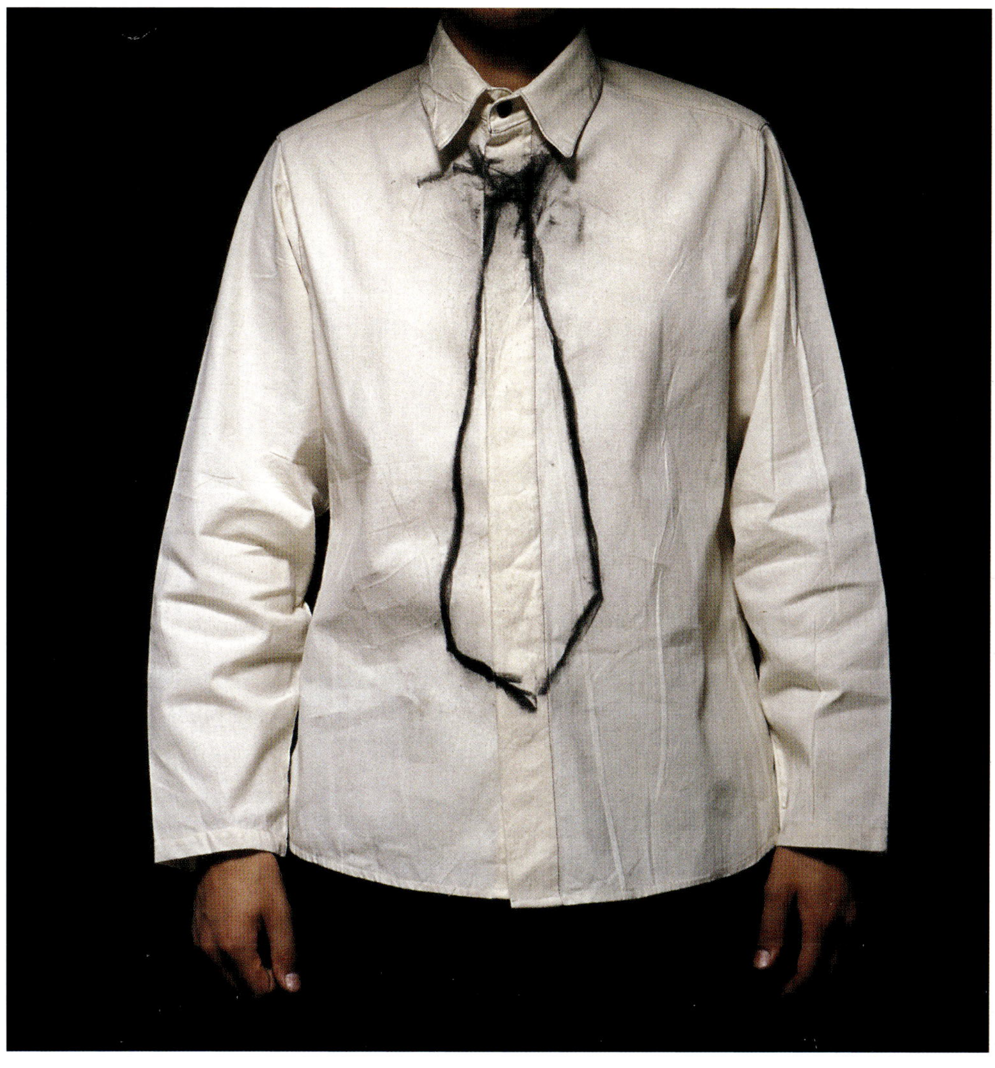

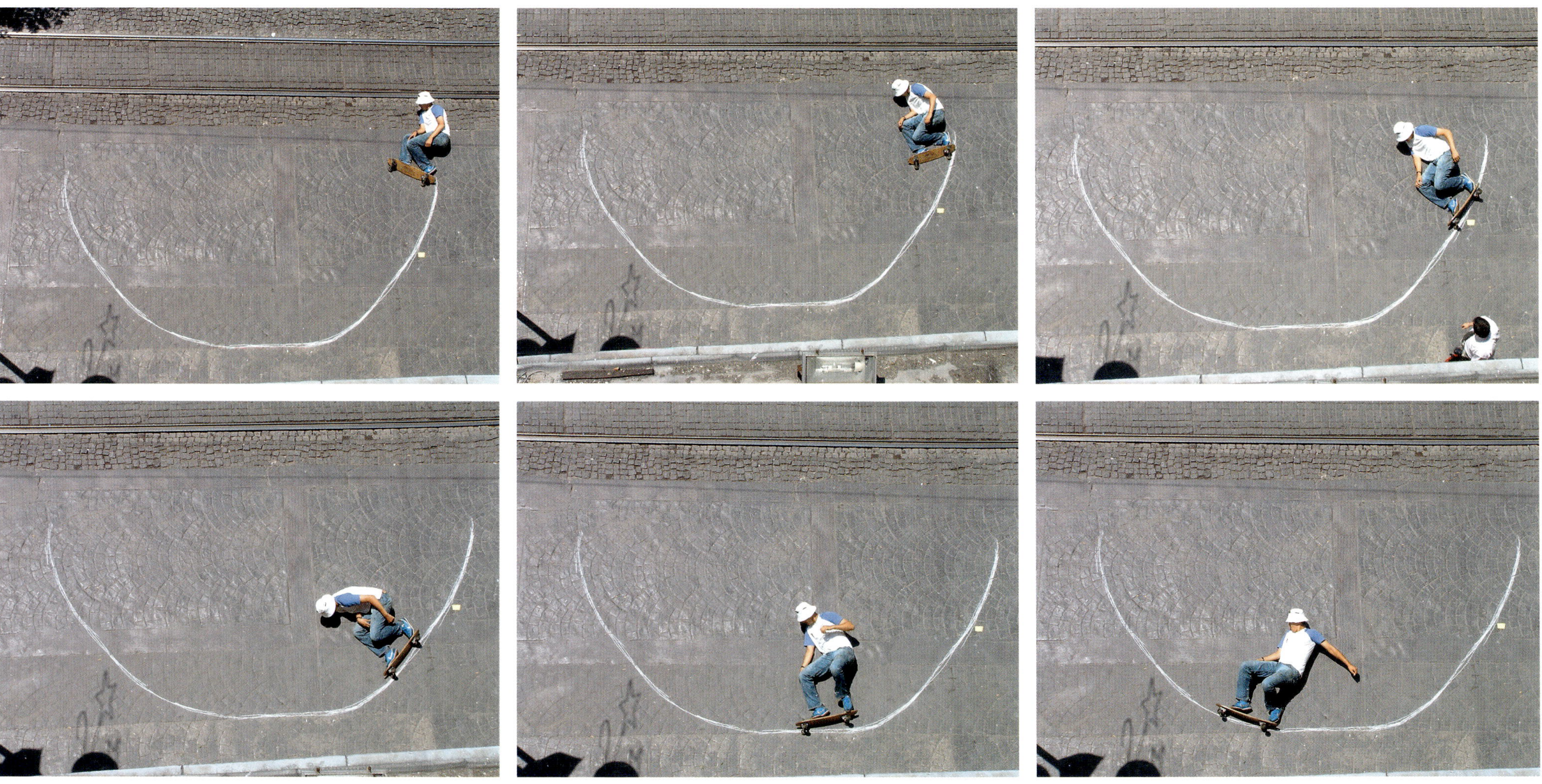

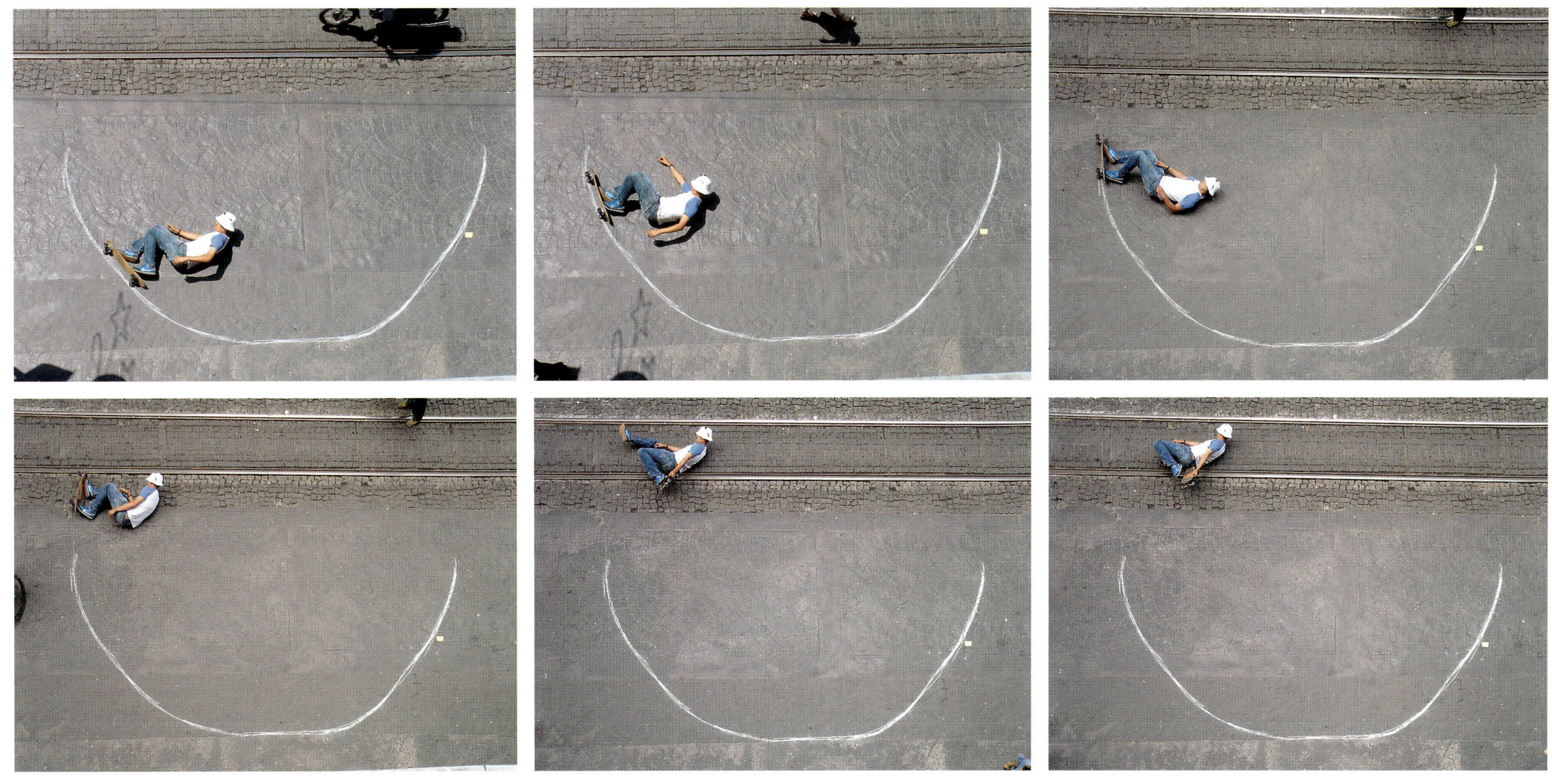

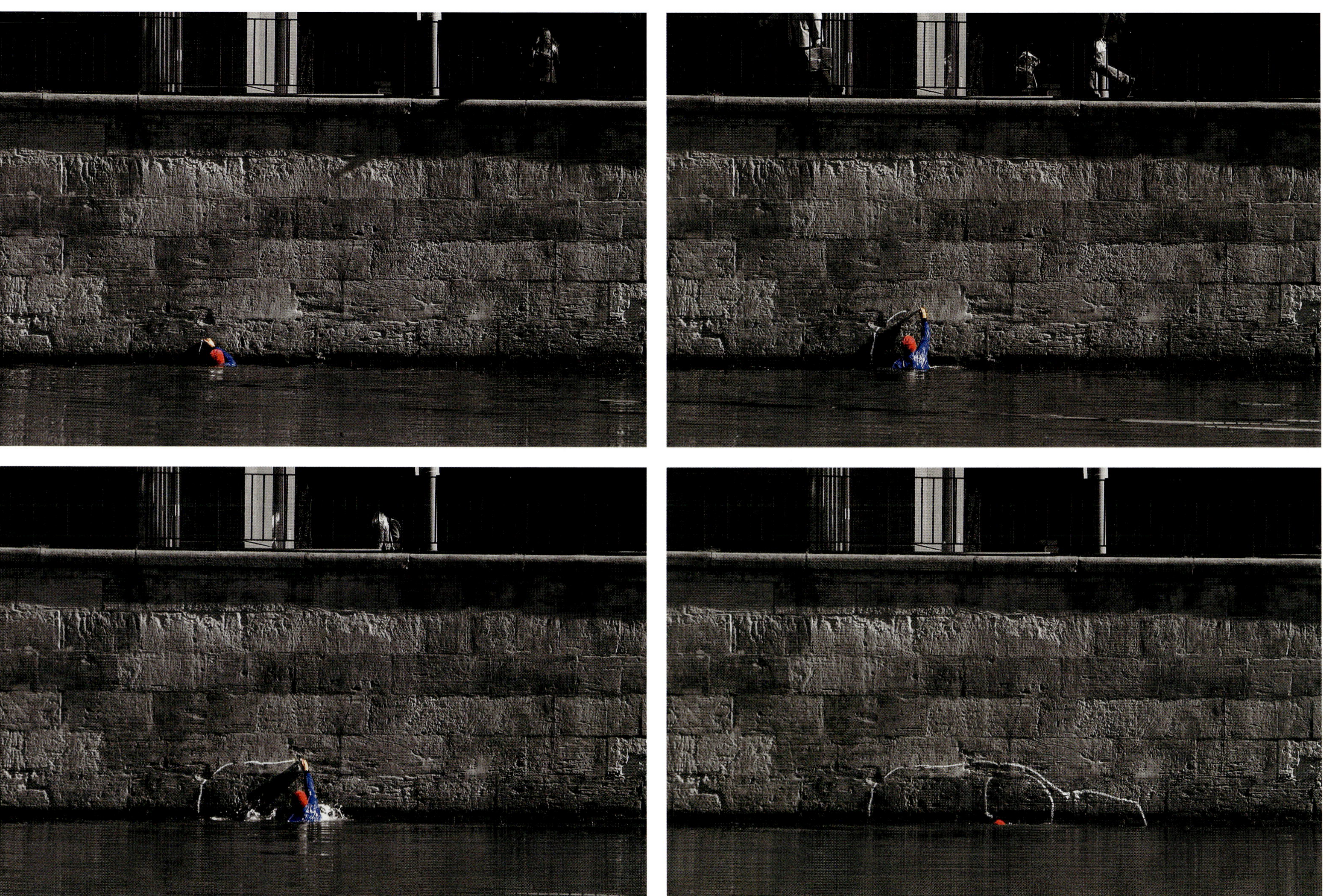

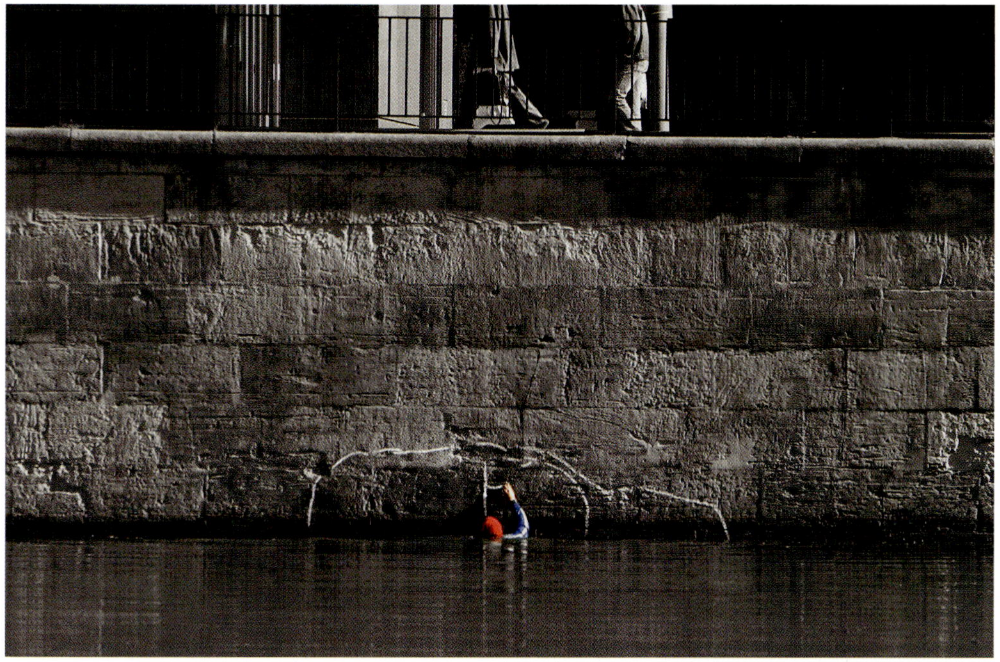

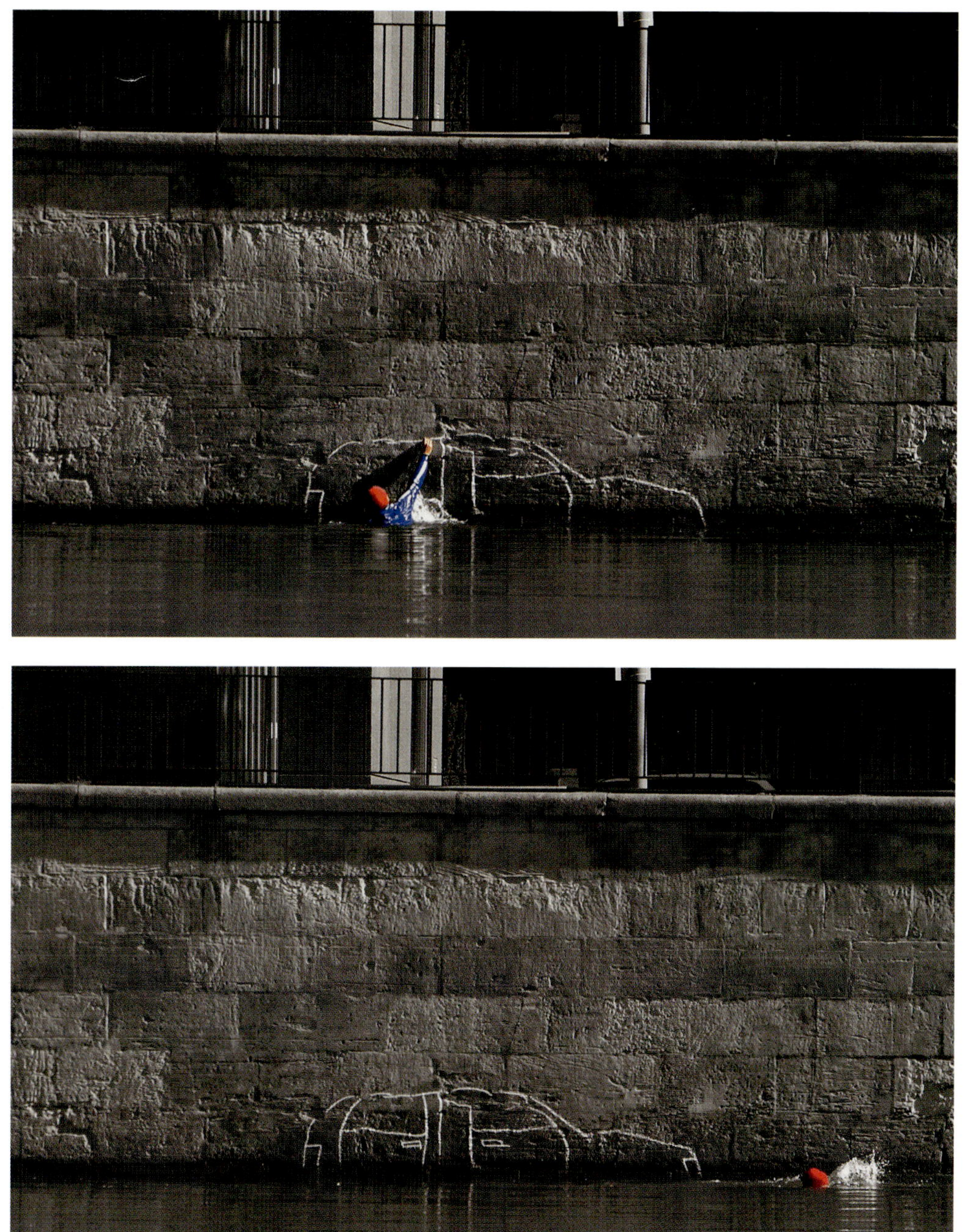

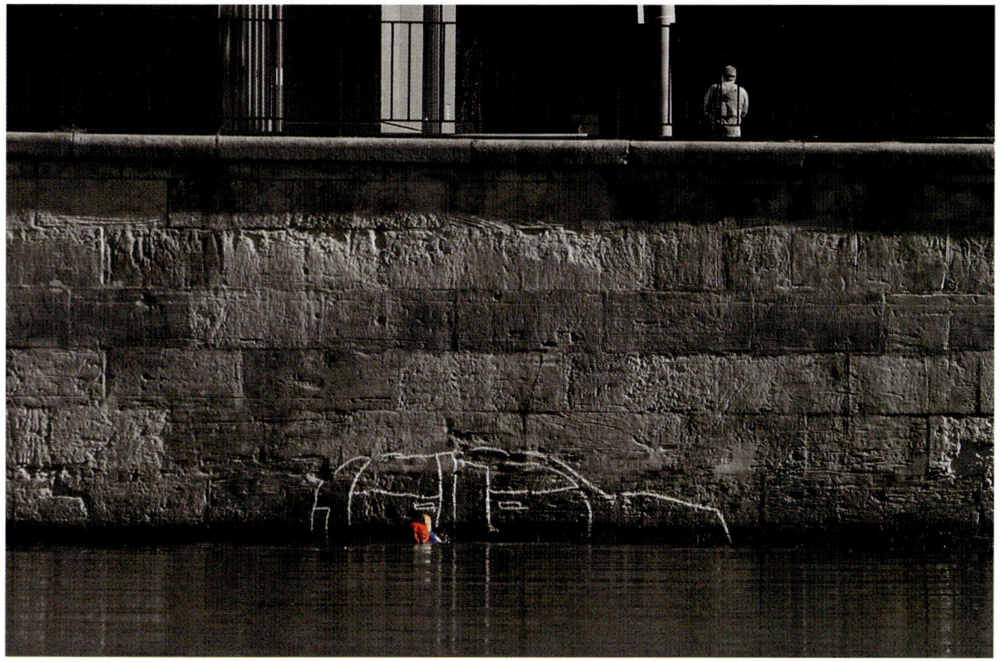

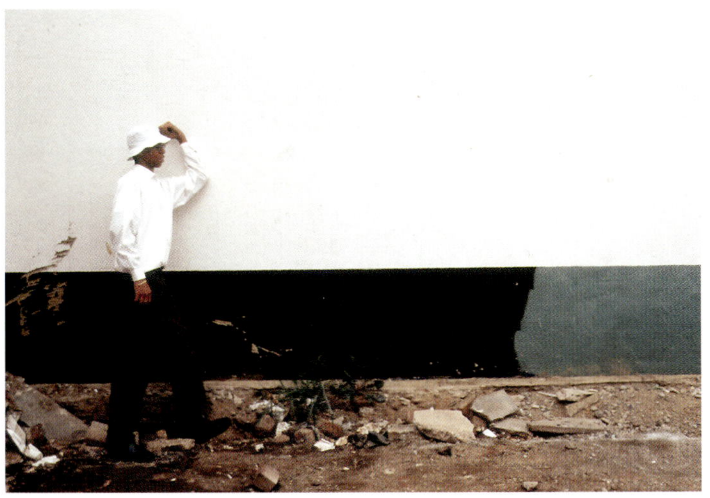

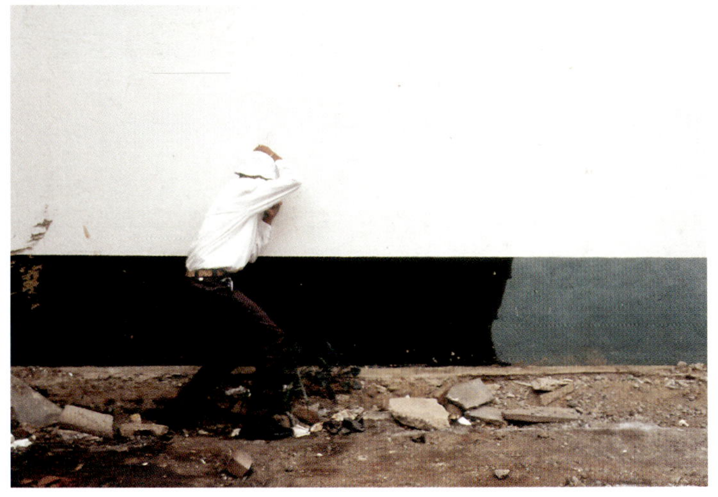

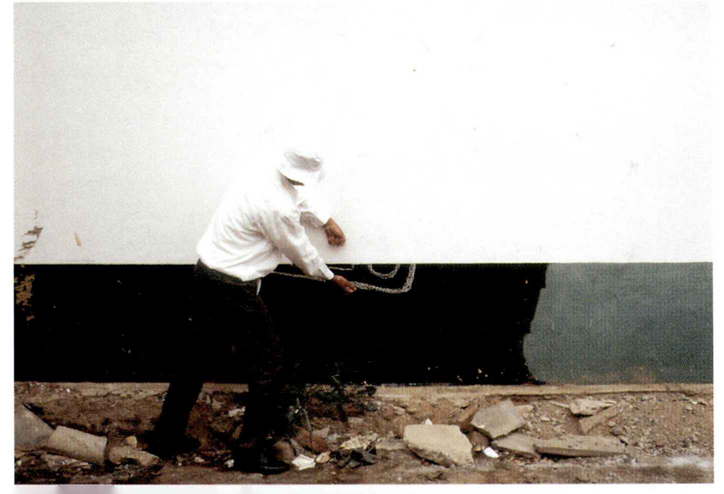

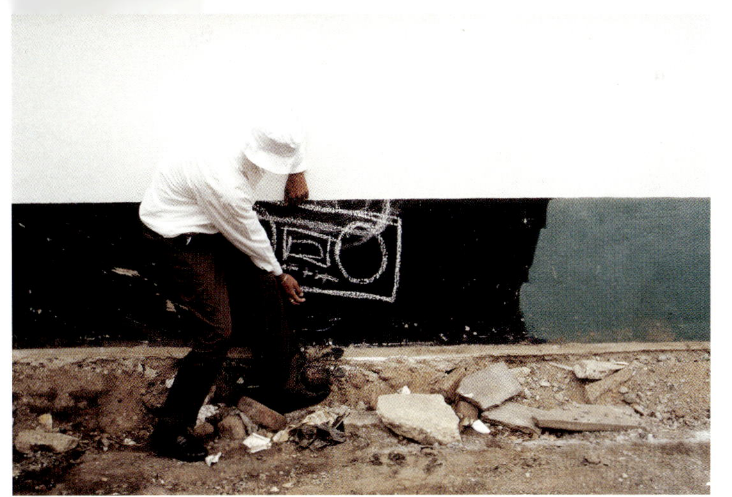

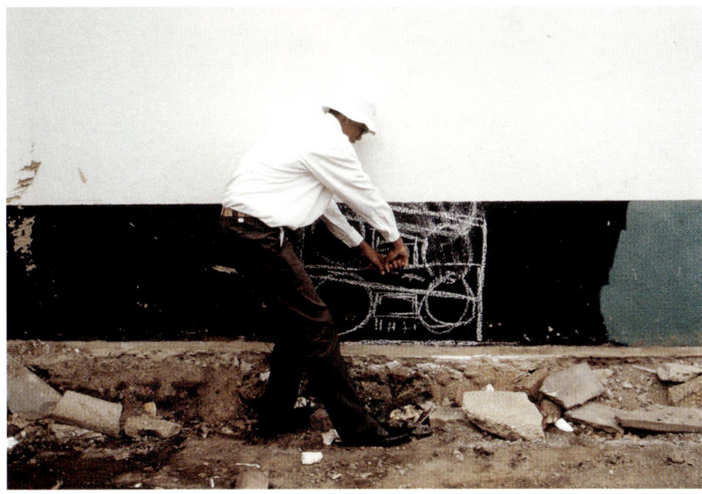

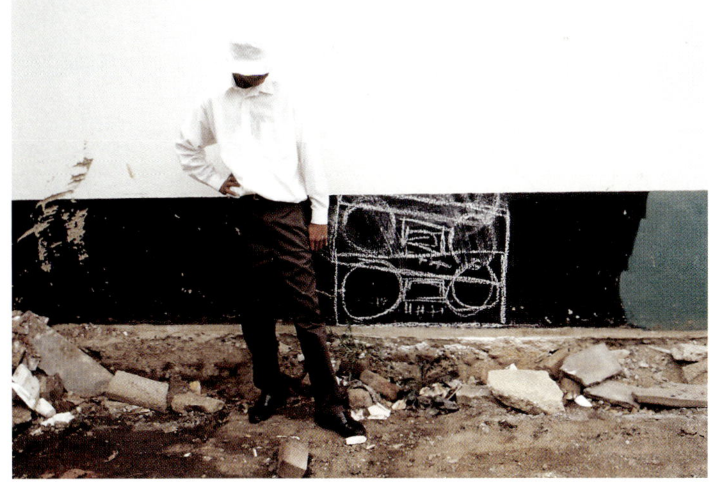

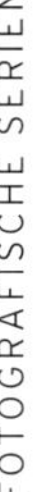

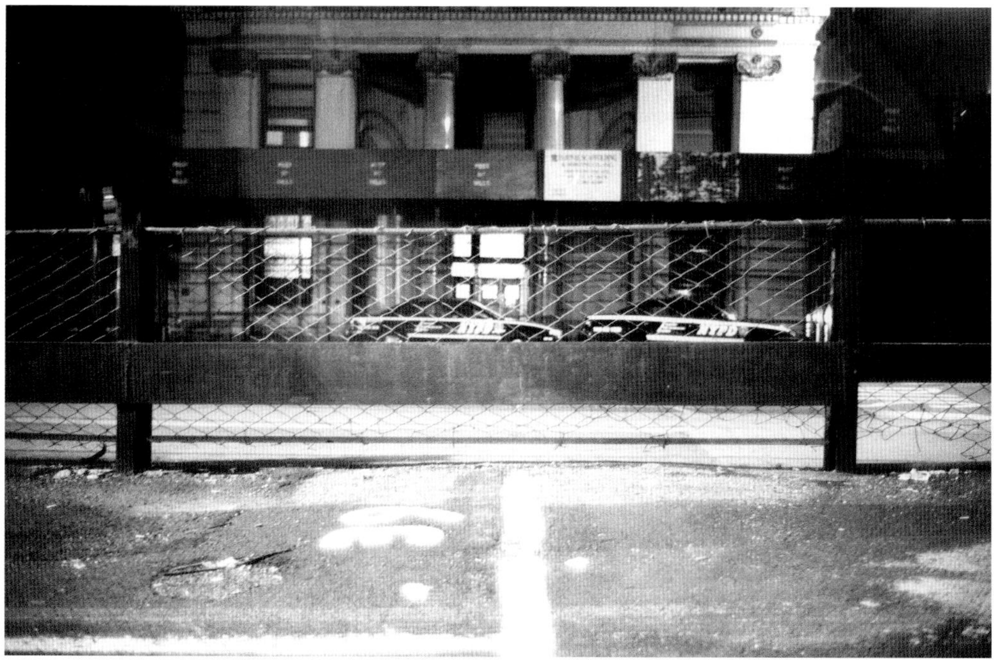

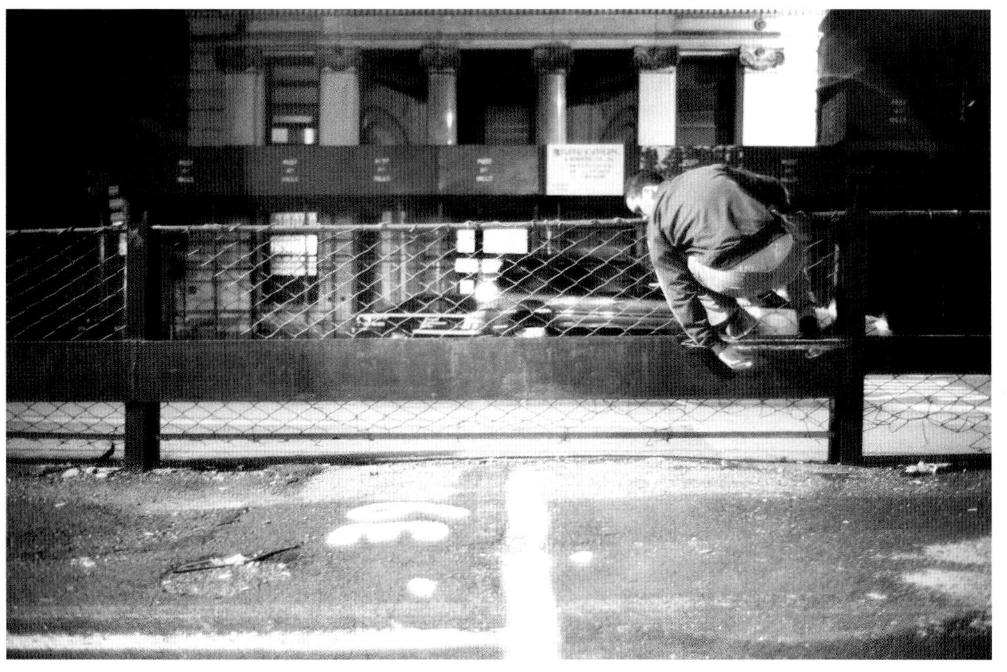

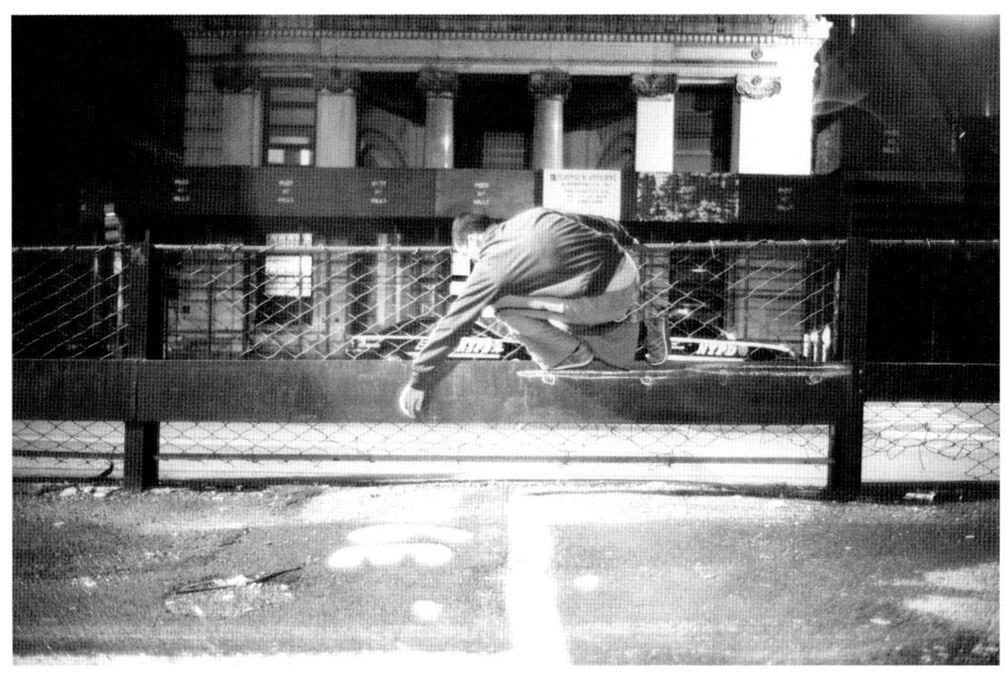

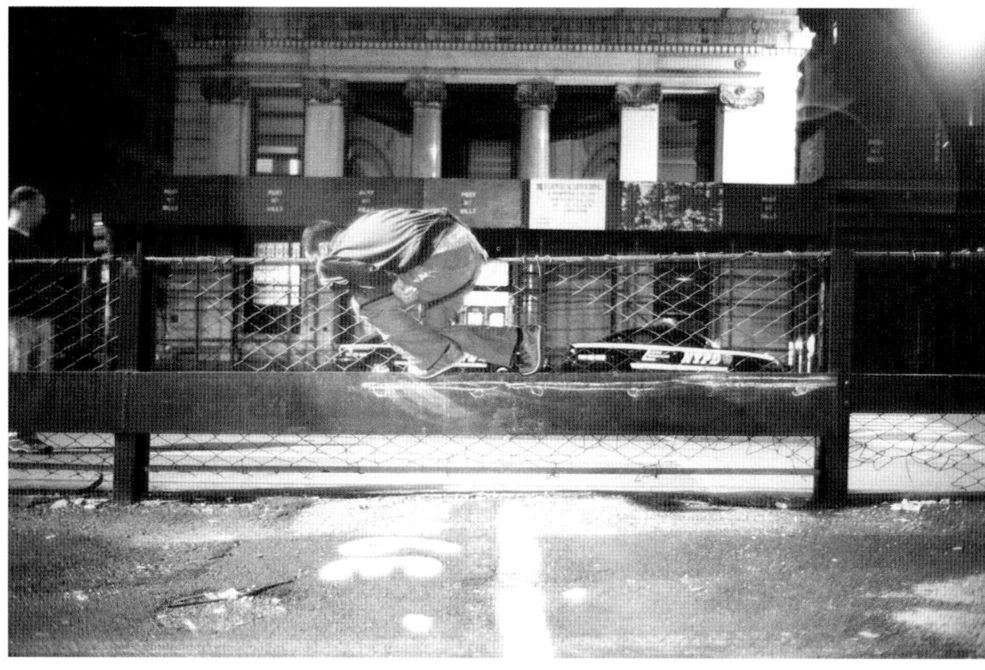

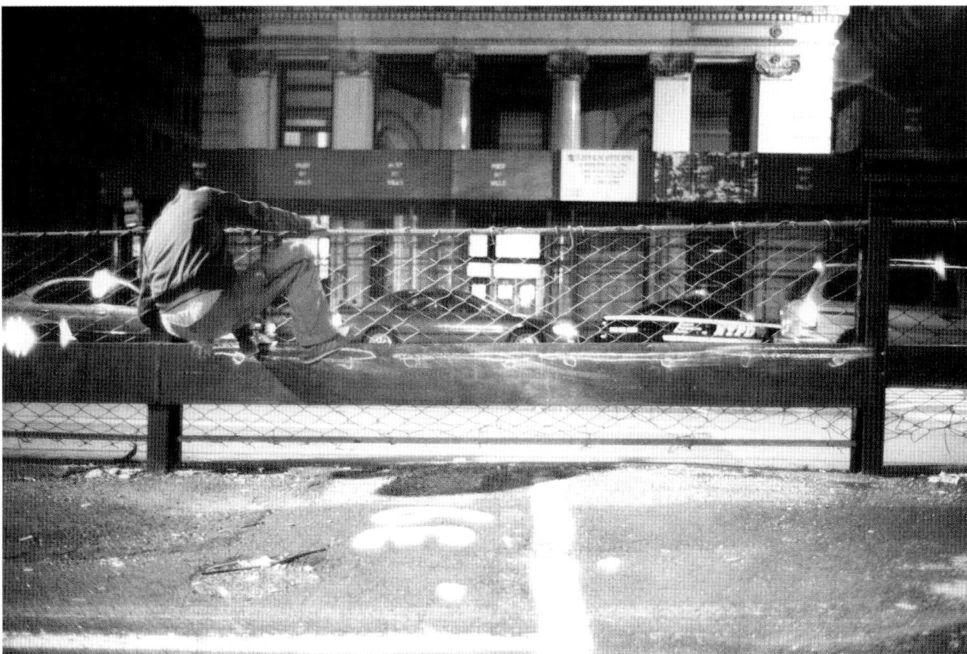

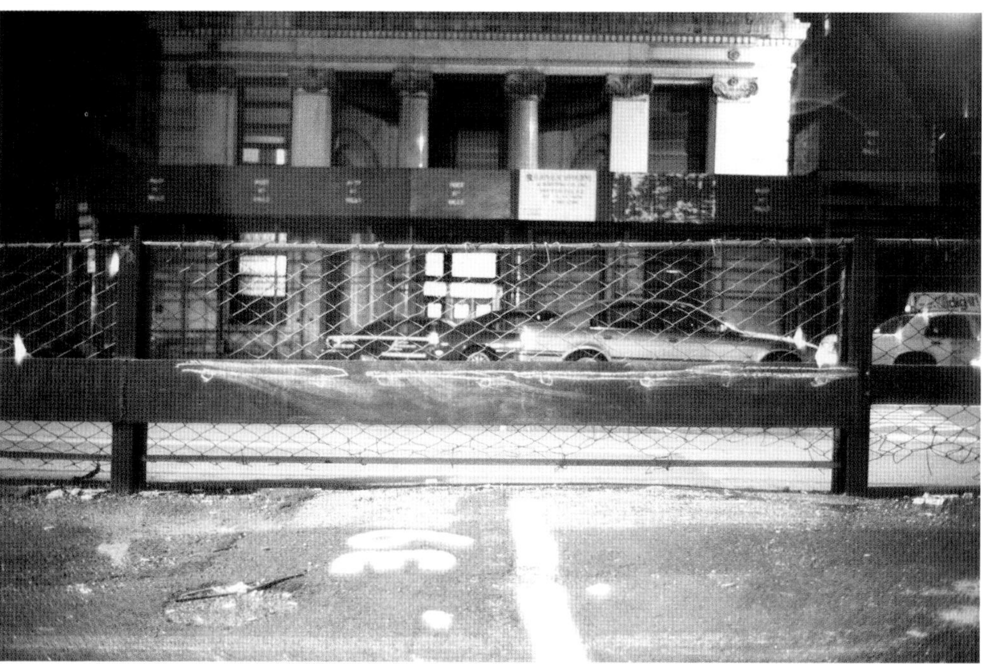

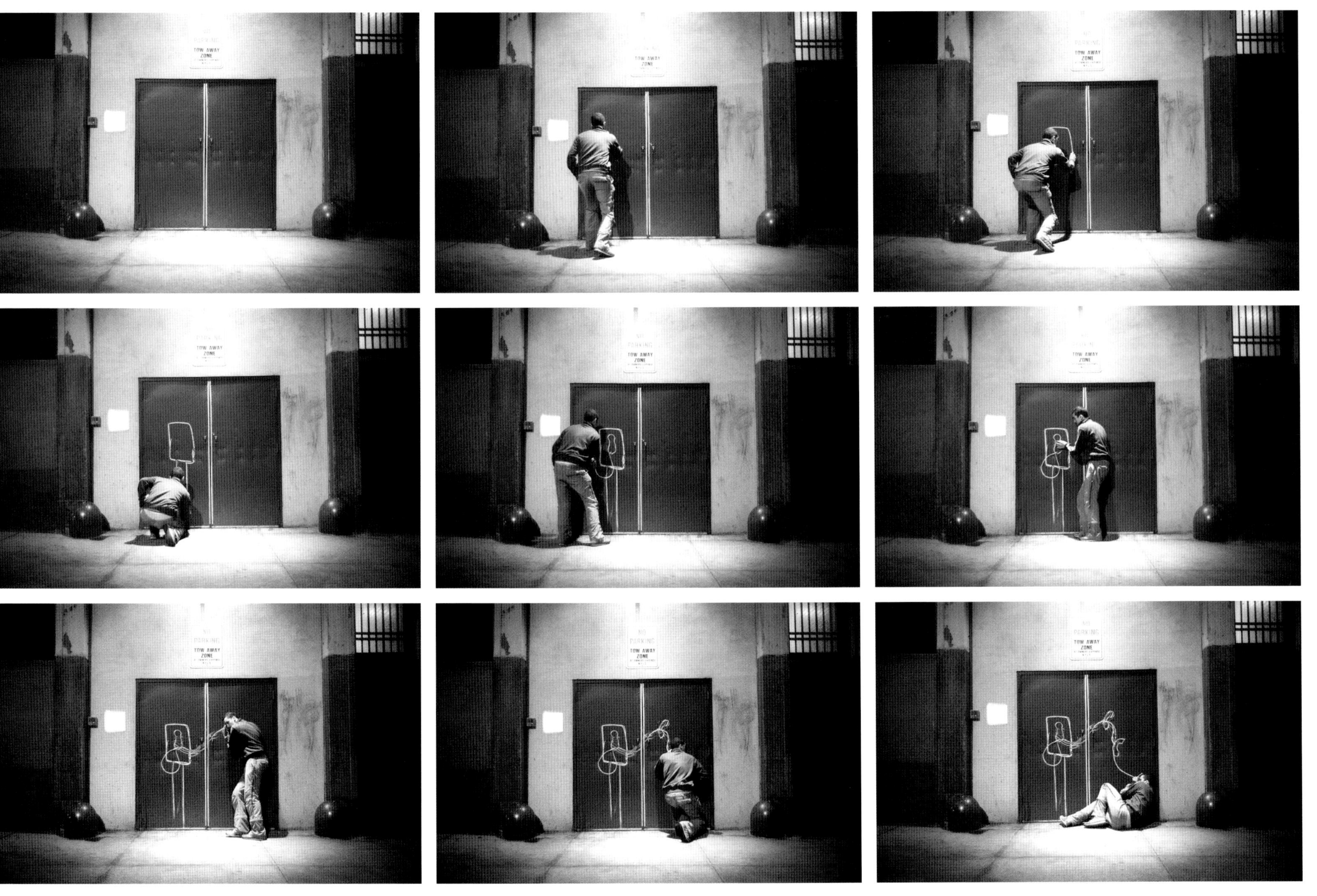
NO PARKING
TOW AWAY ZONE

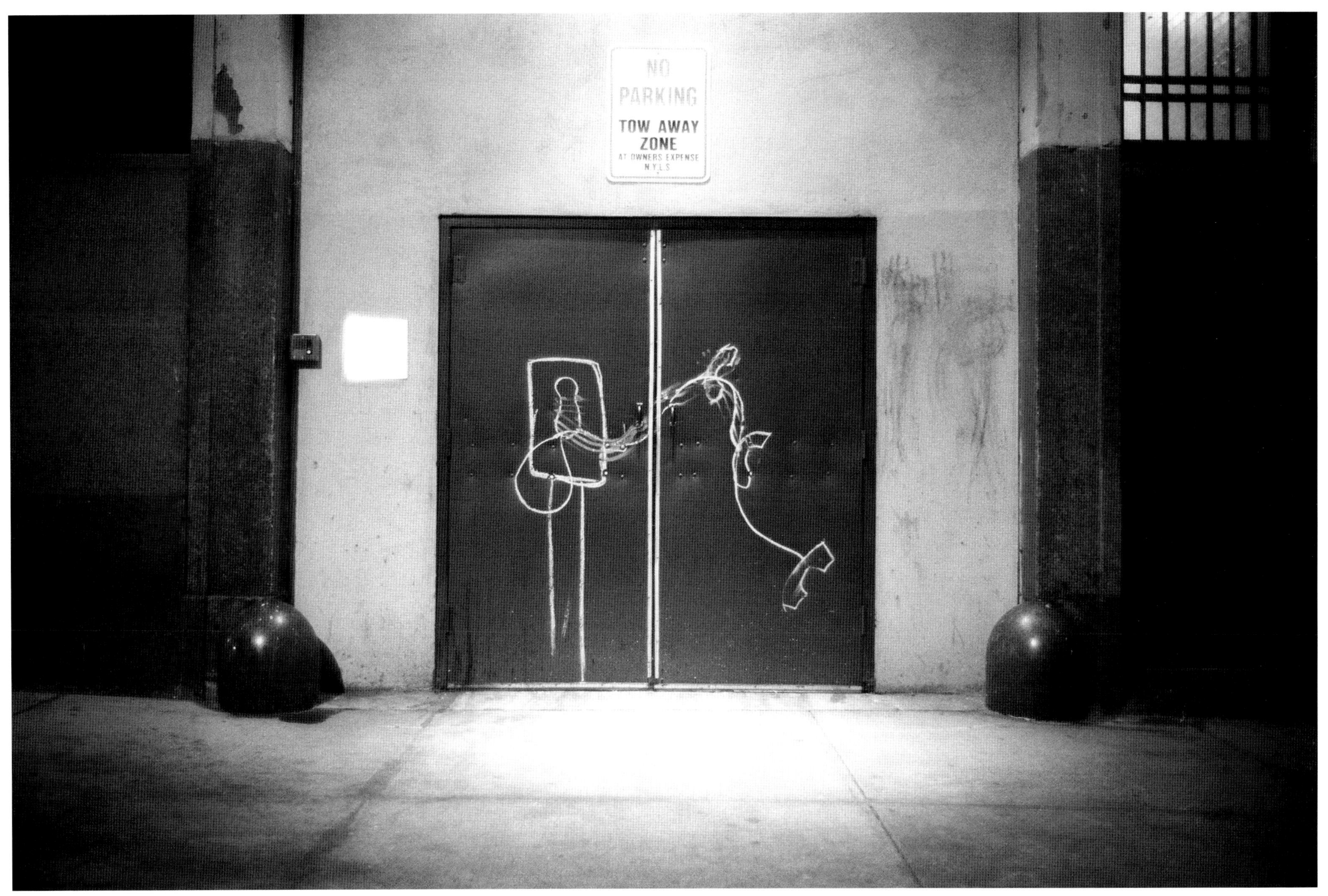

NIGHT CALLER 2004

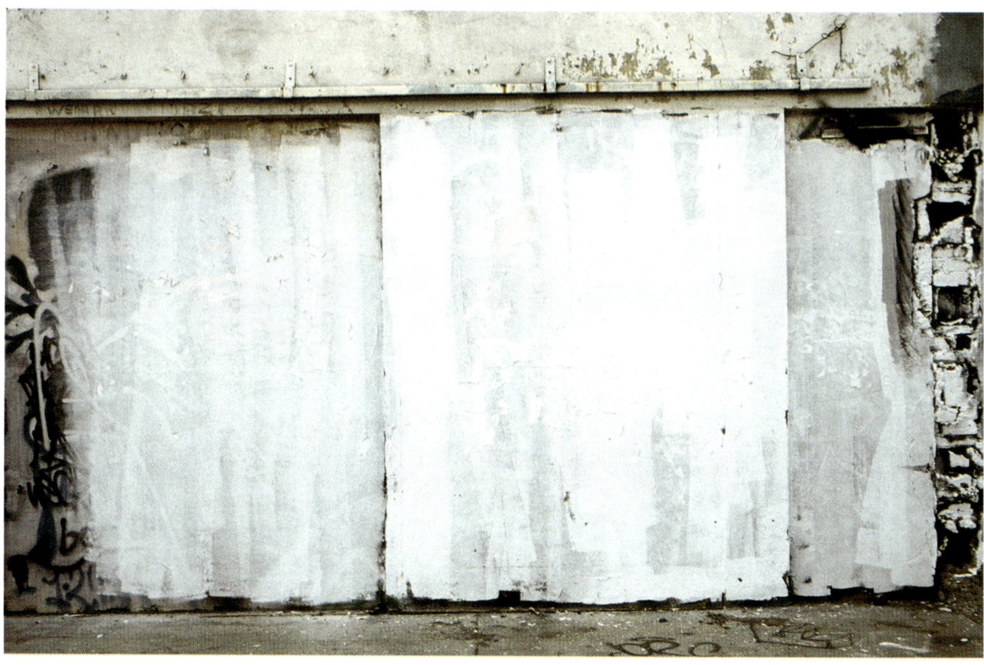

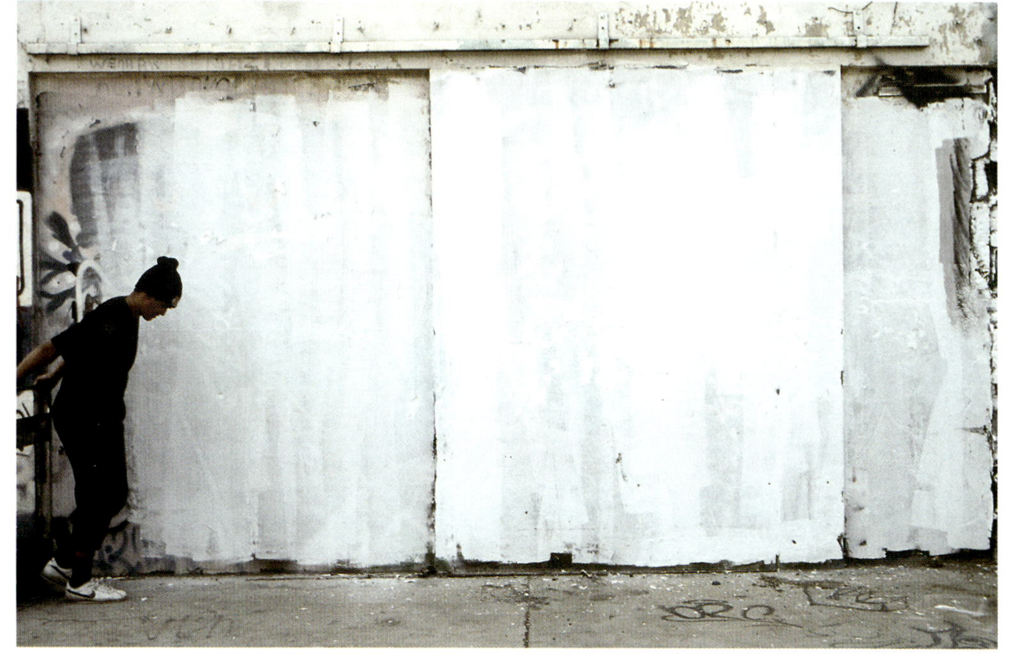

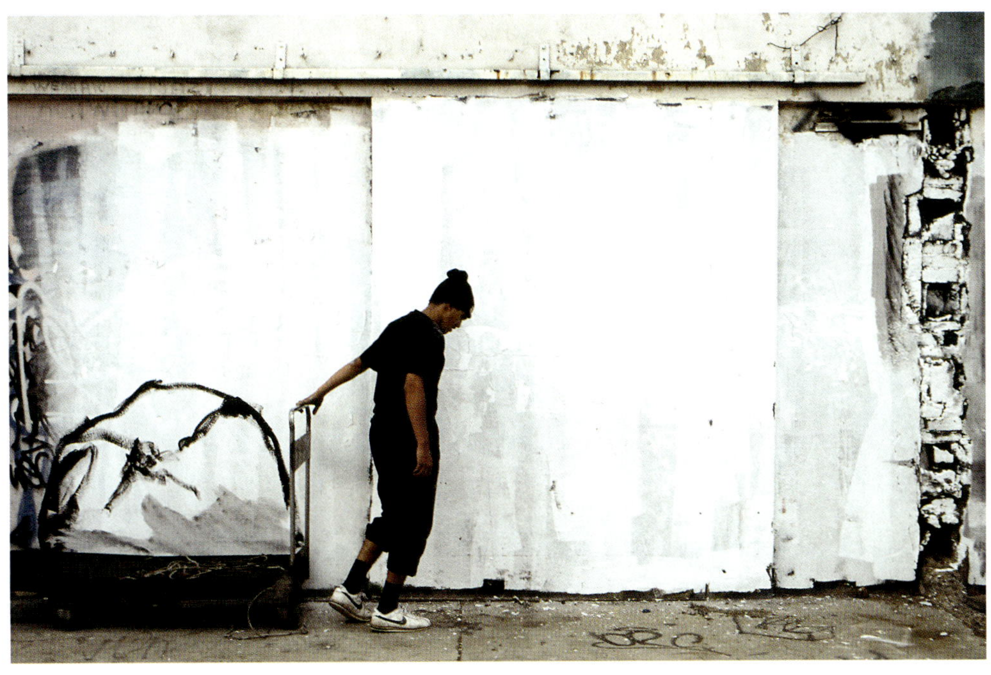
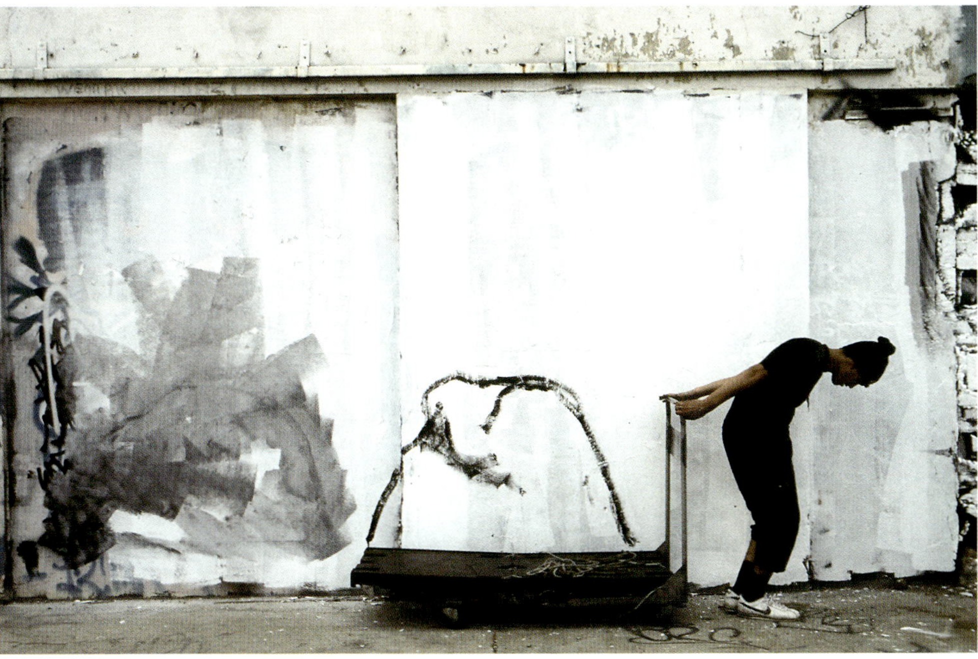
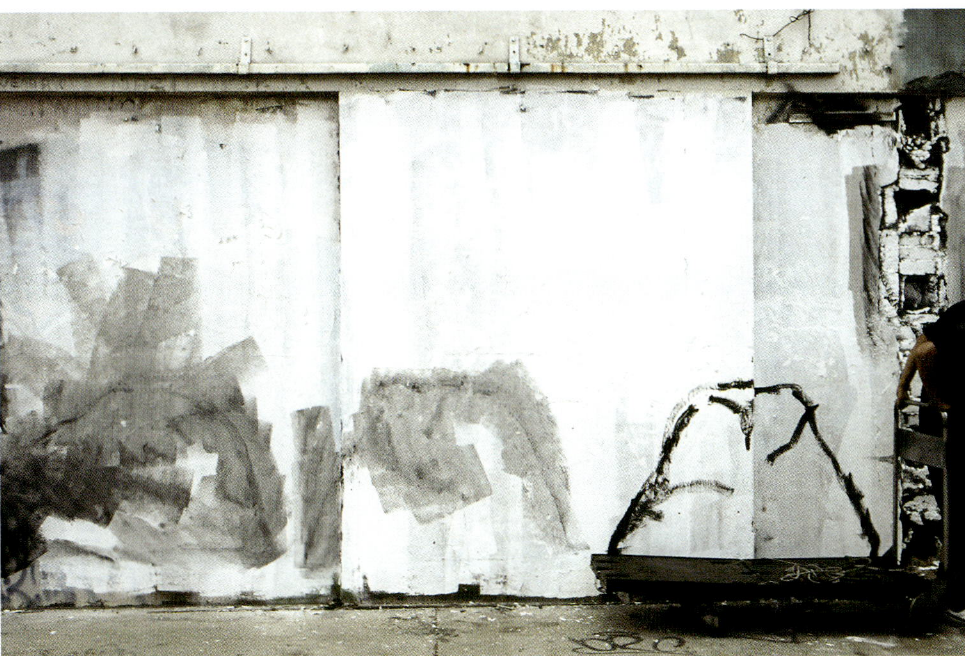
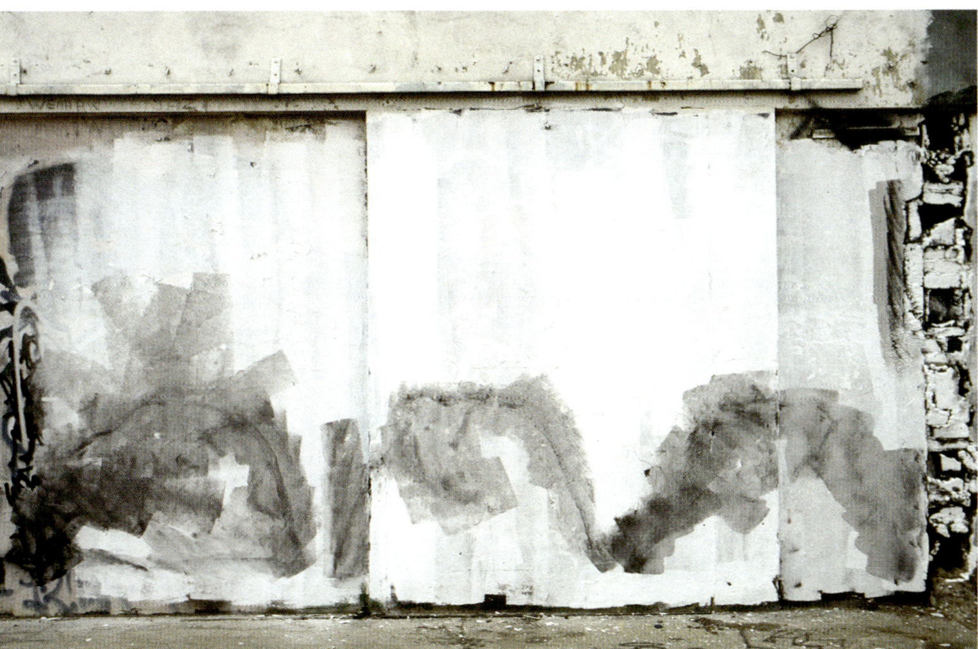

PULLING THE LOAD 2004

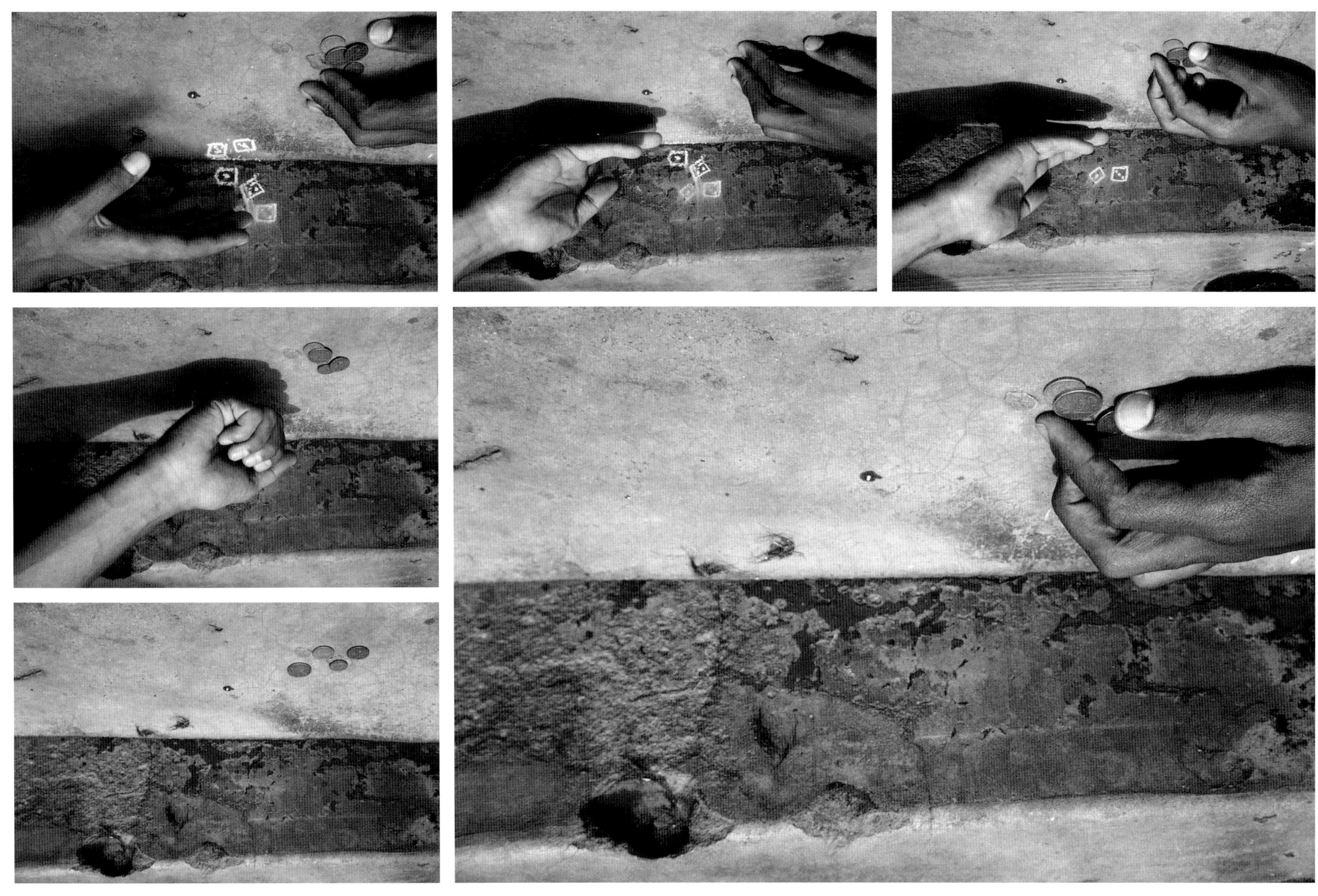

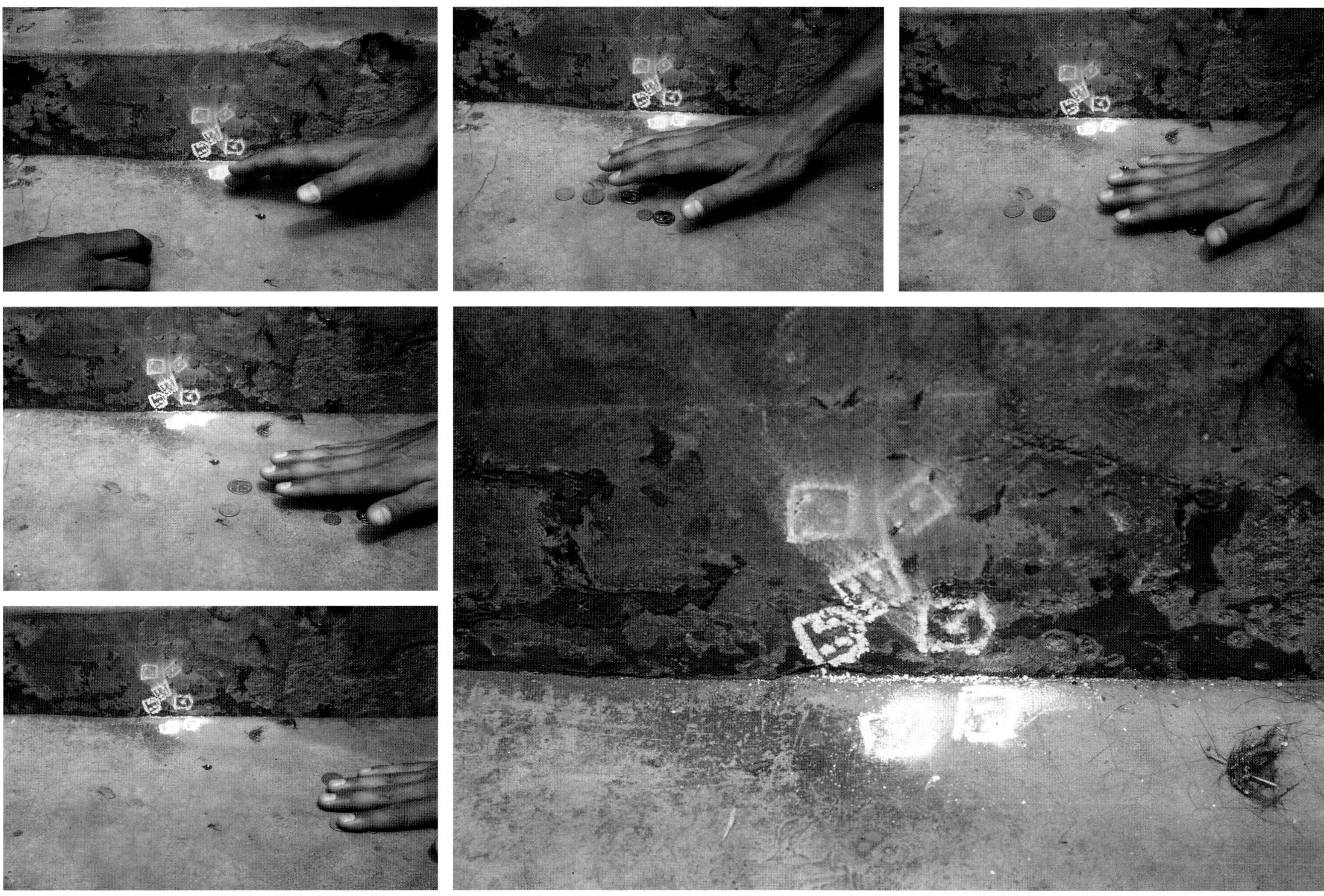

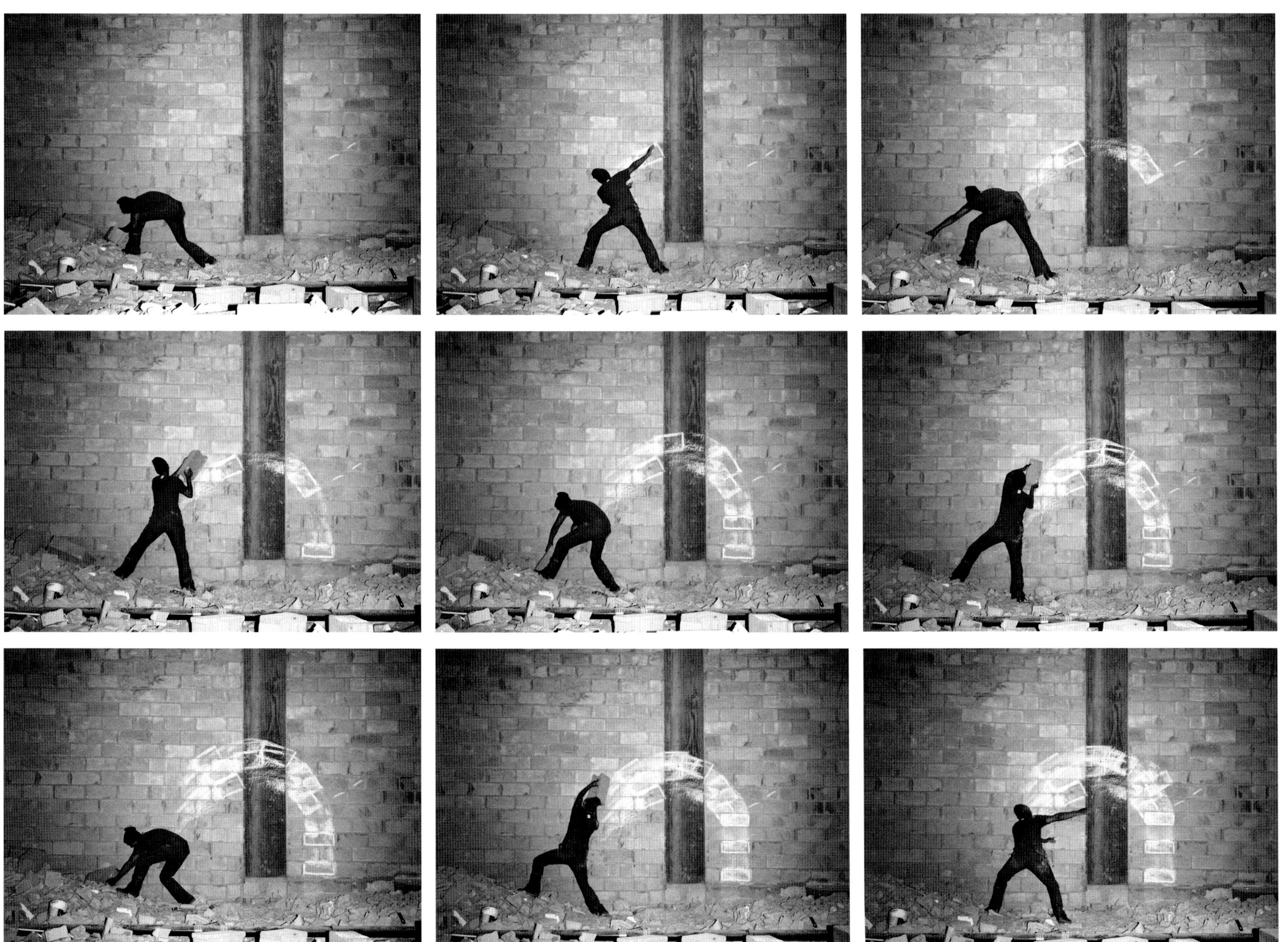

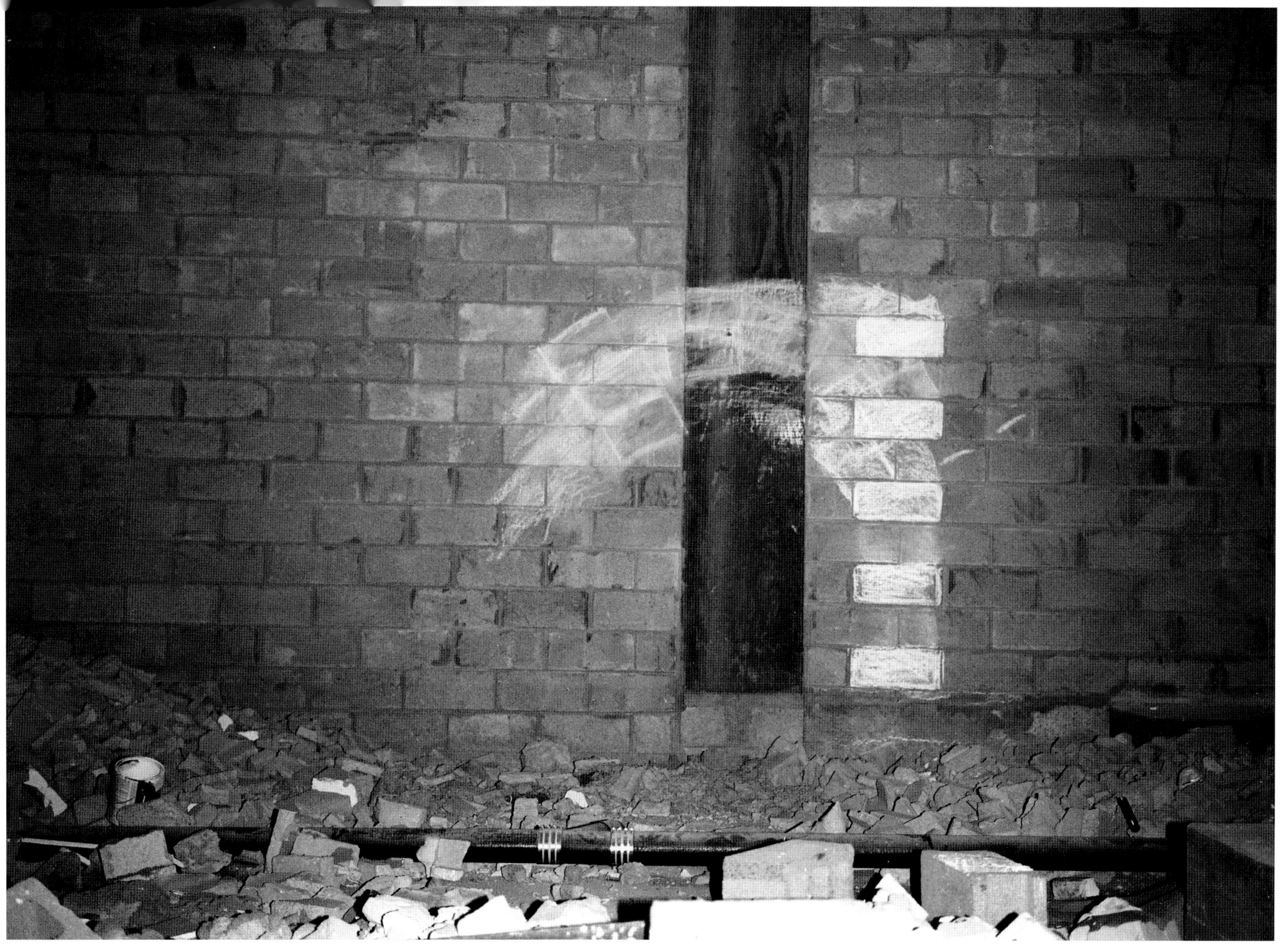

STACKED DRAWING 2004

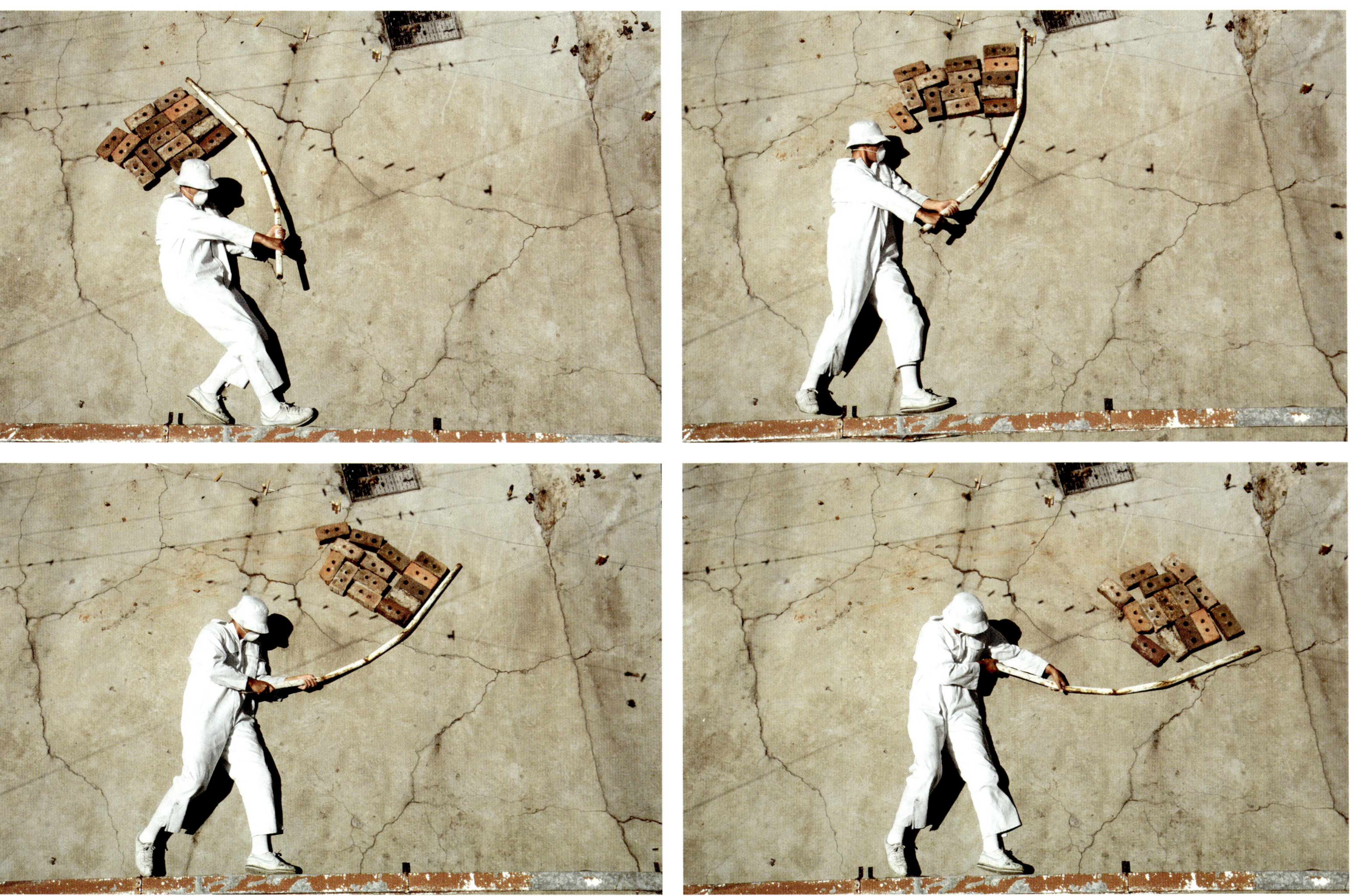

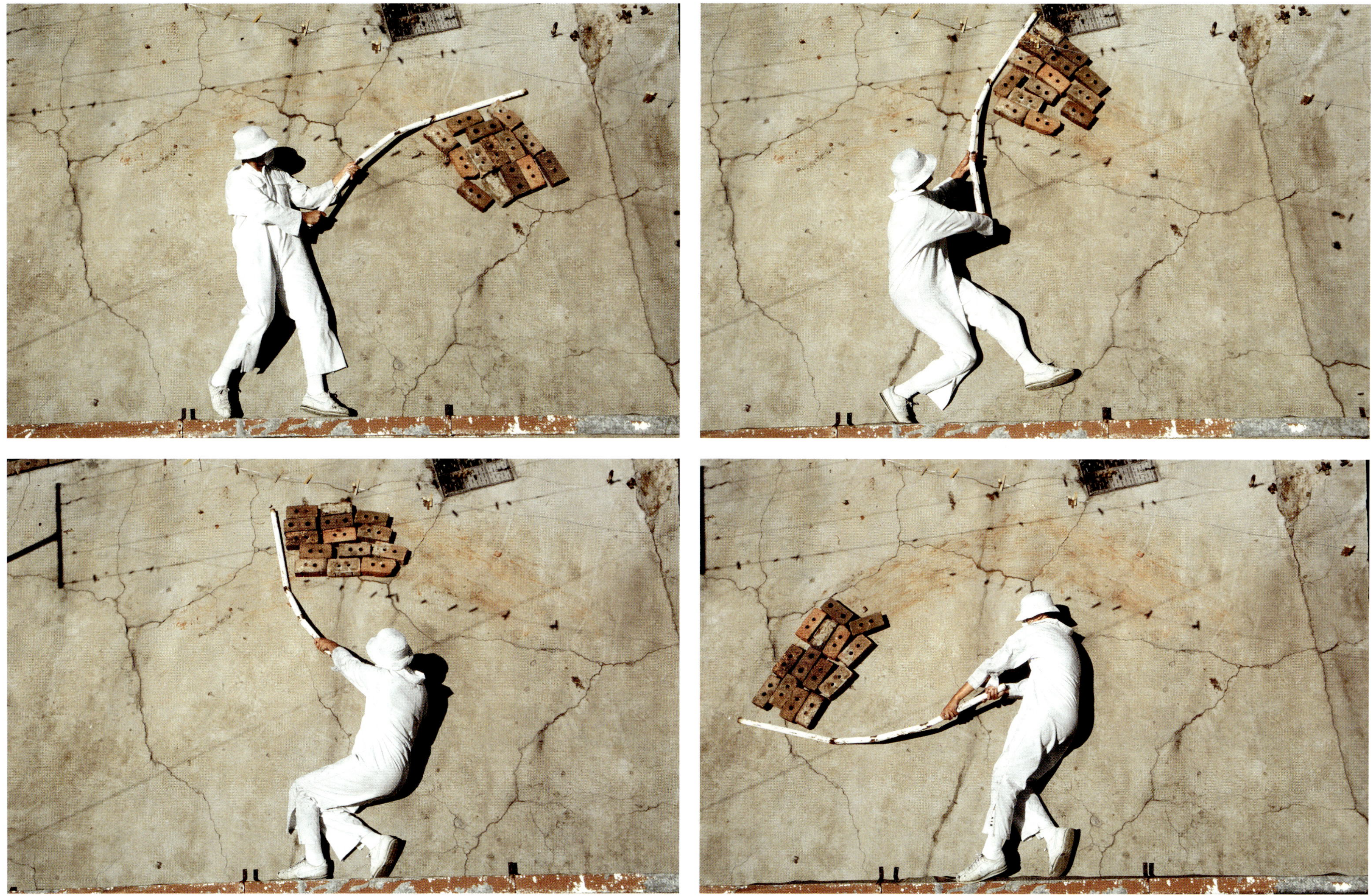

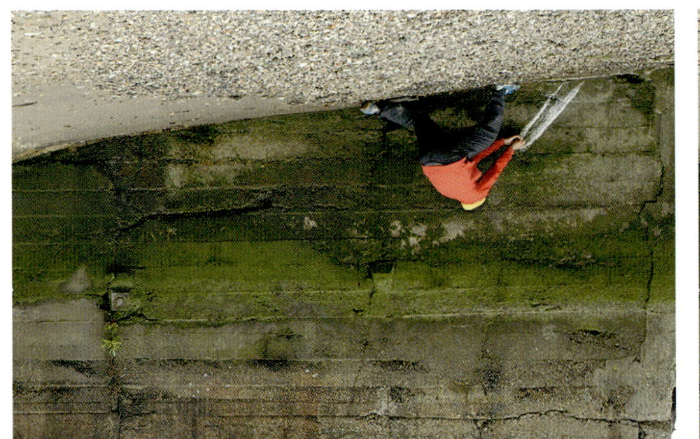

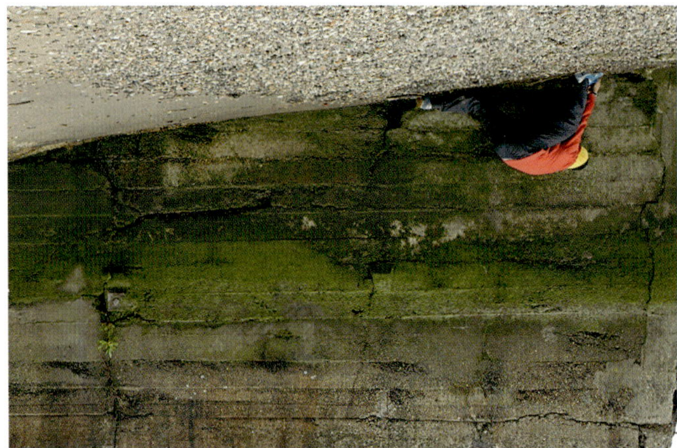

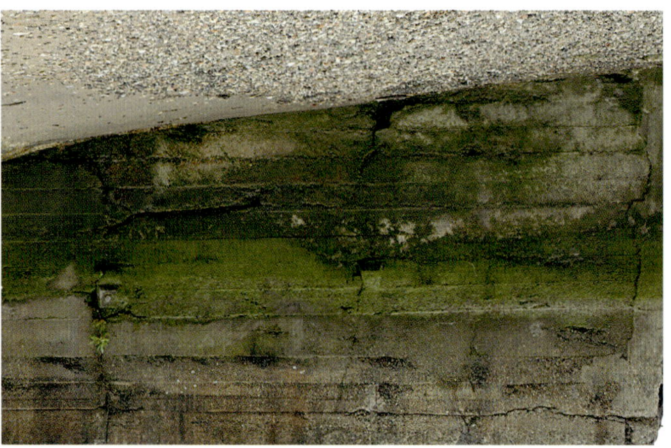

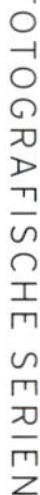

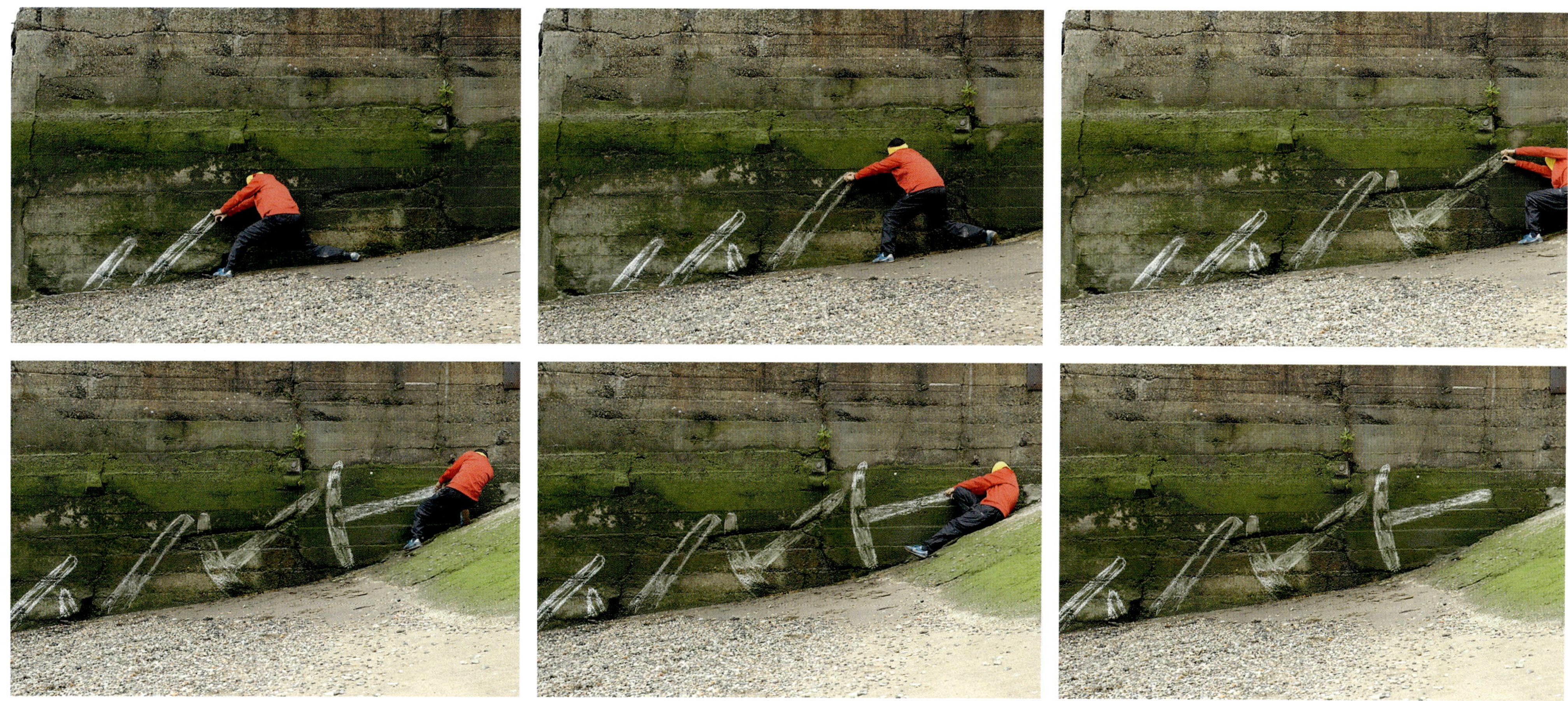

UNTITLED (ANCHOR) 2005

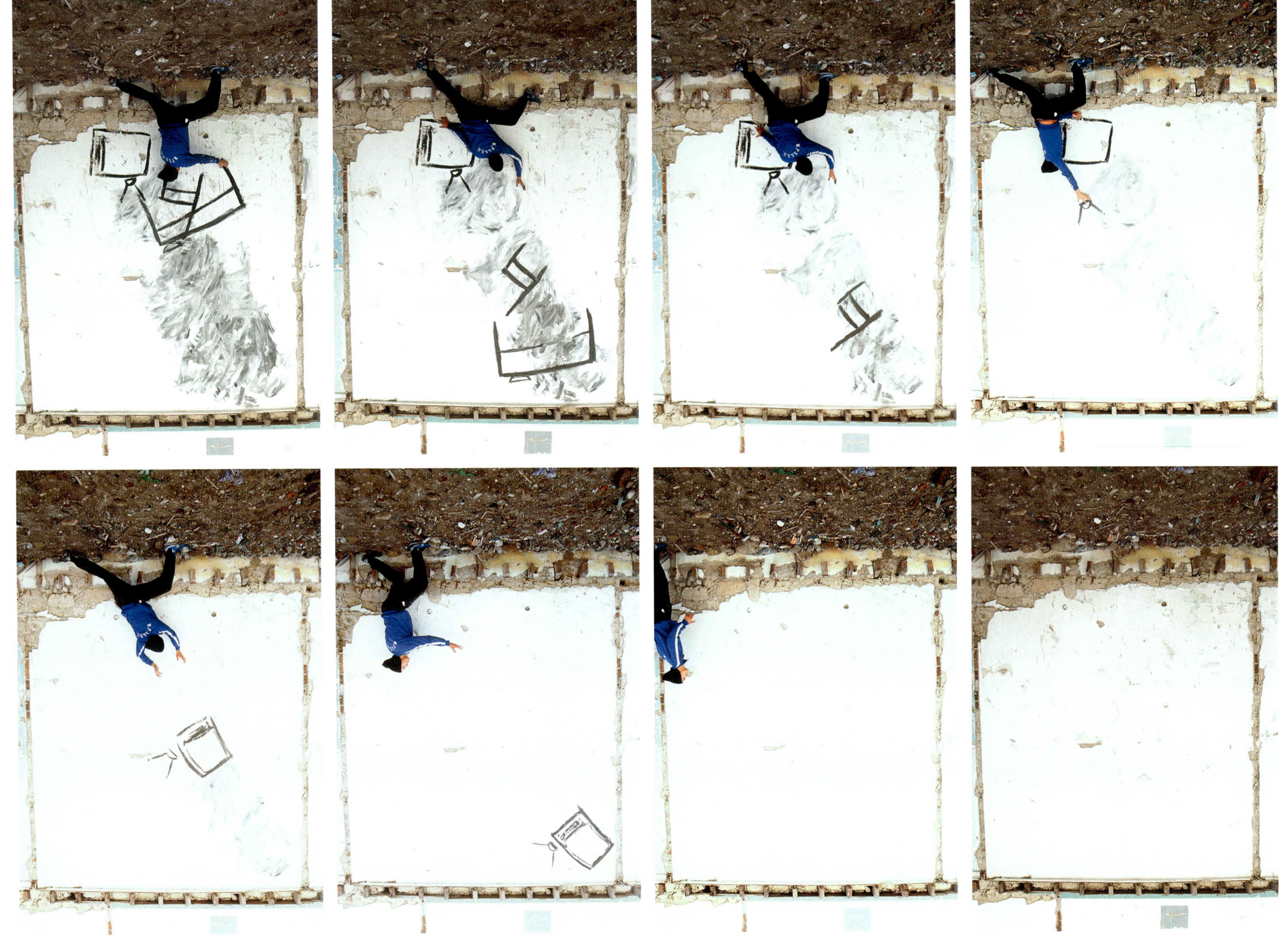

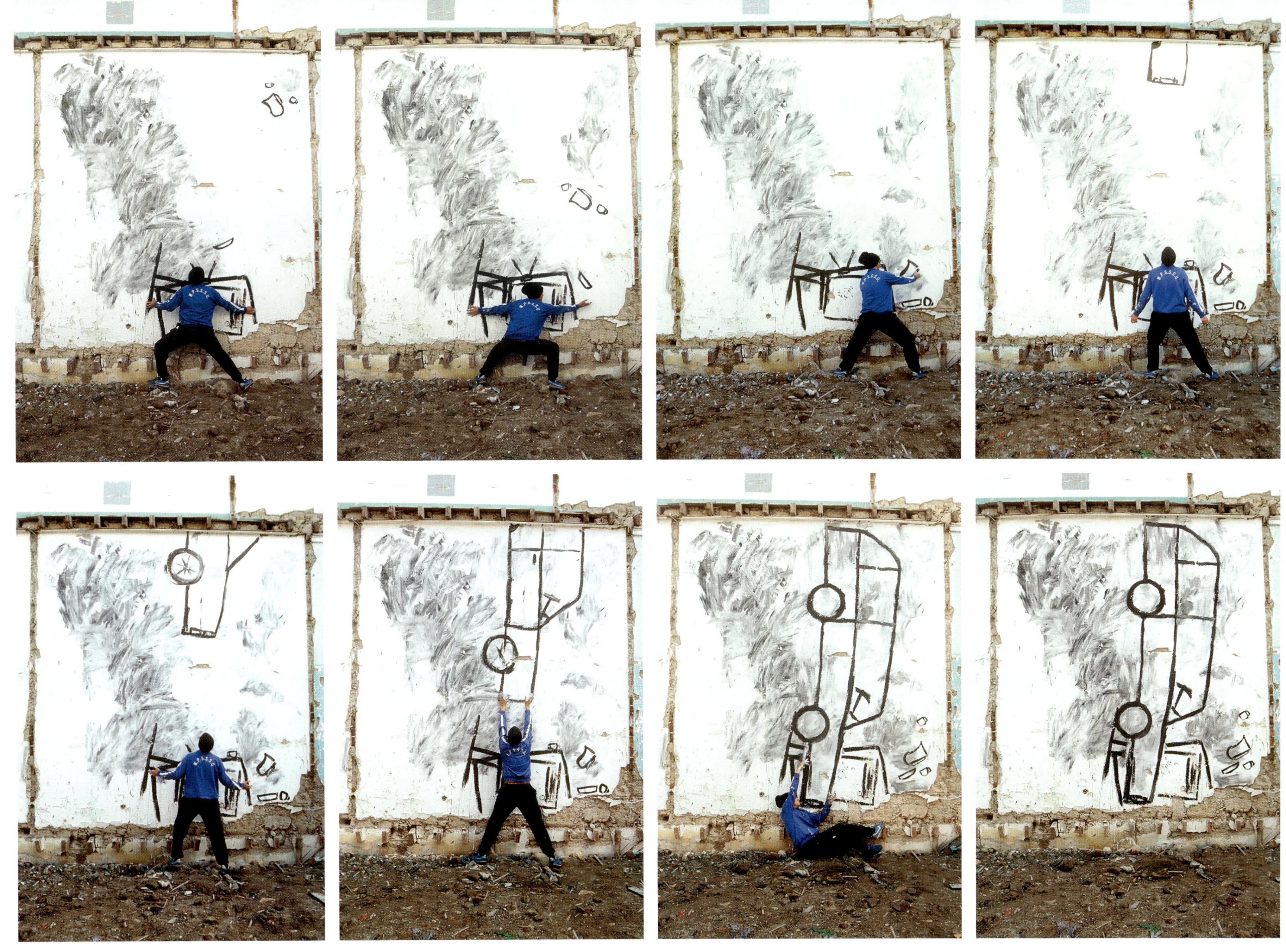

UNTITLED (DREAM HOUSES) 2005

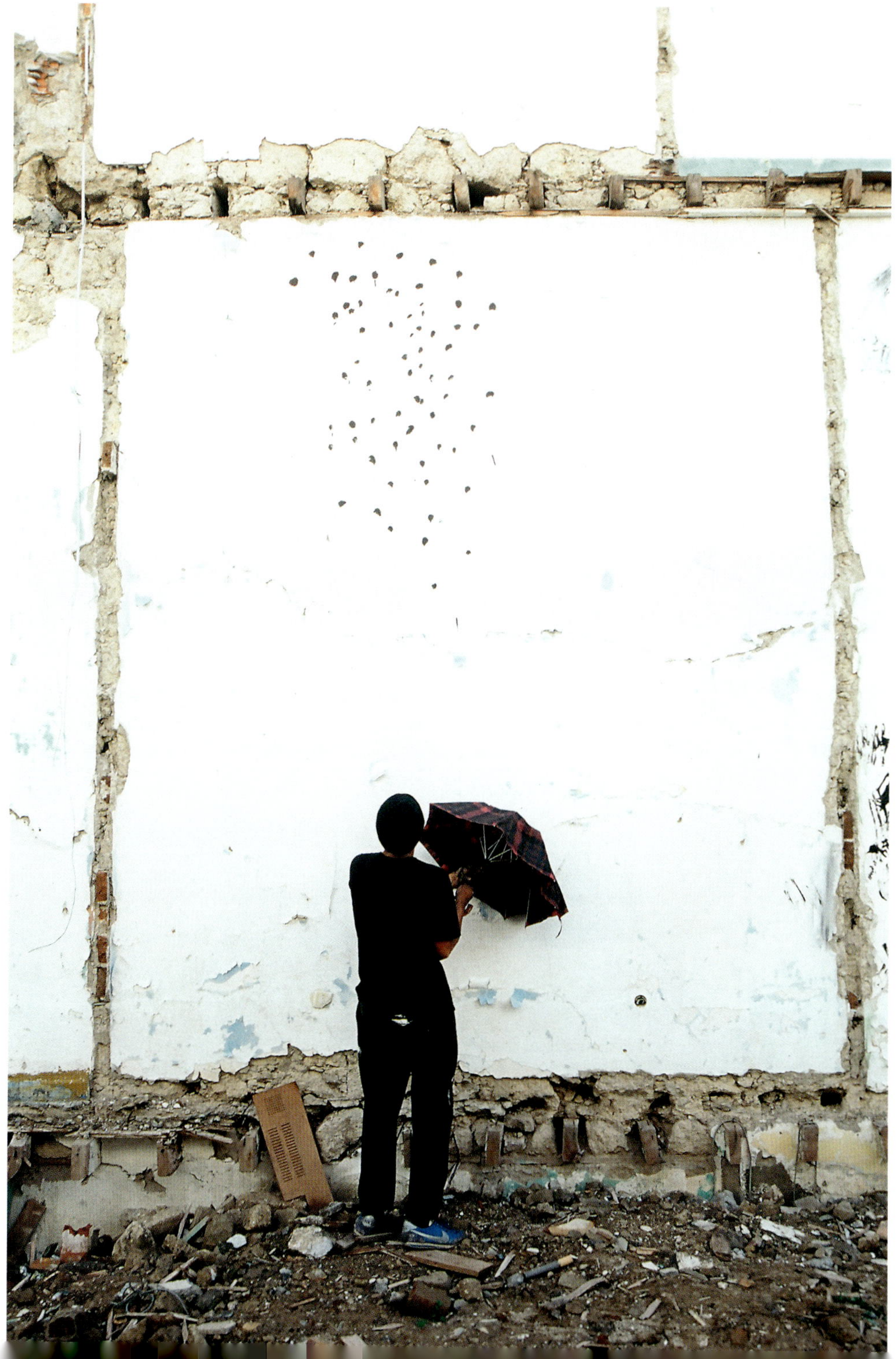

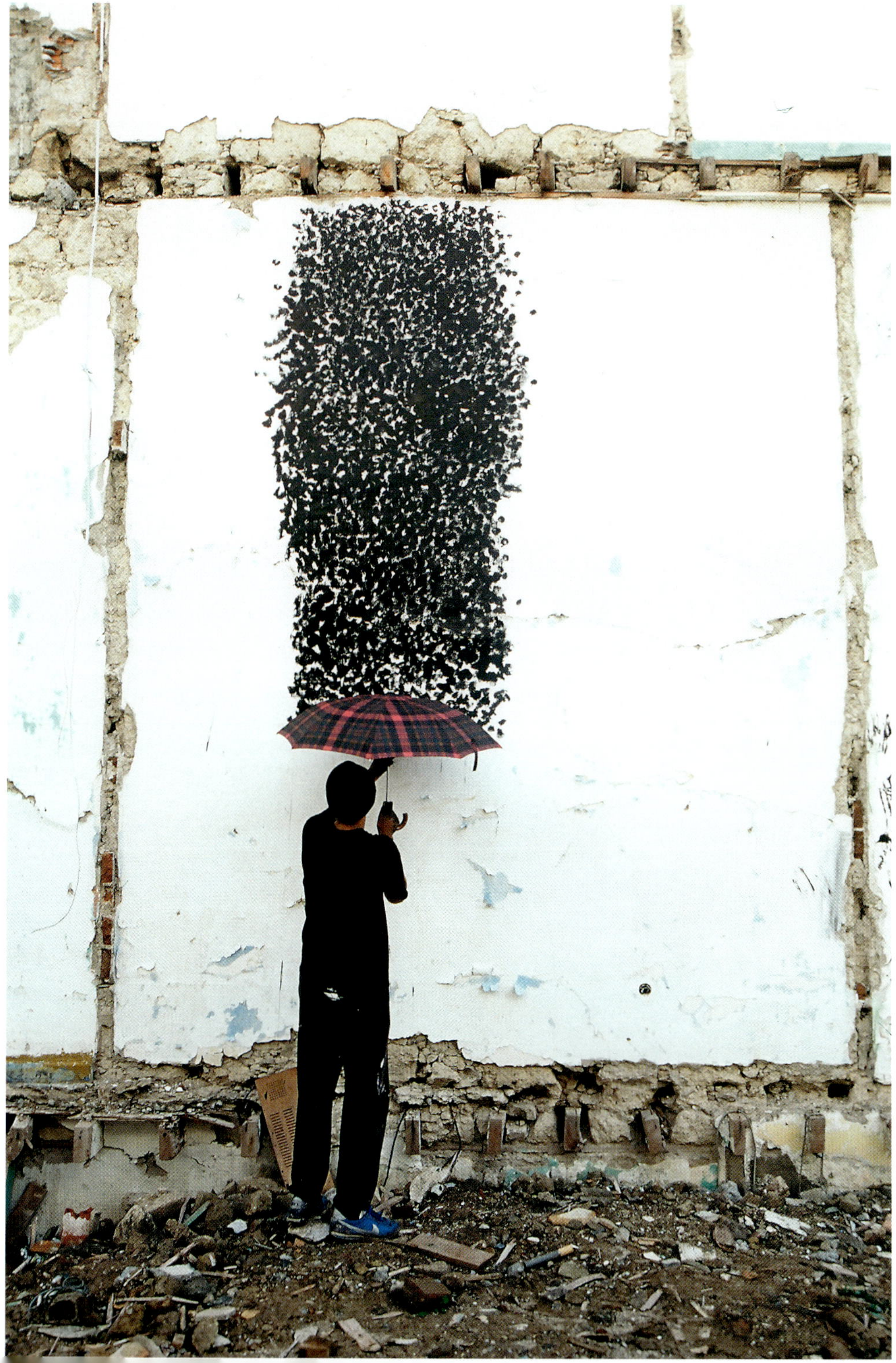

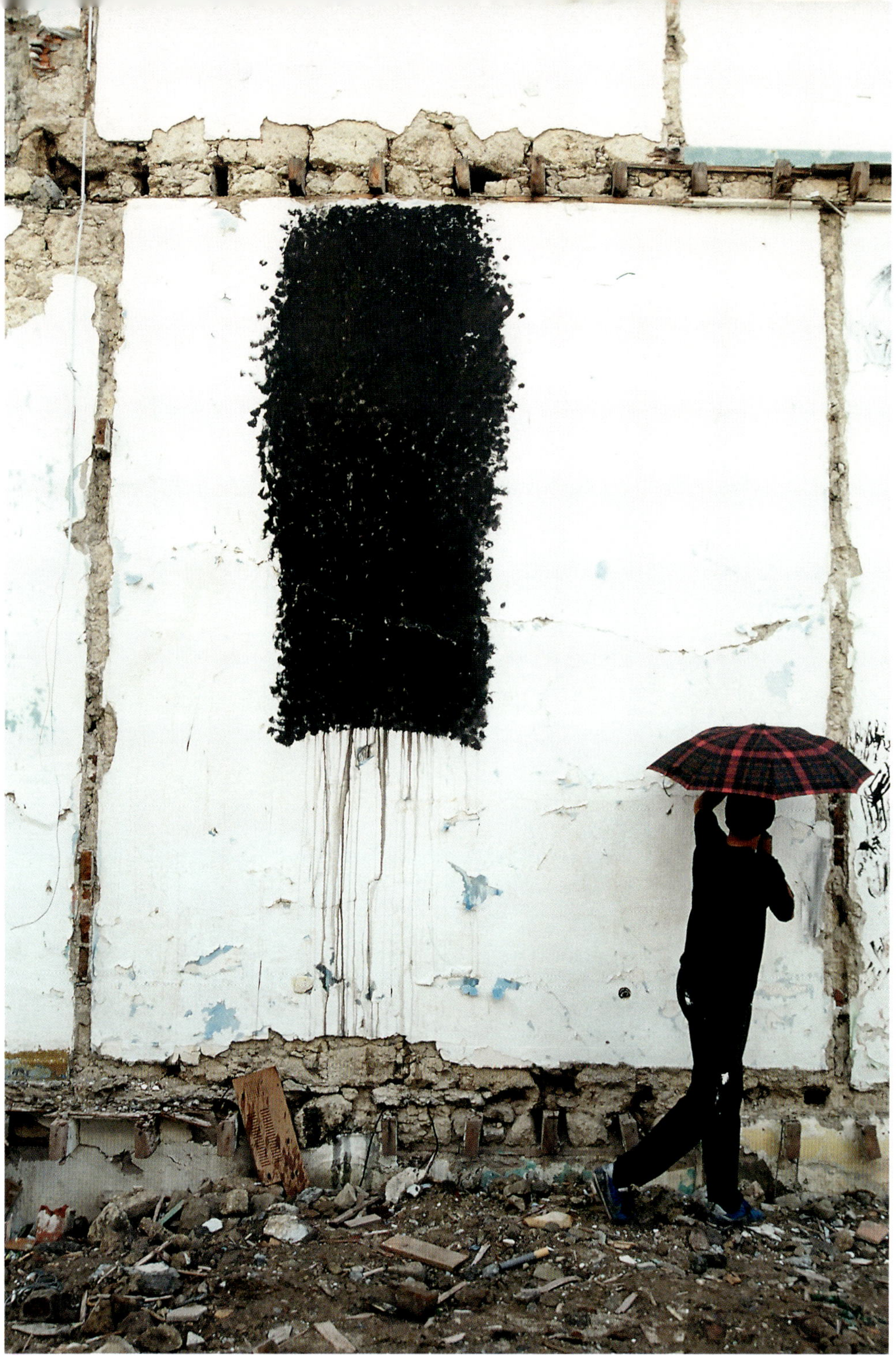

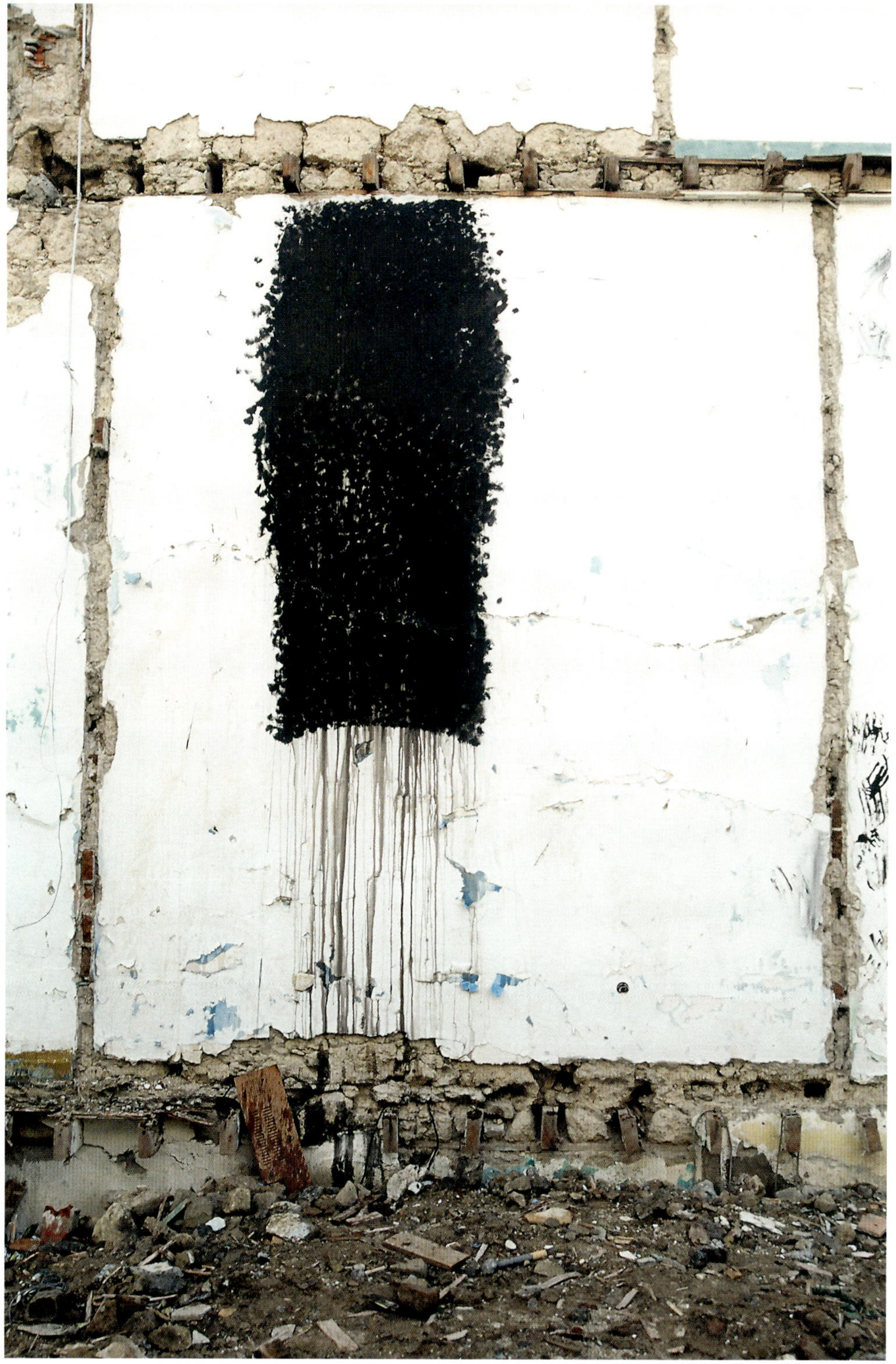

UNTITLED (HARD RAIN) 2005

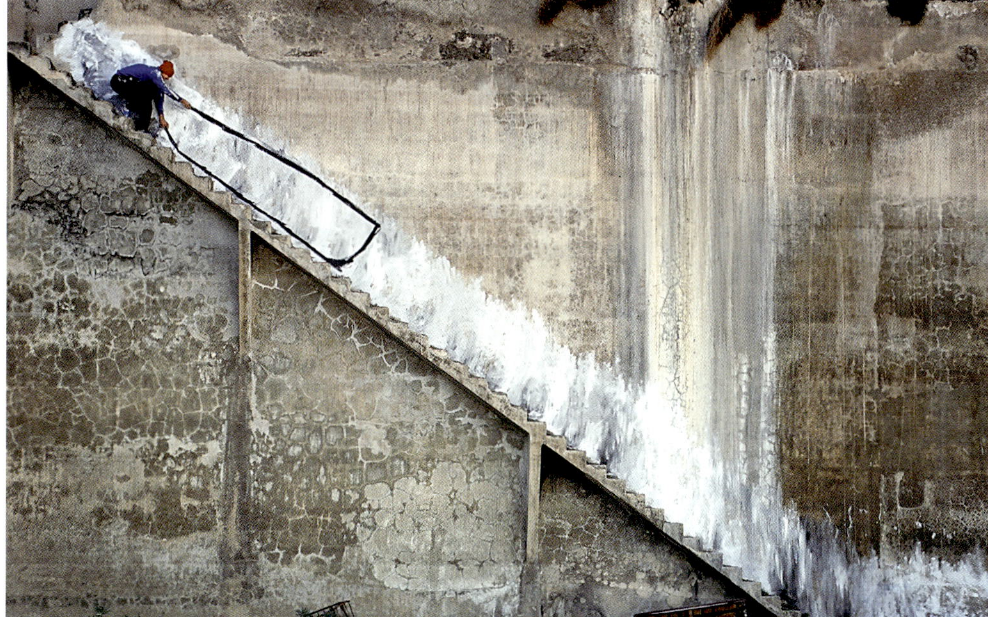

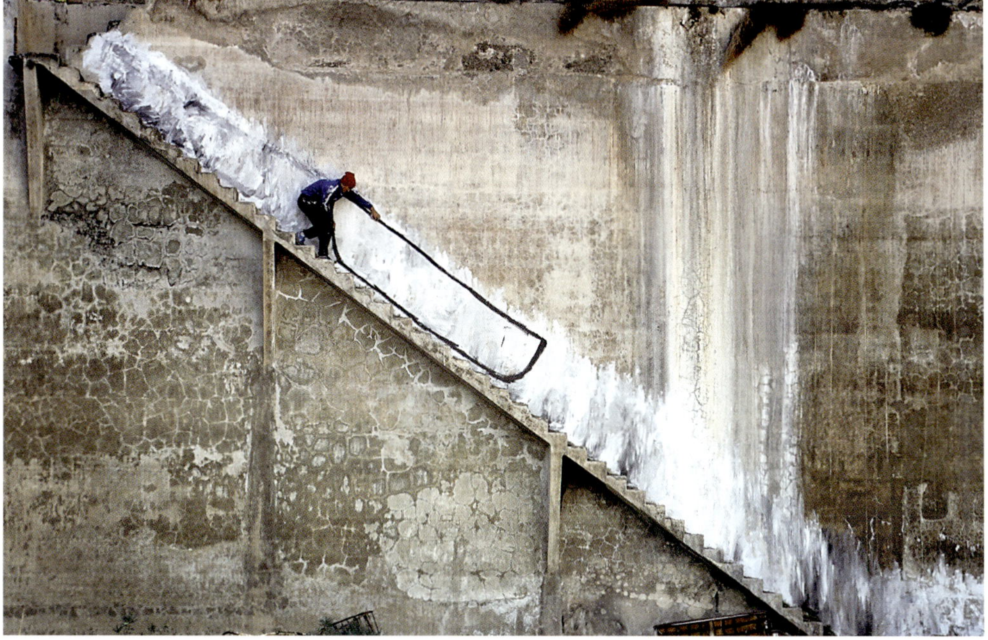

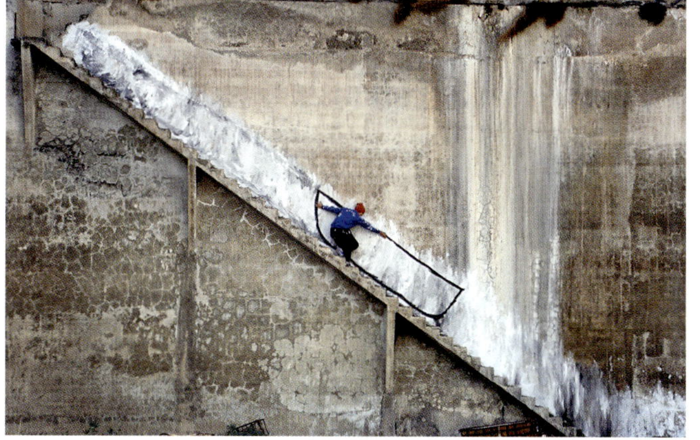

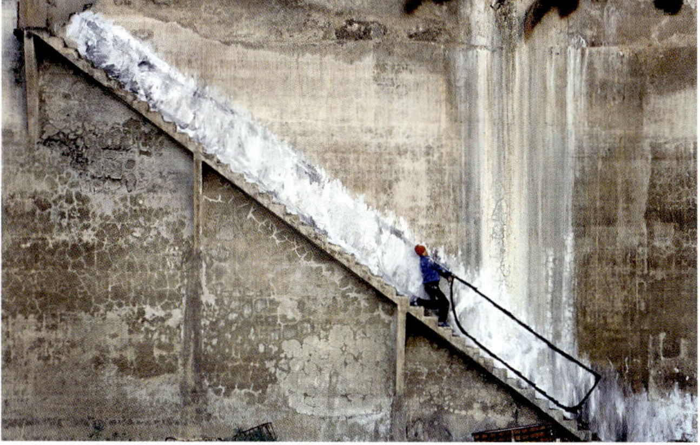

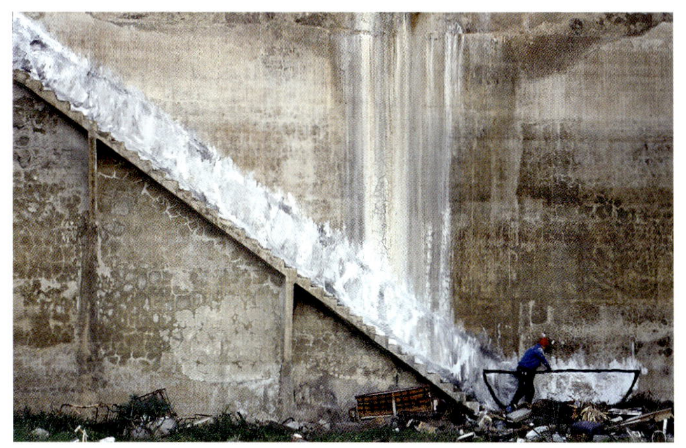

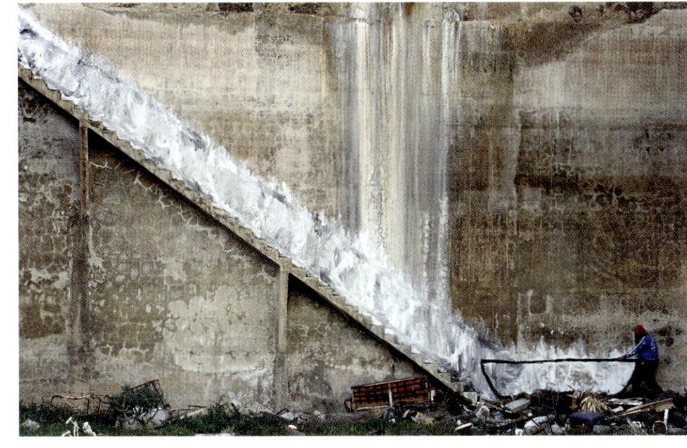
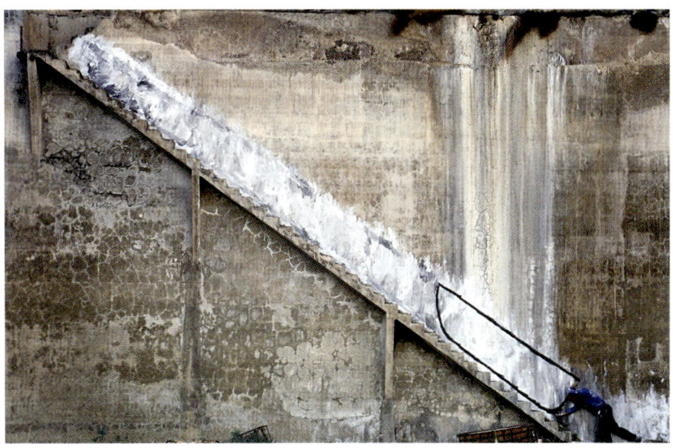
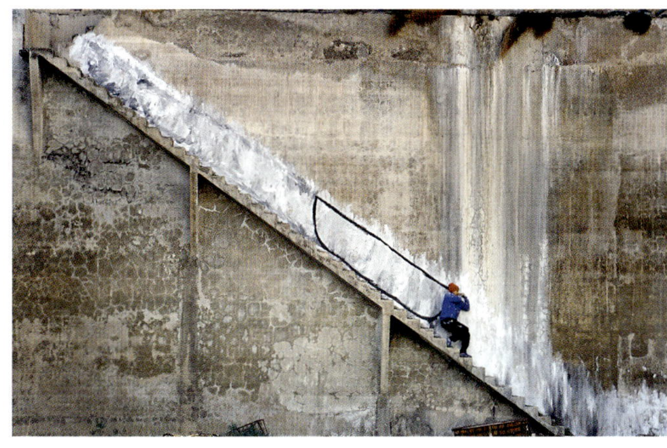
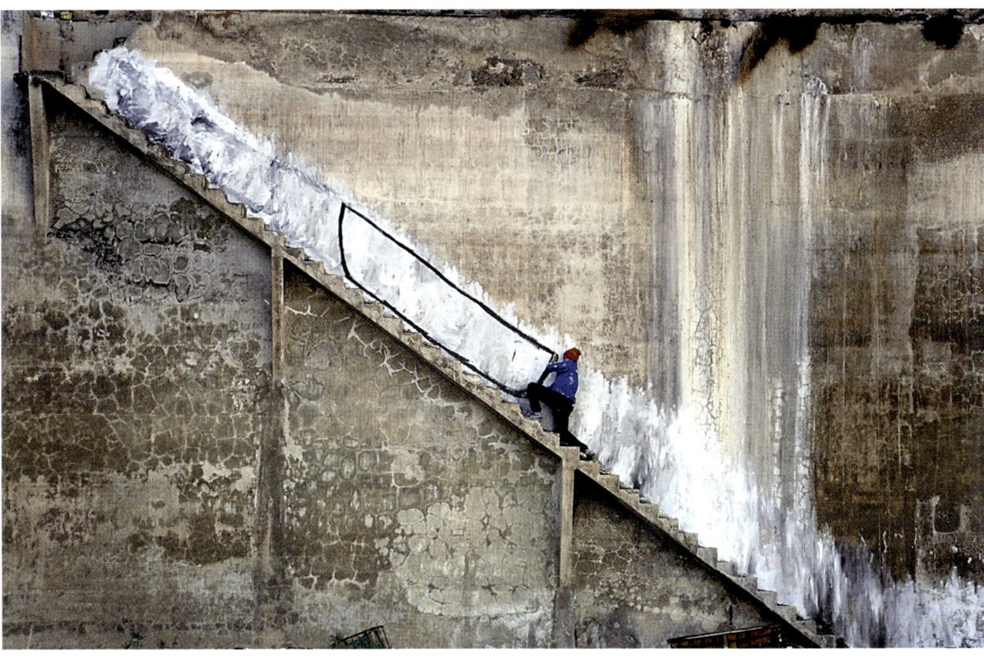
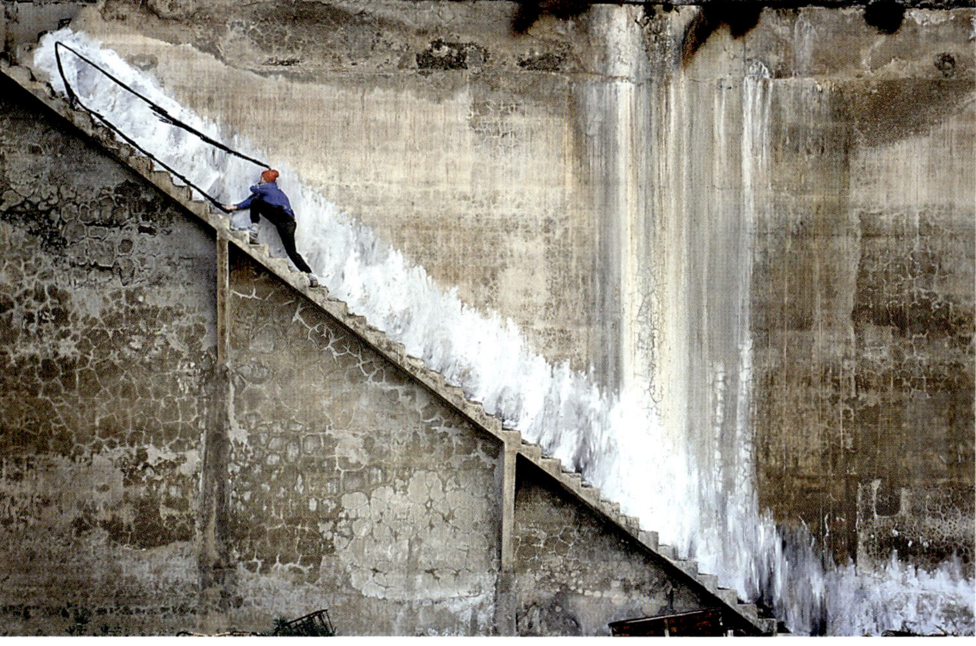

UNTITLED (LANDING) 2005

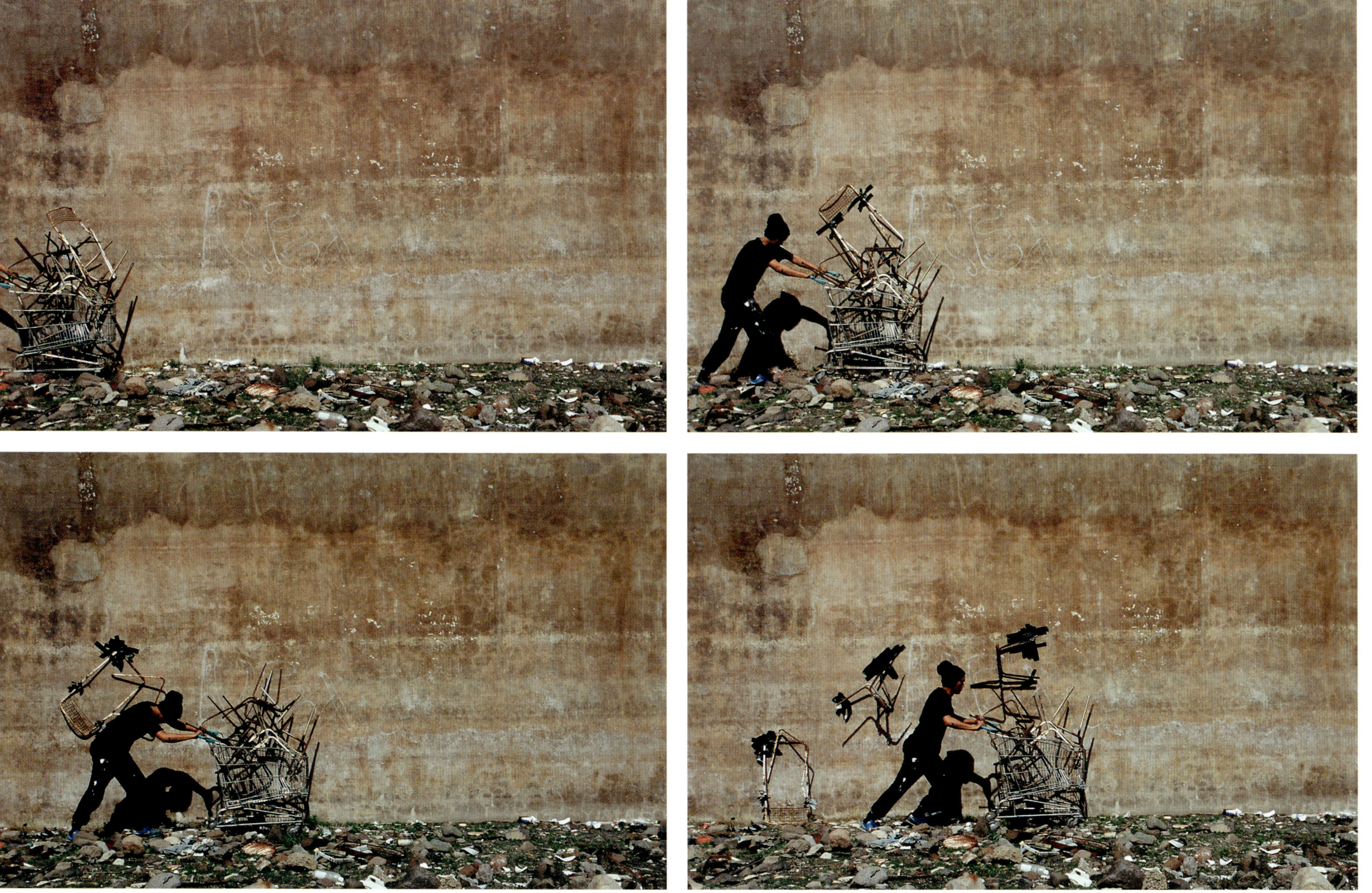

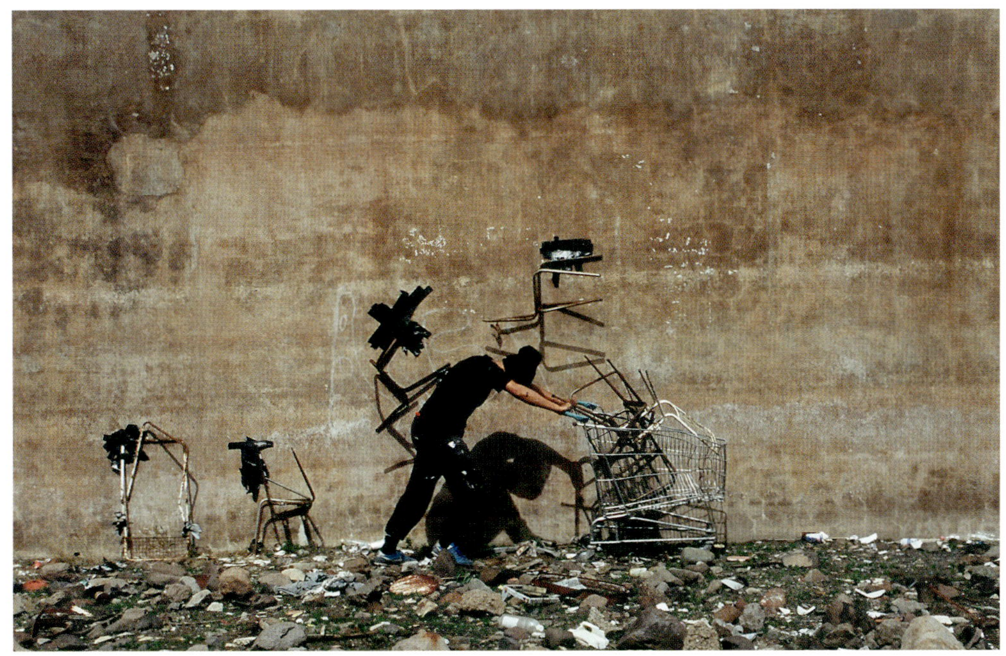

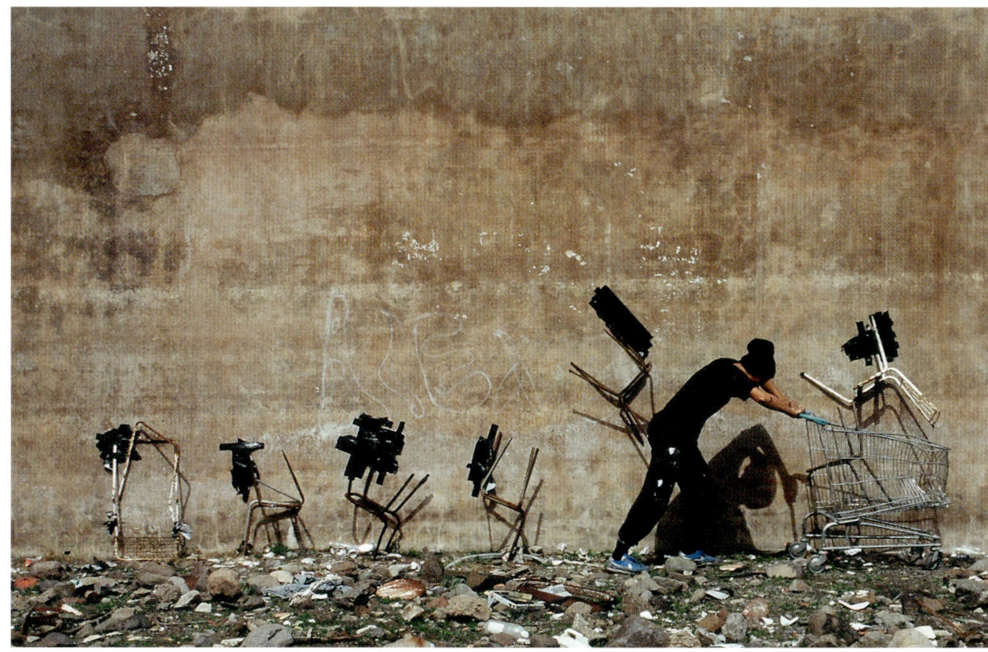

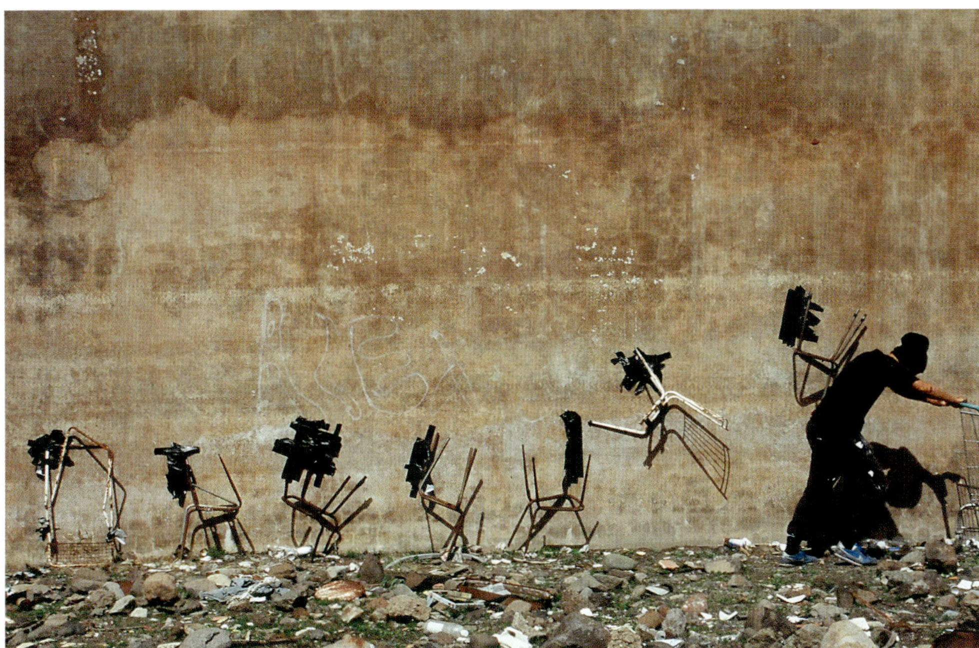

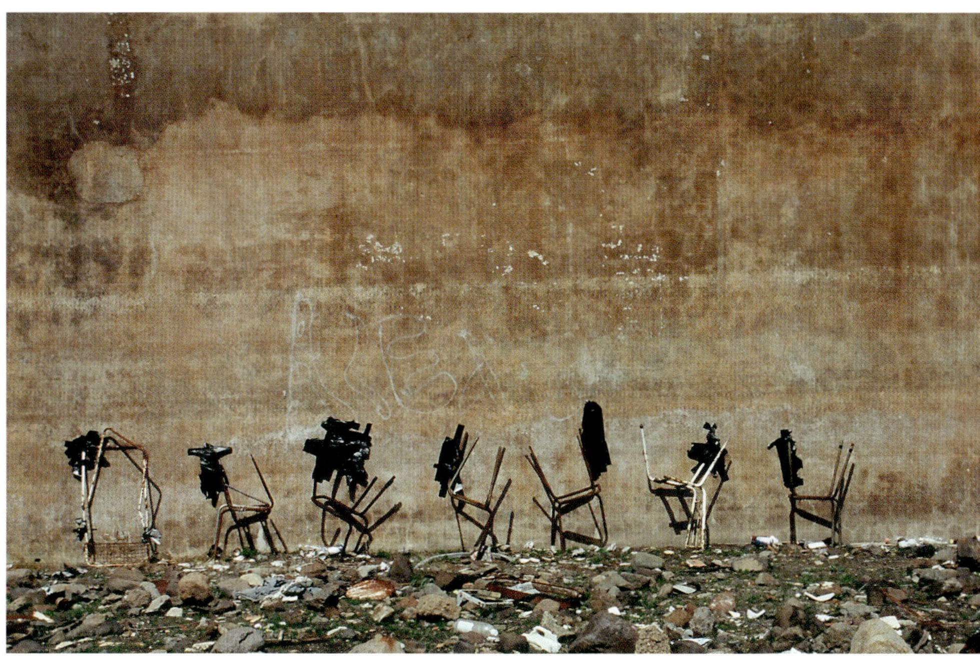

UNTITLED (SCHOOLED CHAIRS) 2005

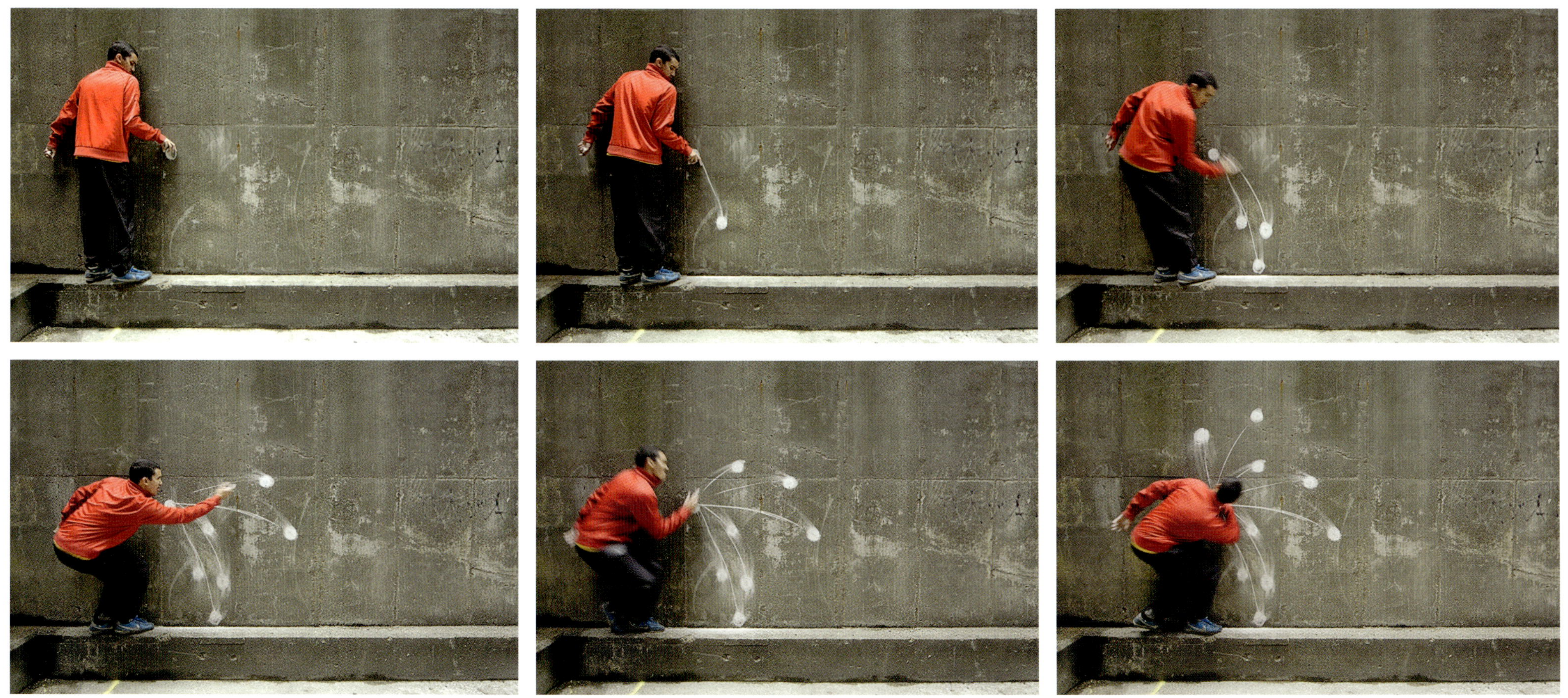

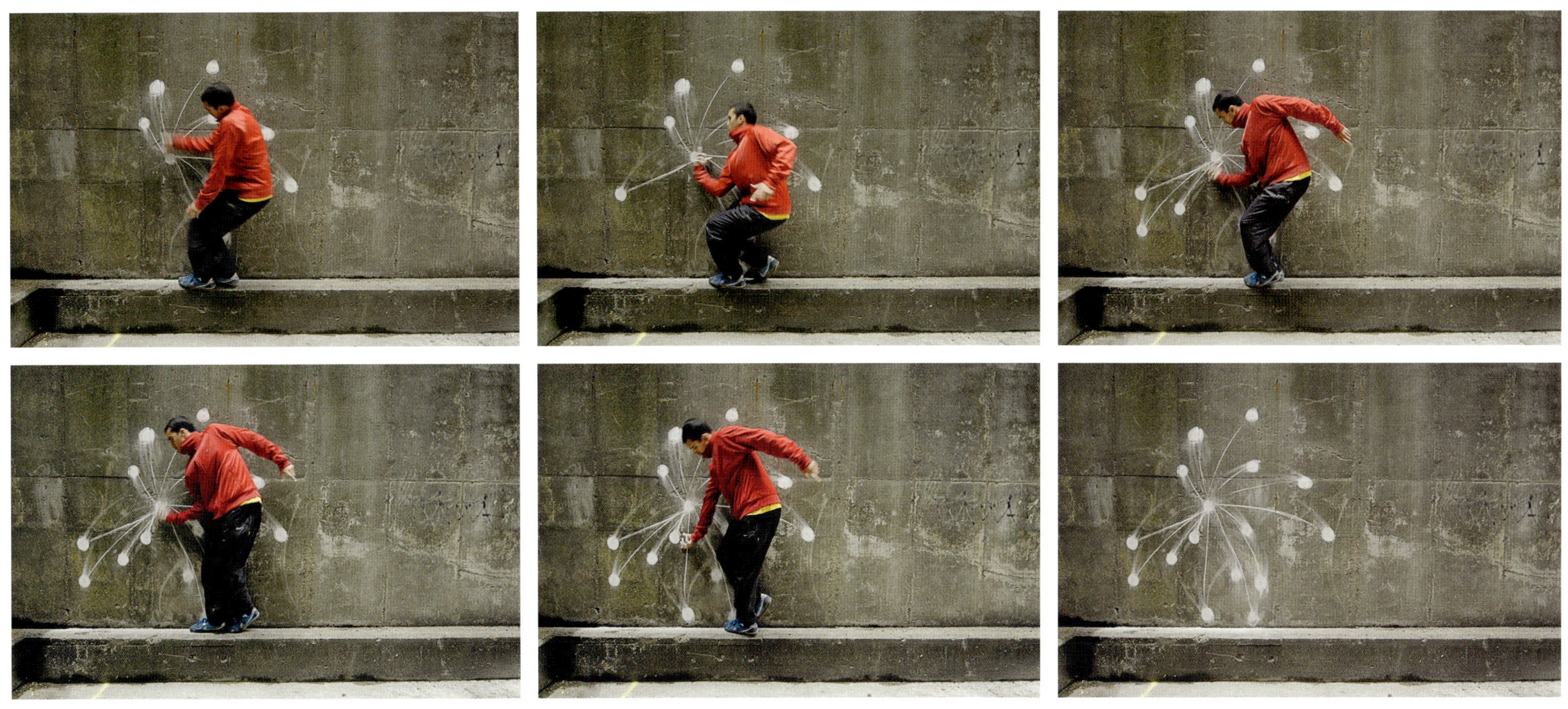

UNTITLED (YO YO) 2005

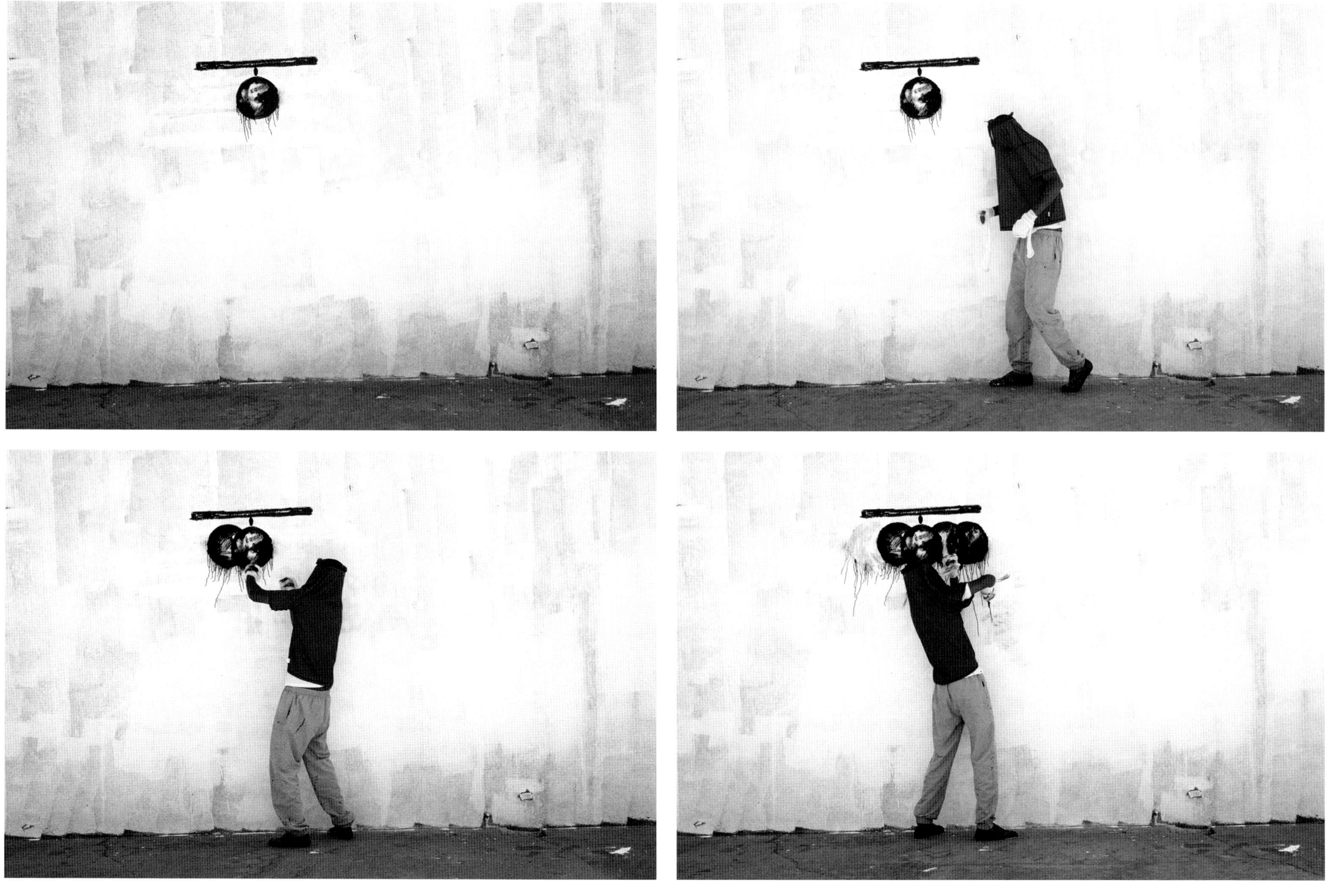

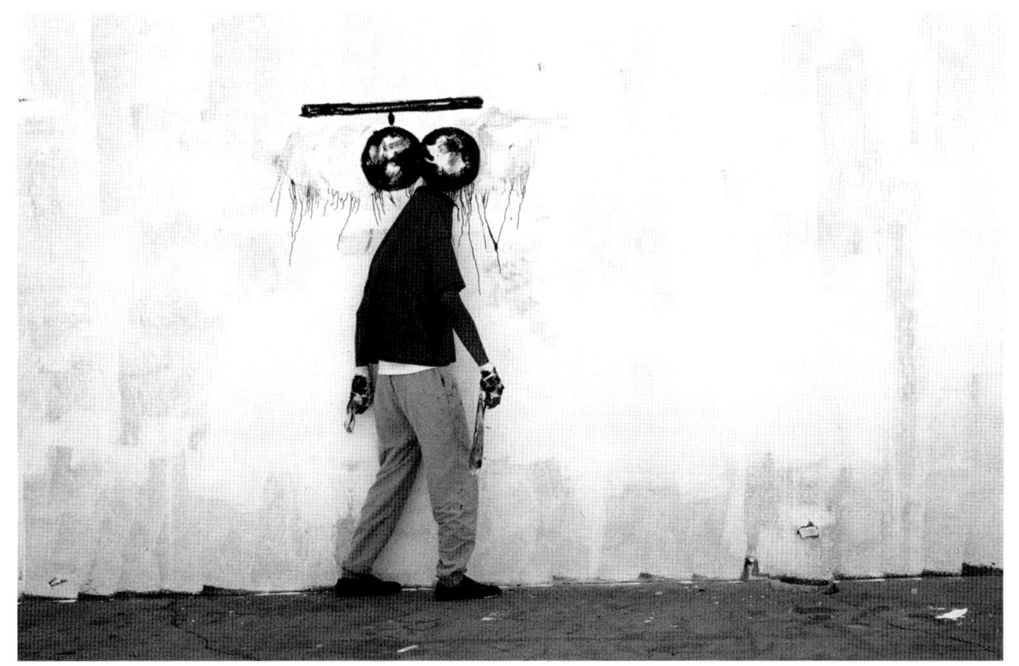

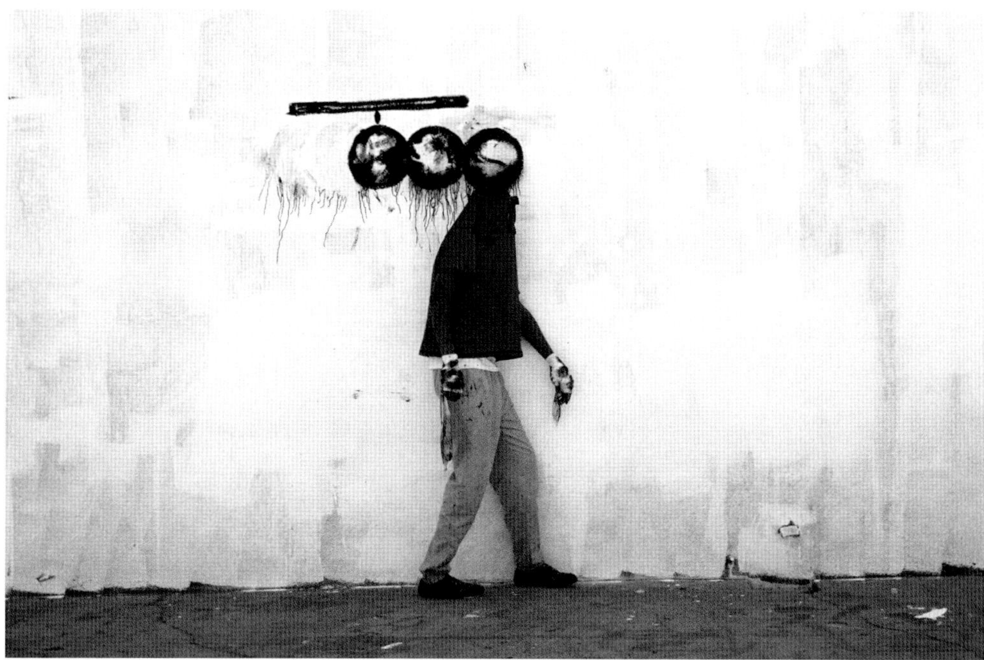

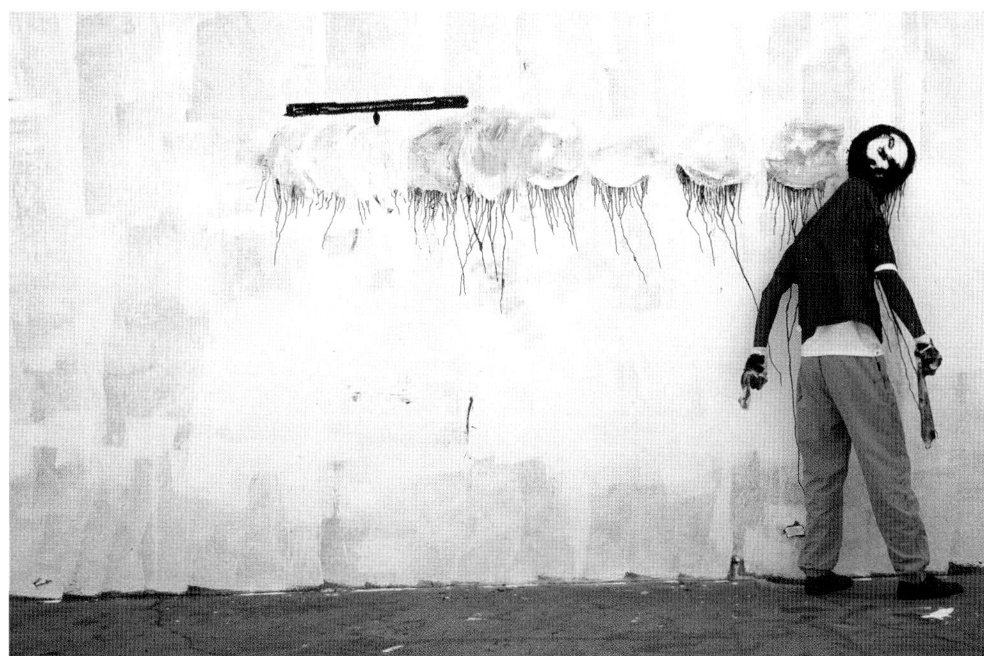

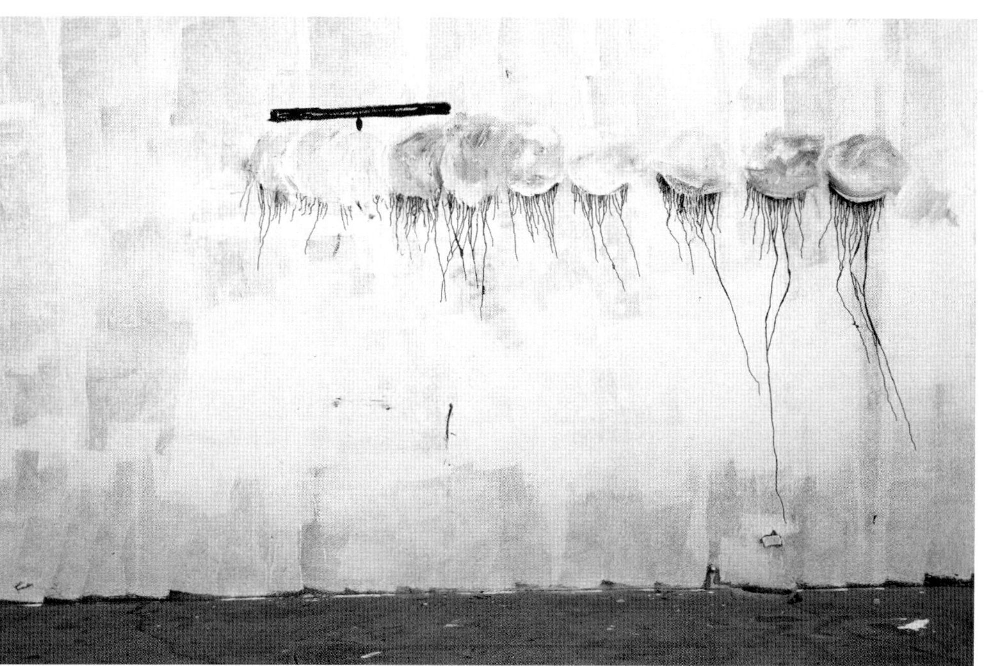

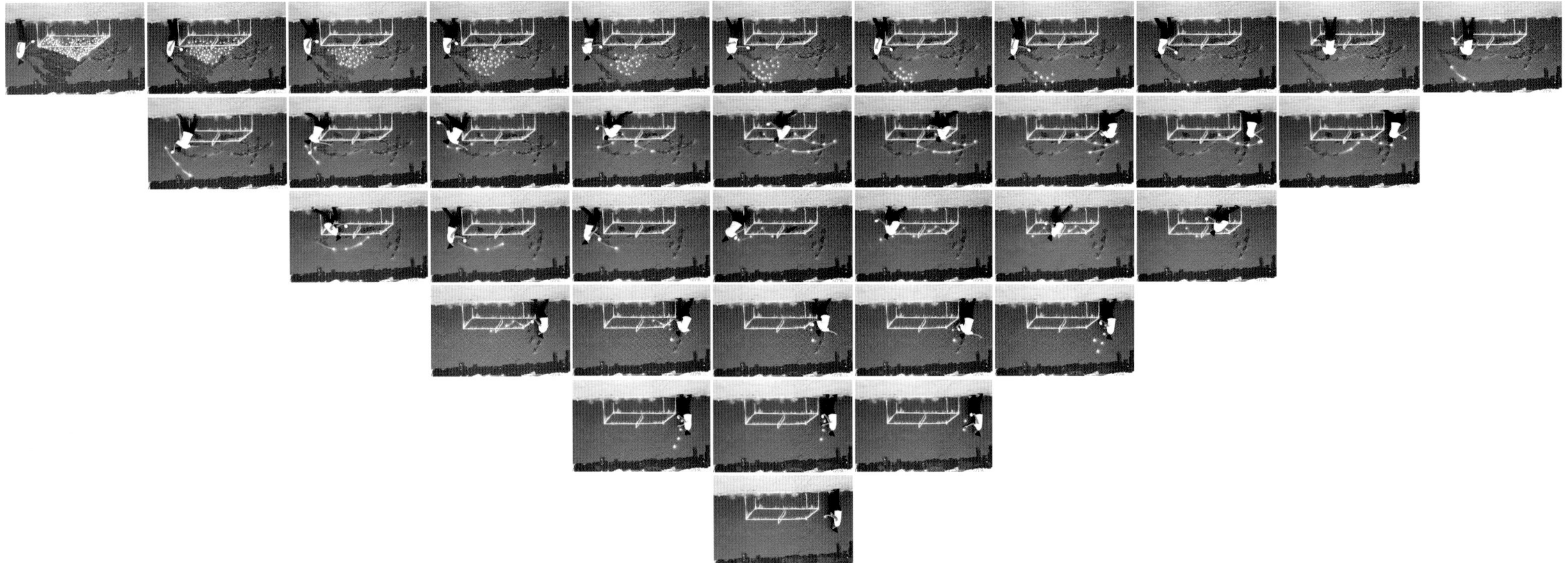

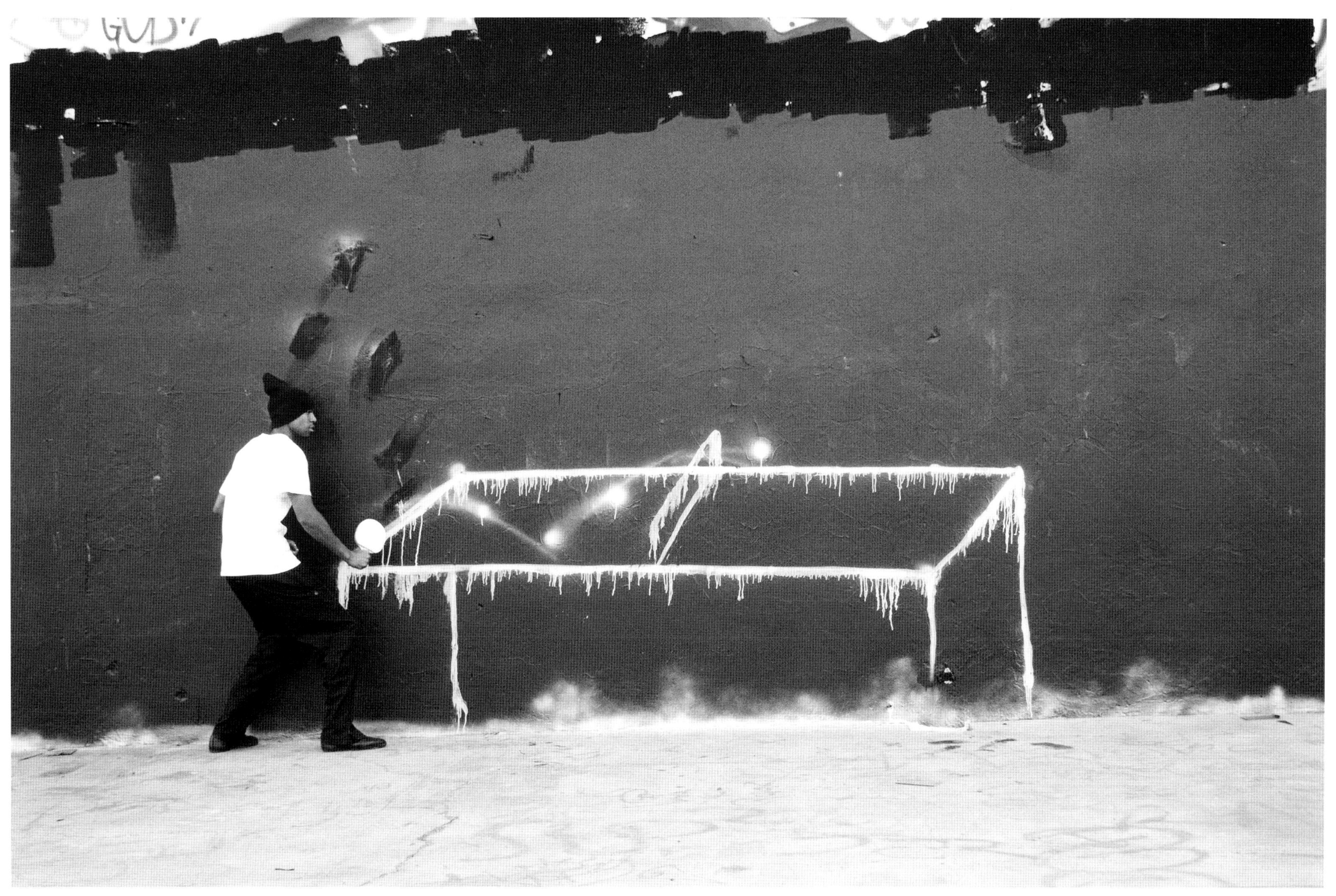

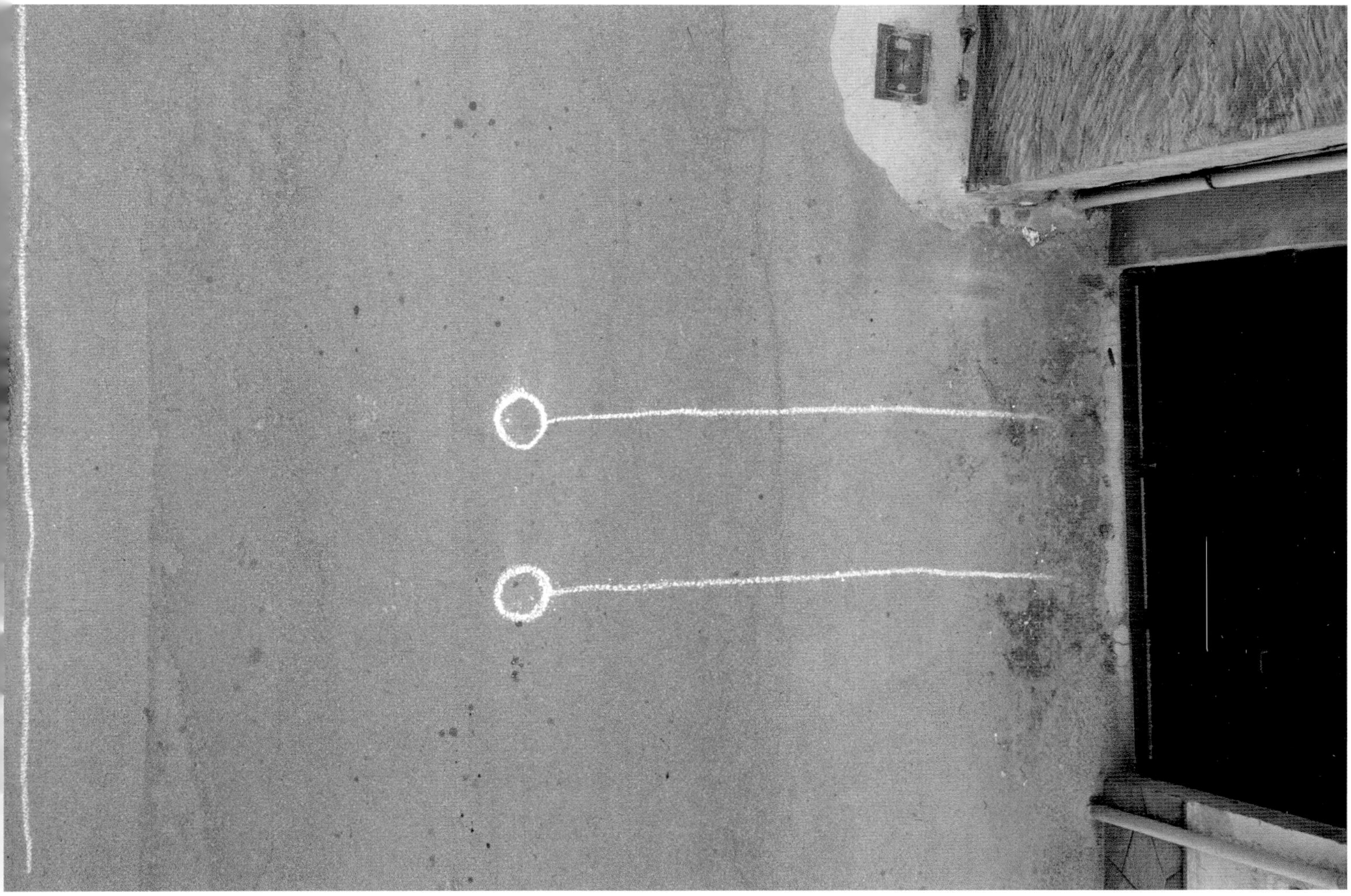

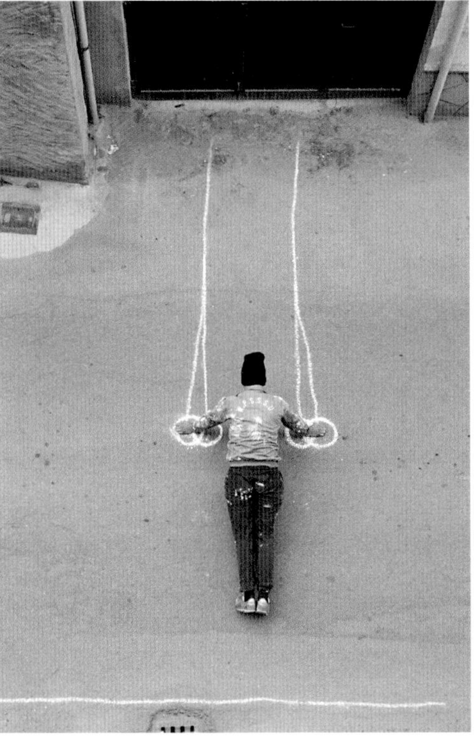

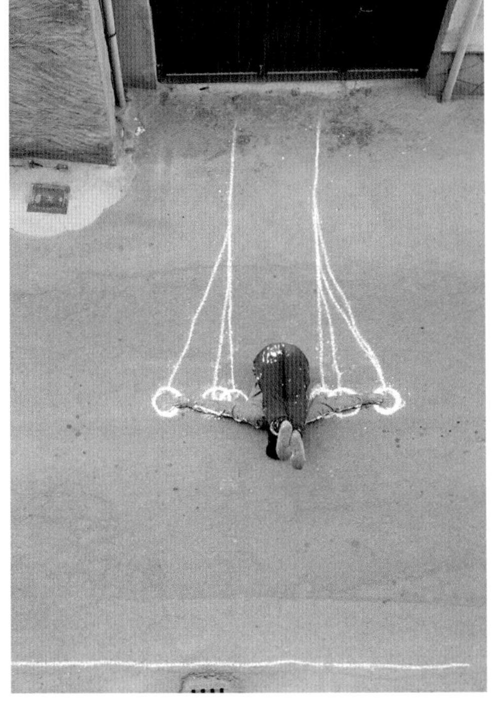

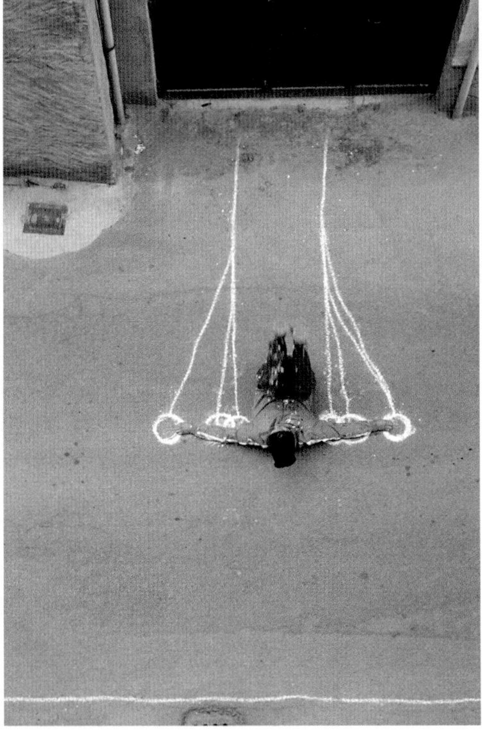

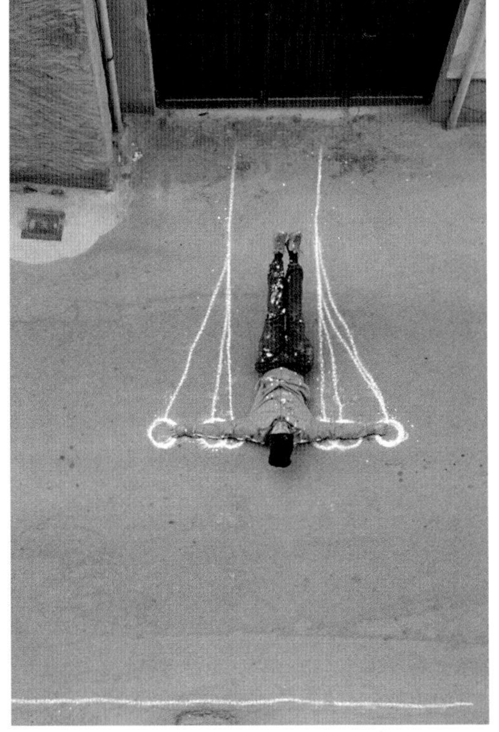

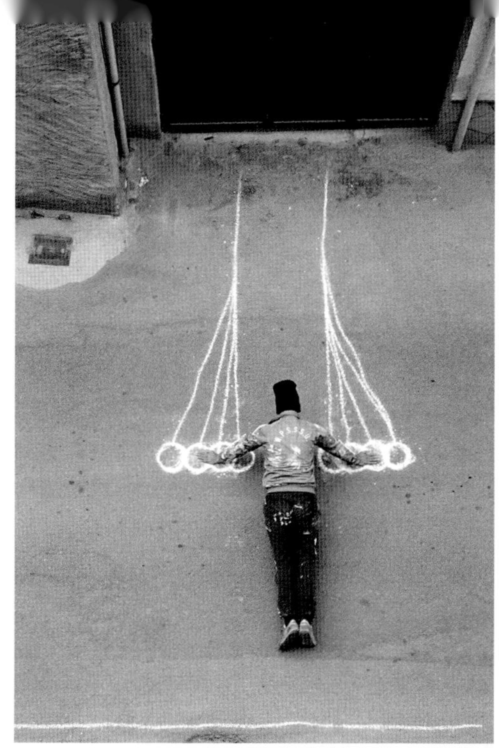

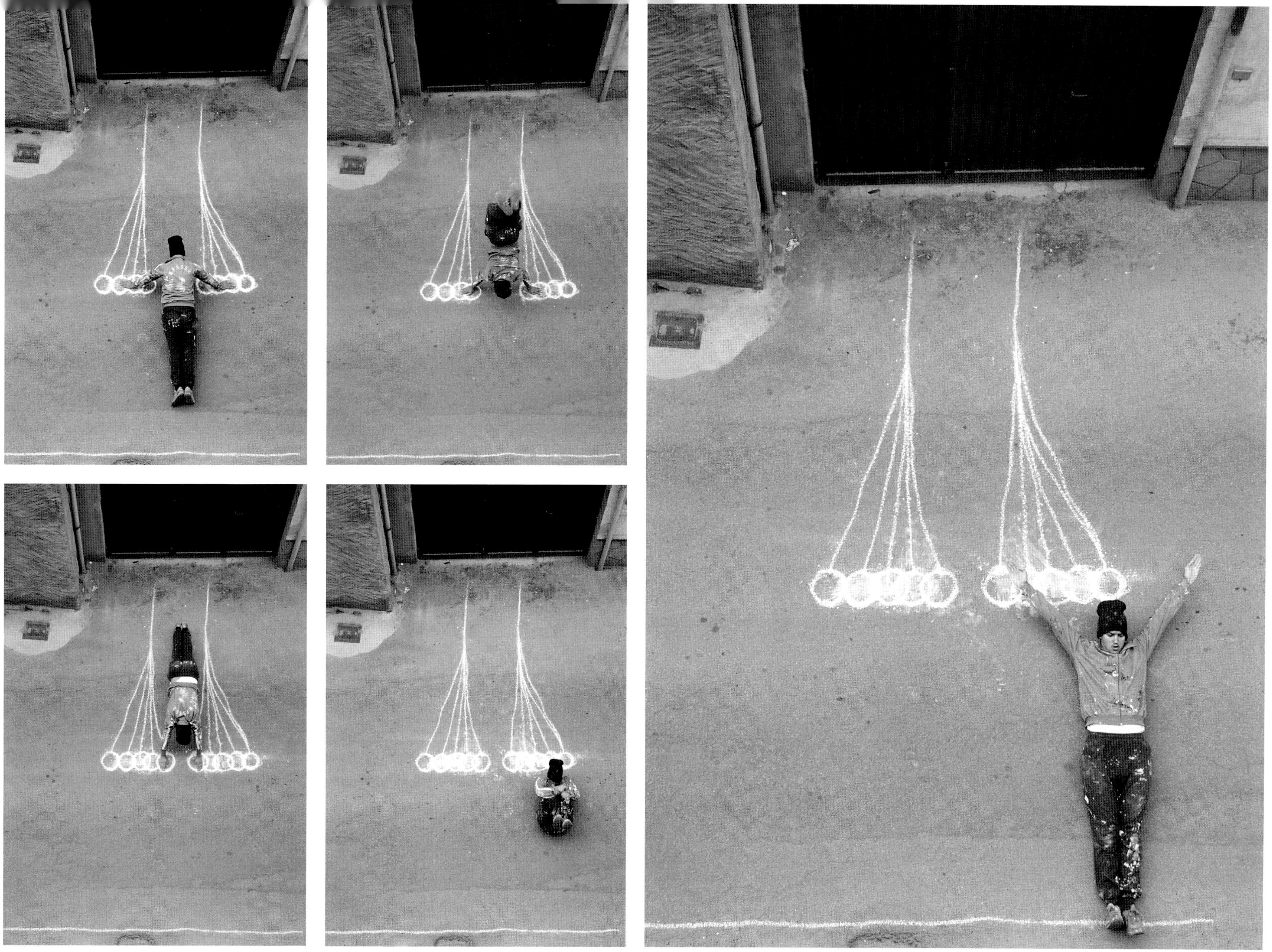

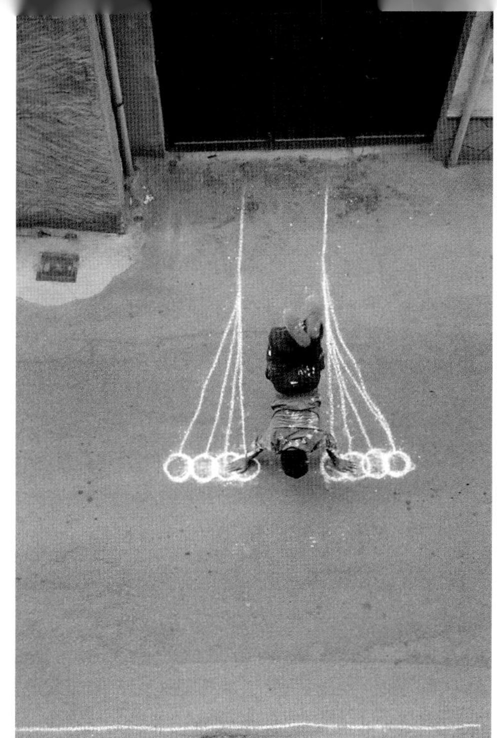

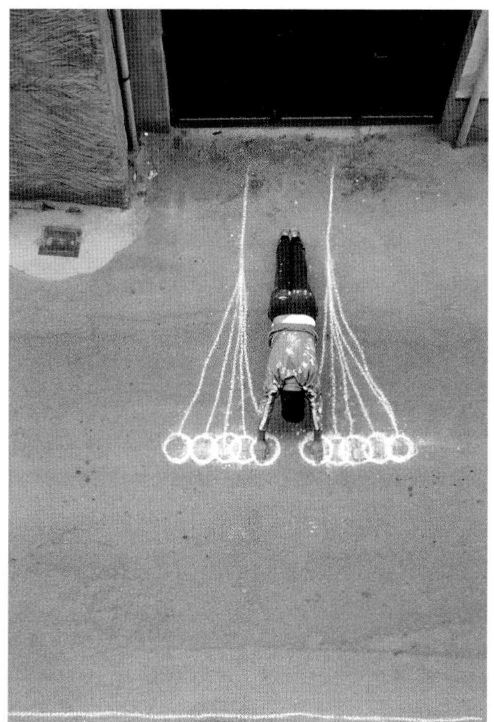

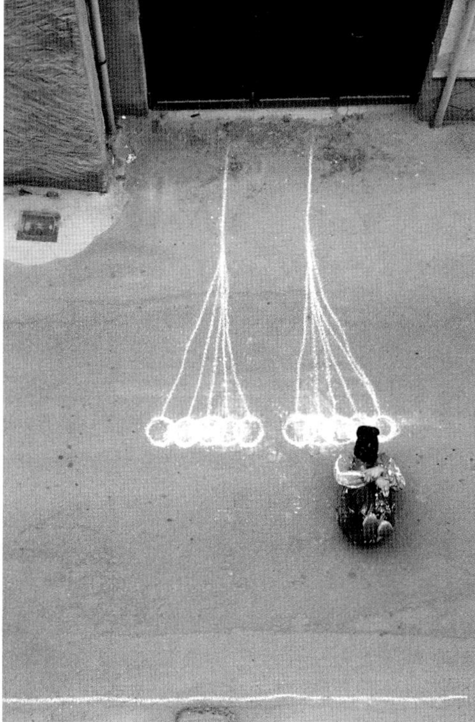

UNTITLED (RINGS) 2006

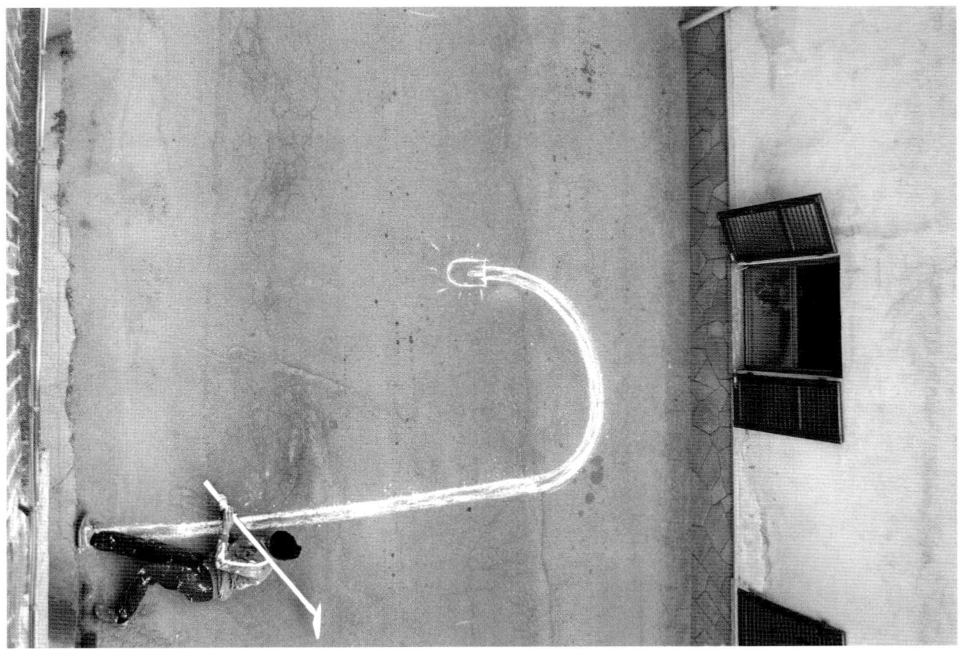

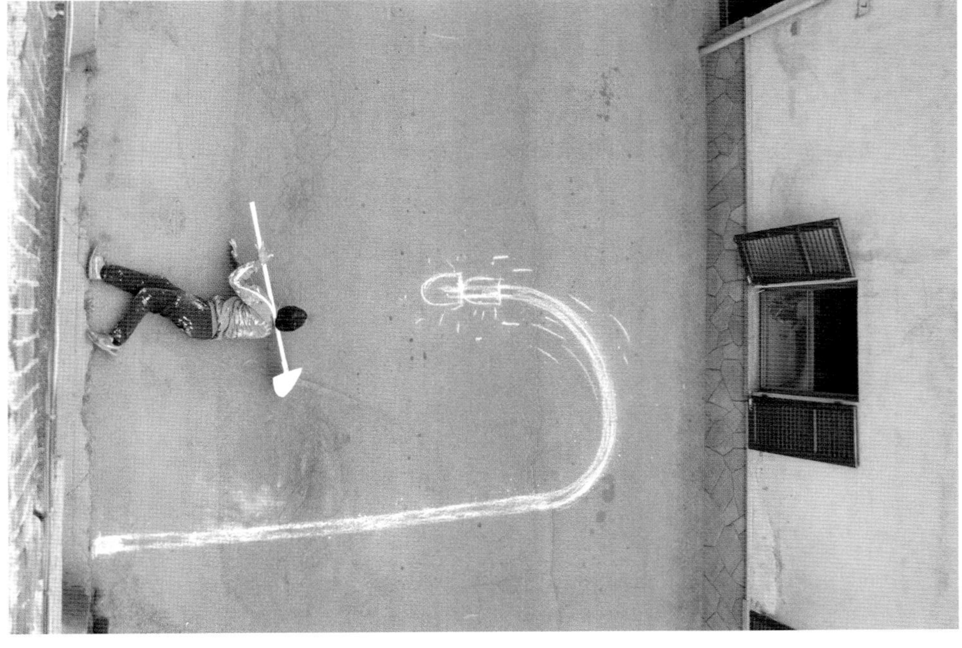

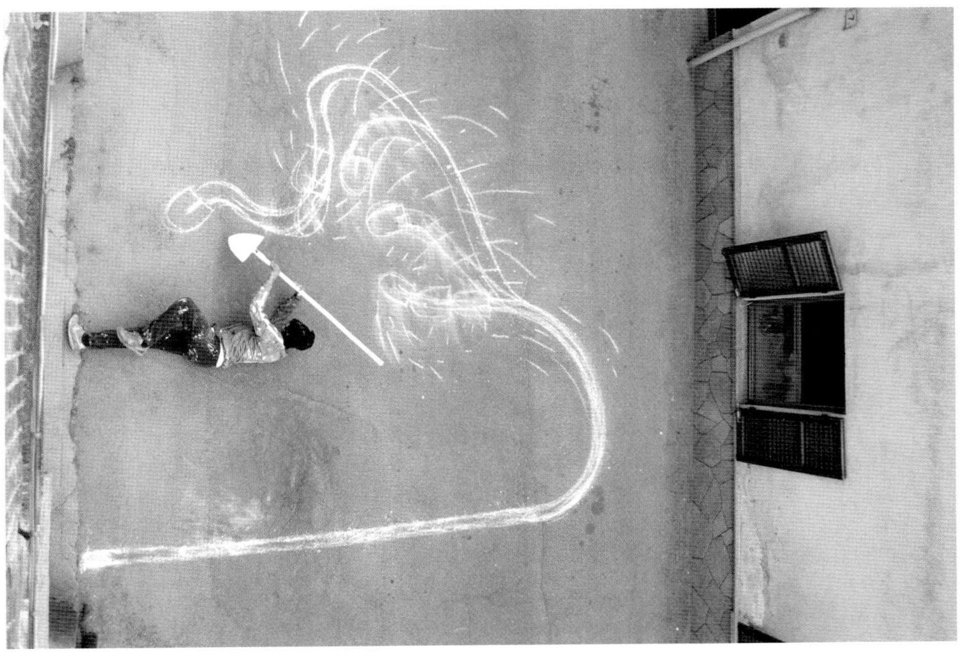

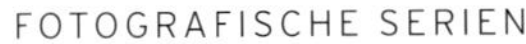

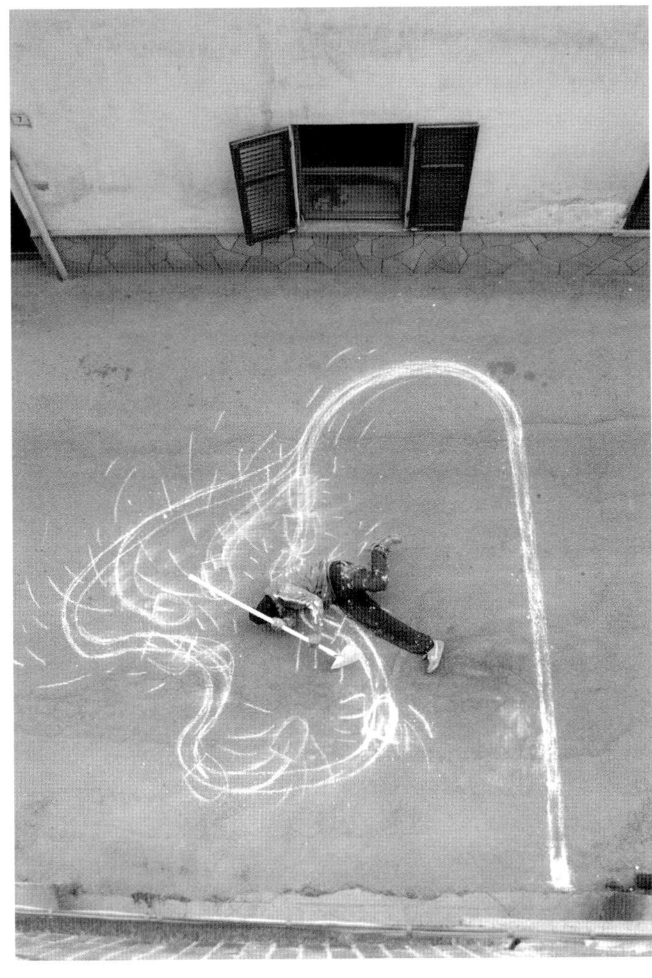

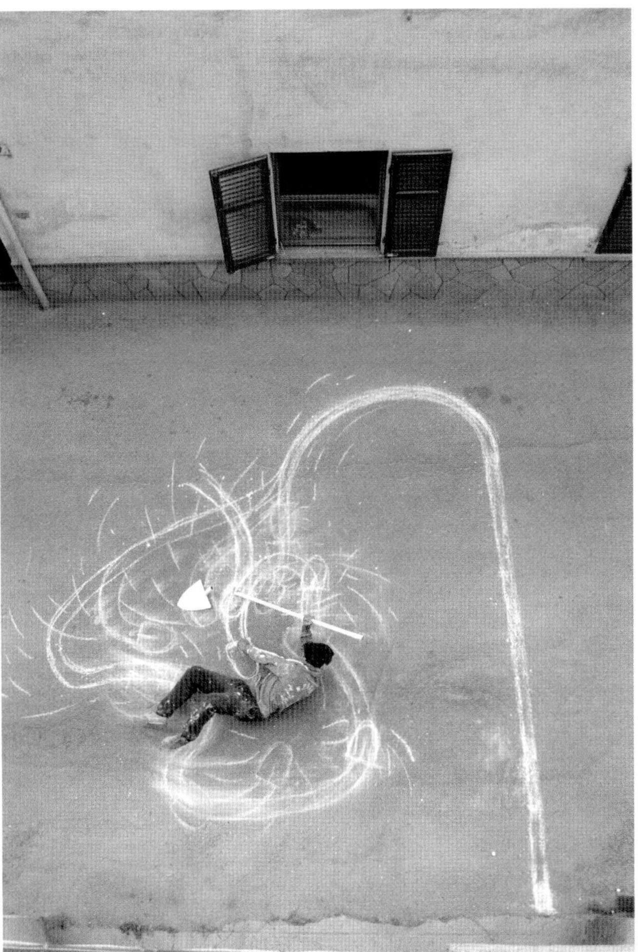

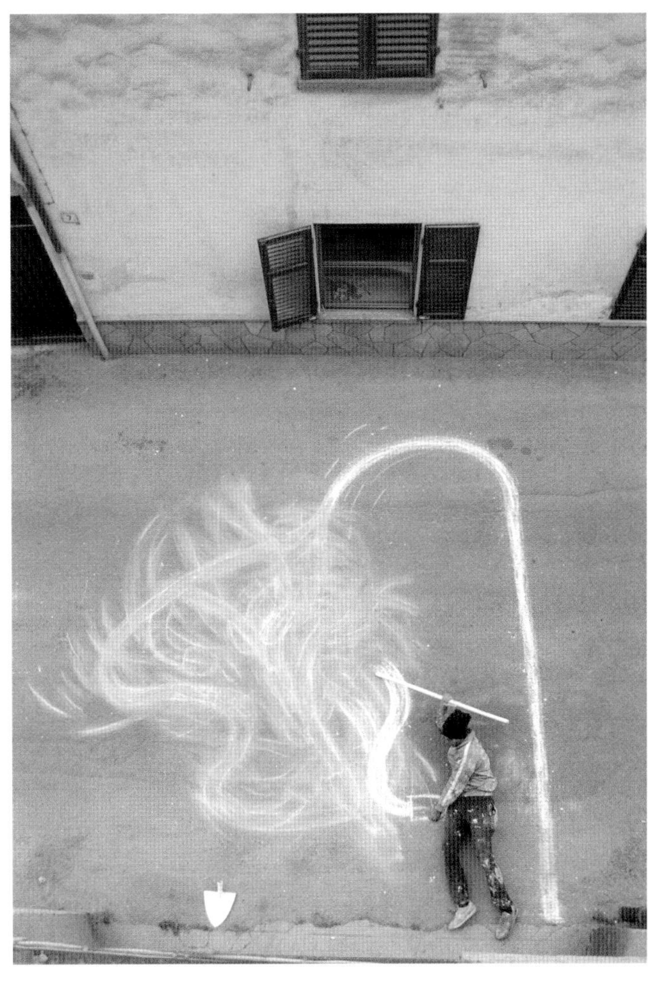

UNTITLED (STREET LIGHT) 2006

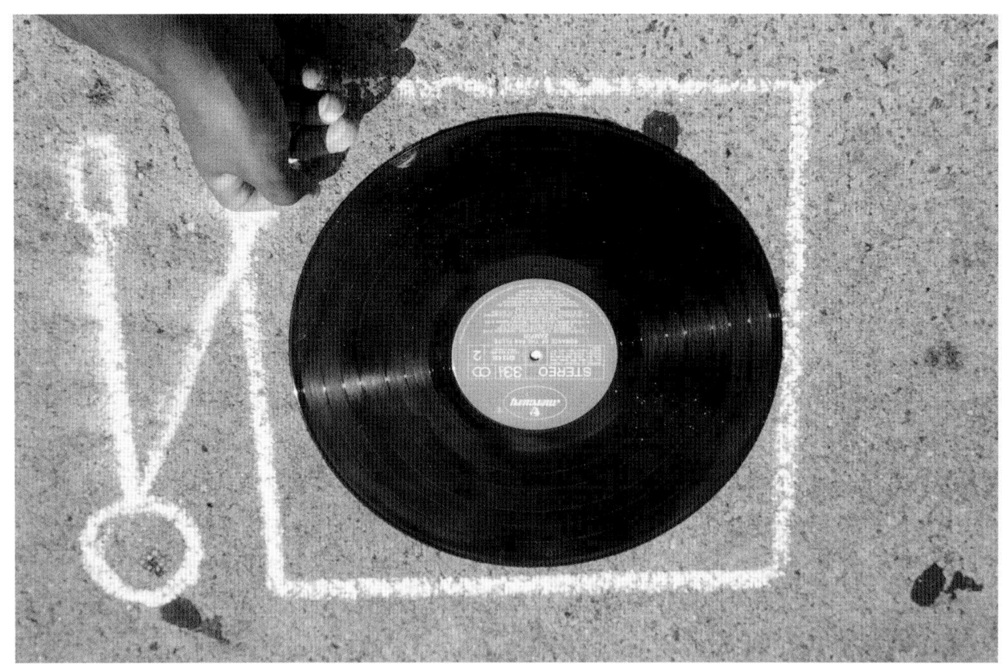

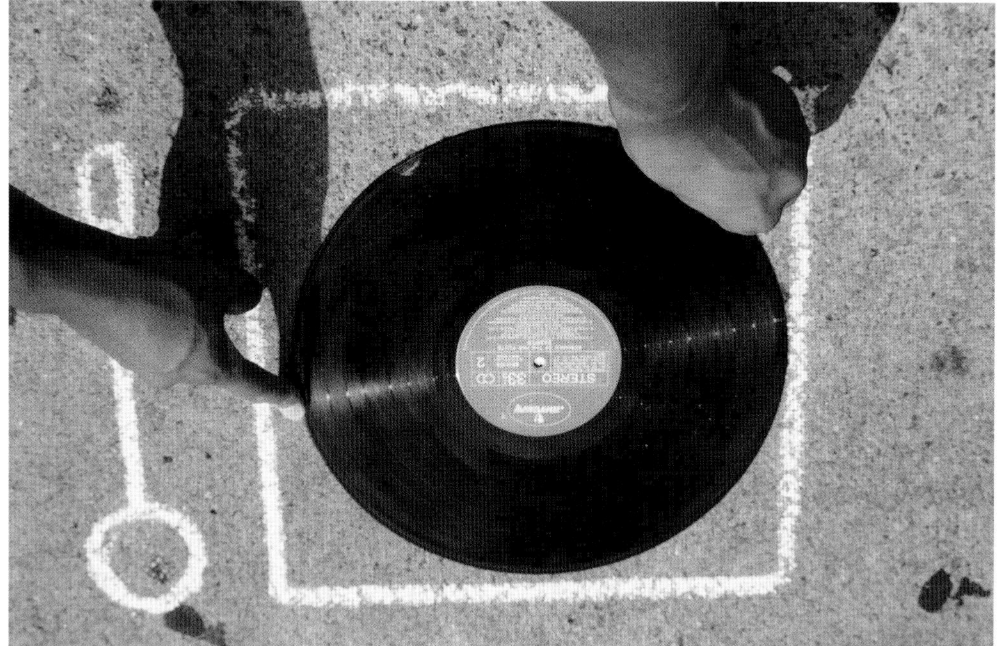

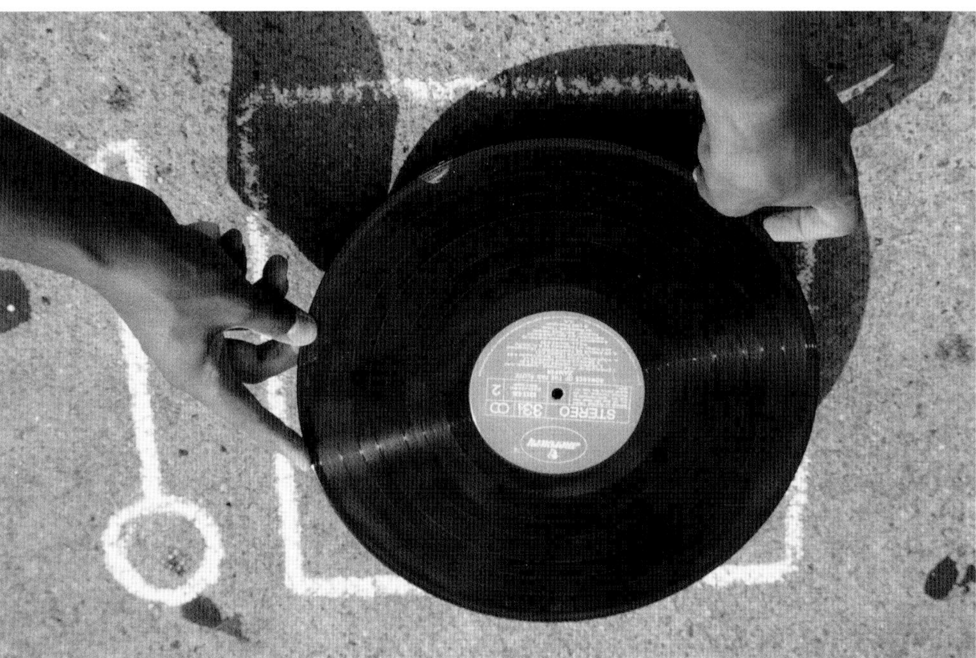

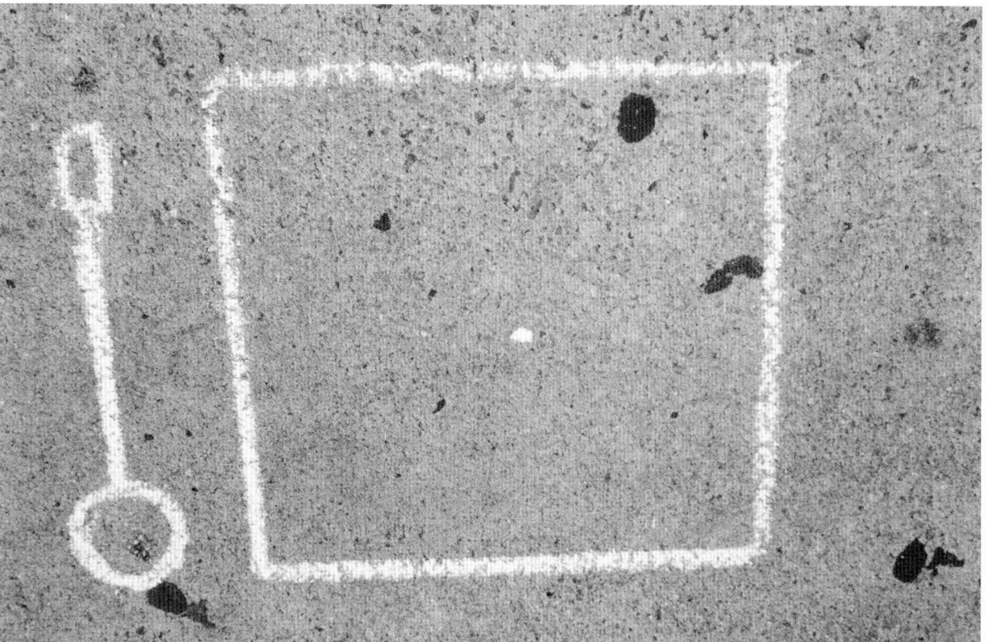

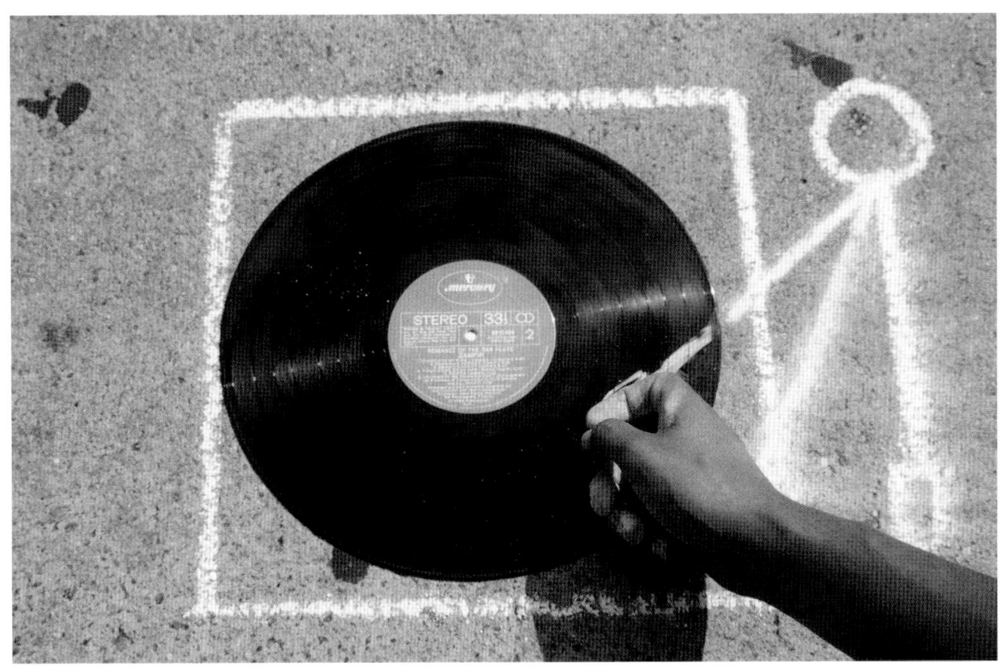
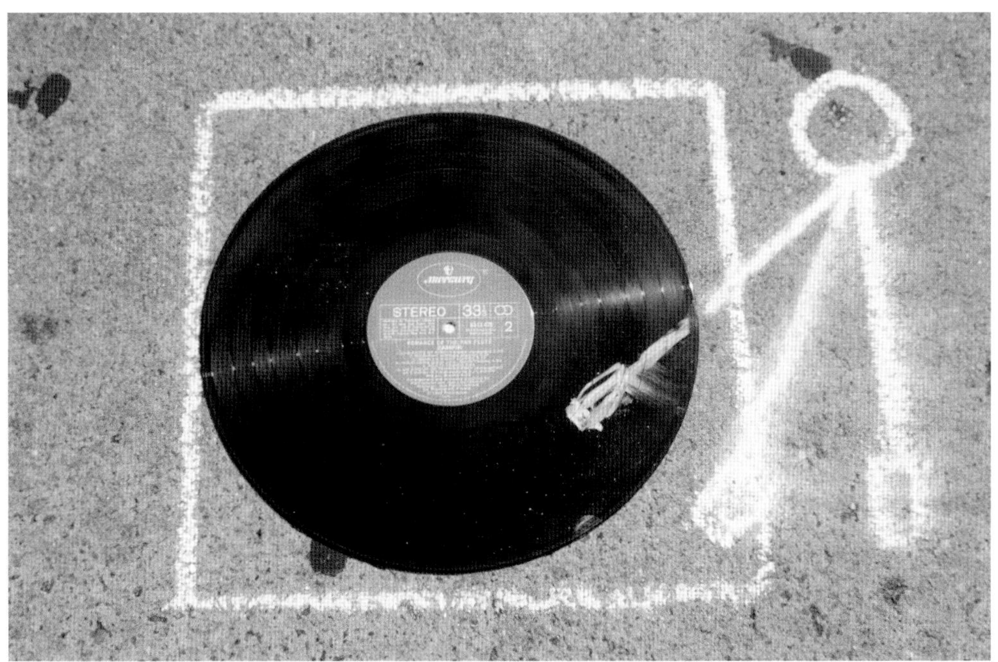
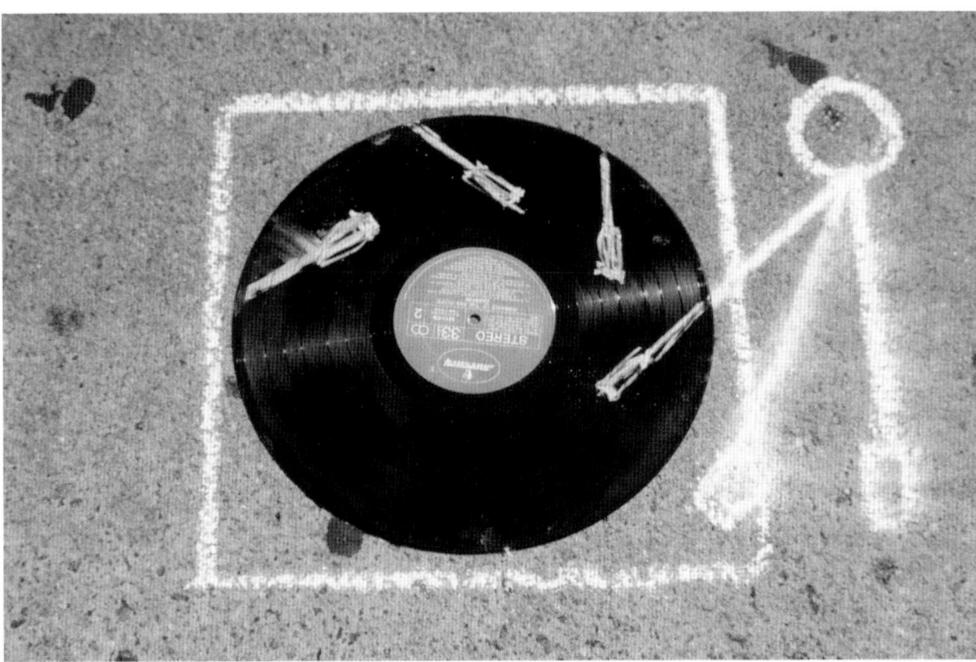
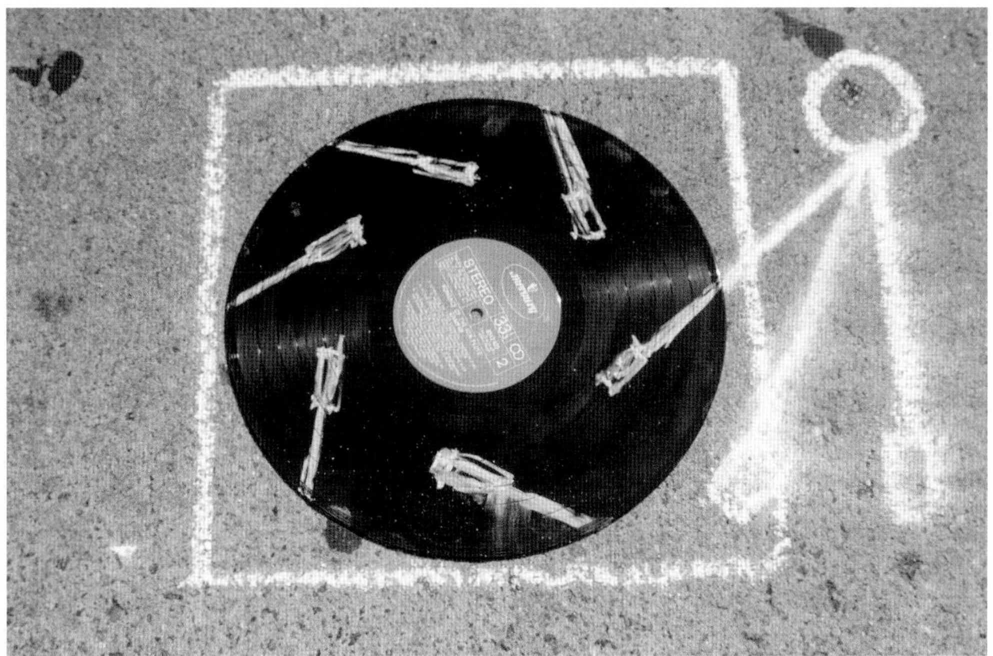

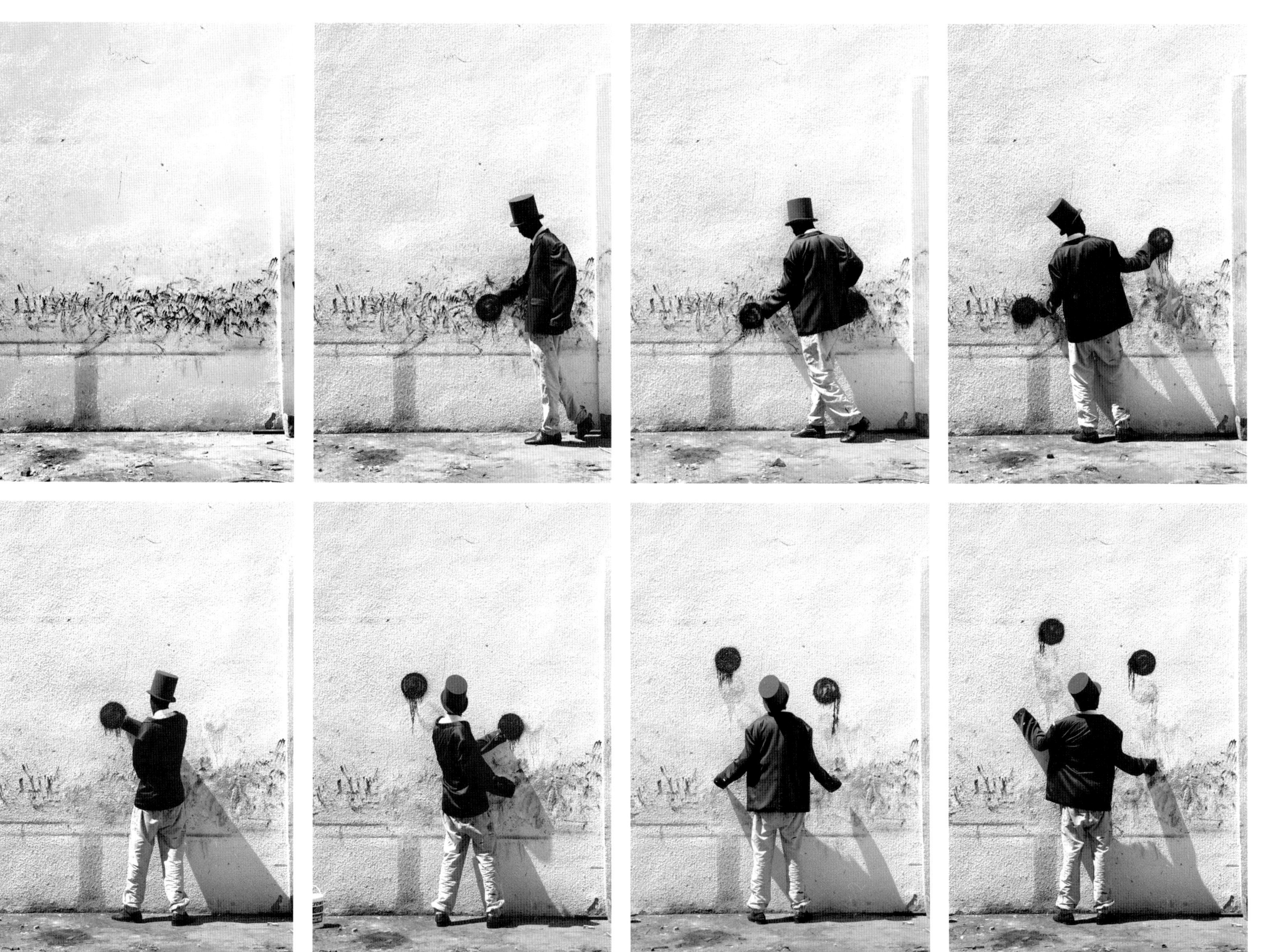

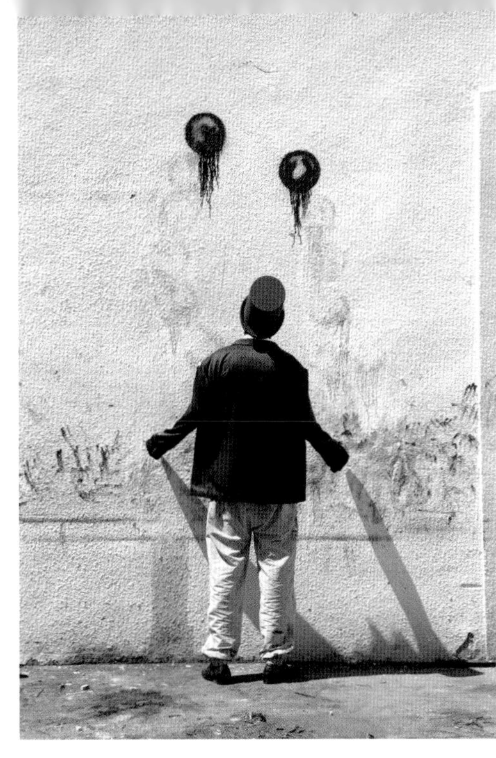
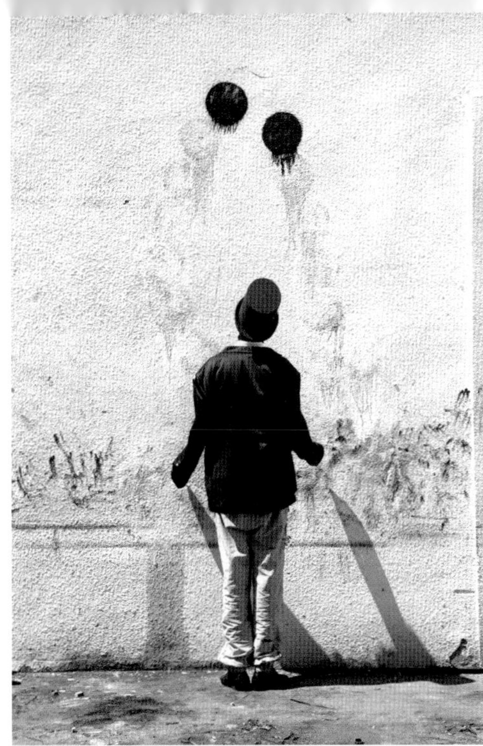
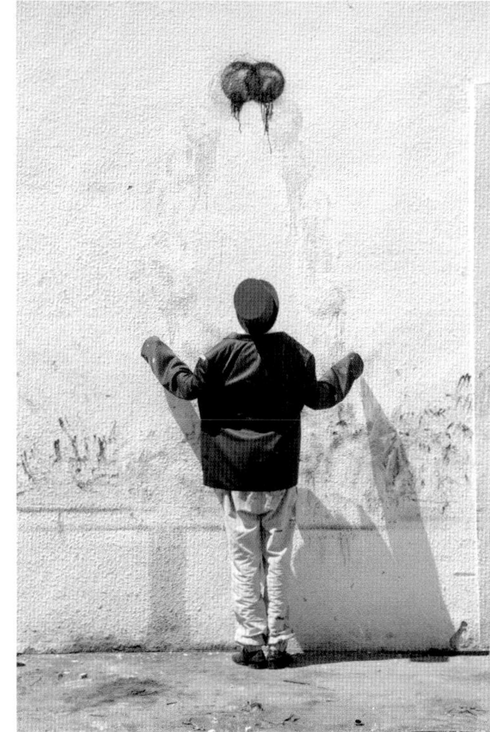
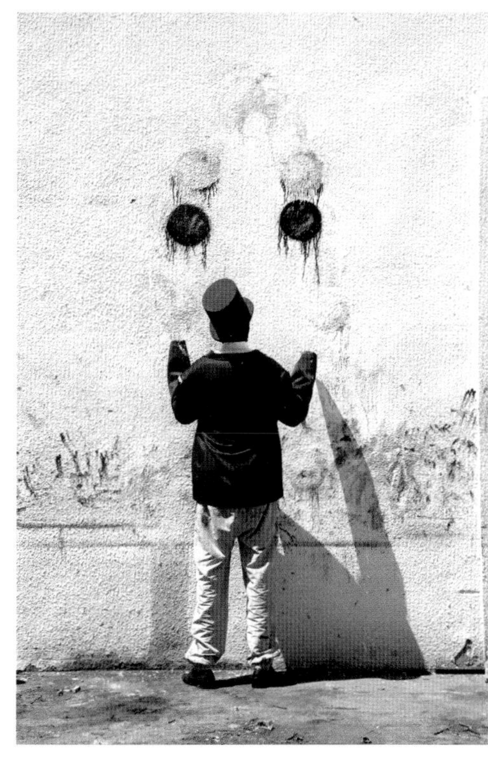
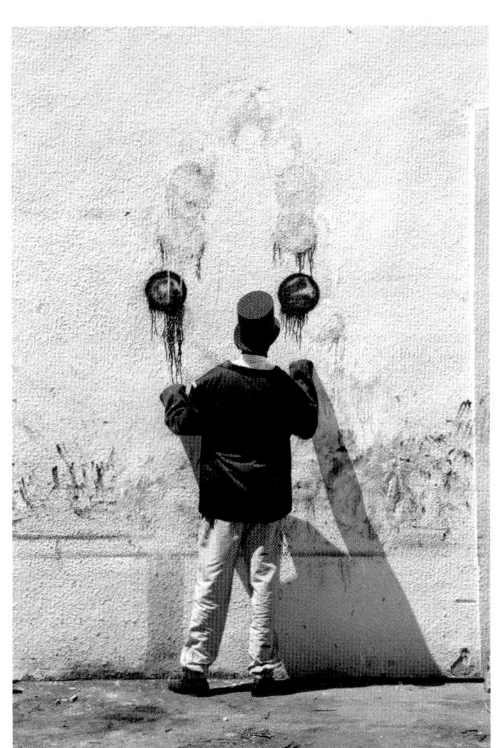
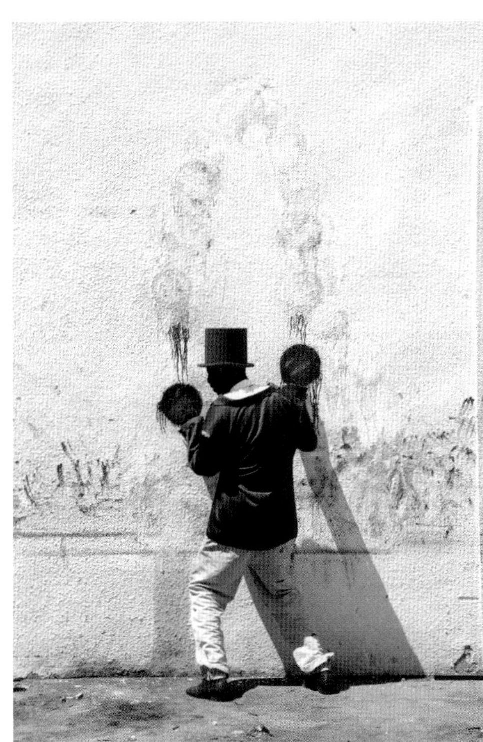
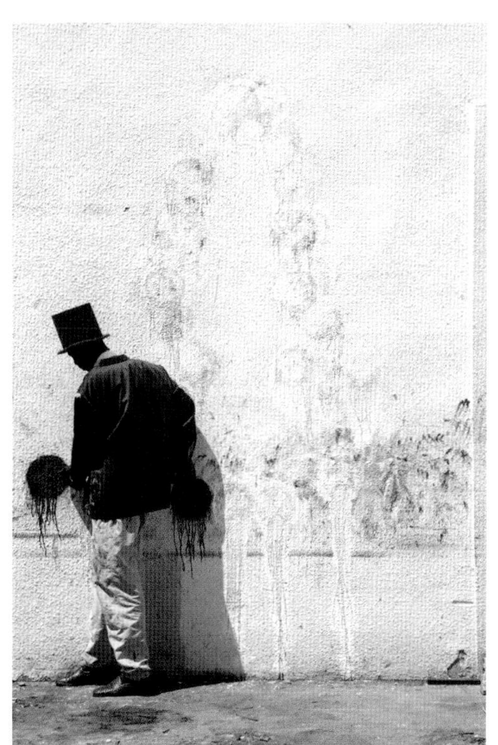
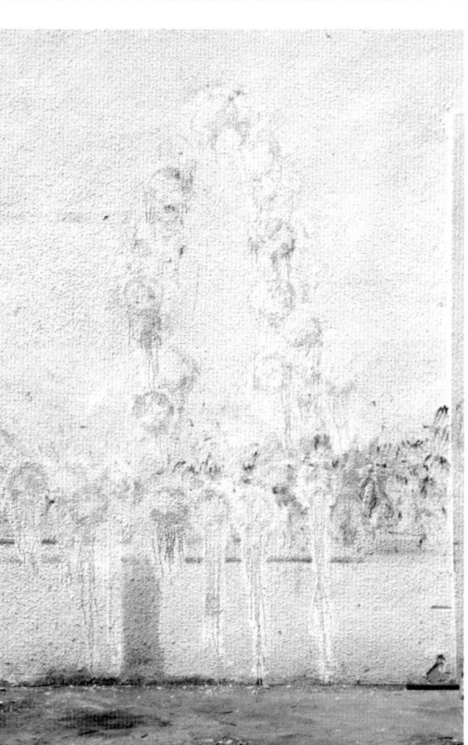

JUGGLA 2007

ANIMATIONEN

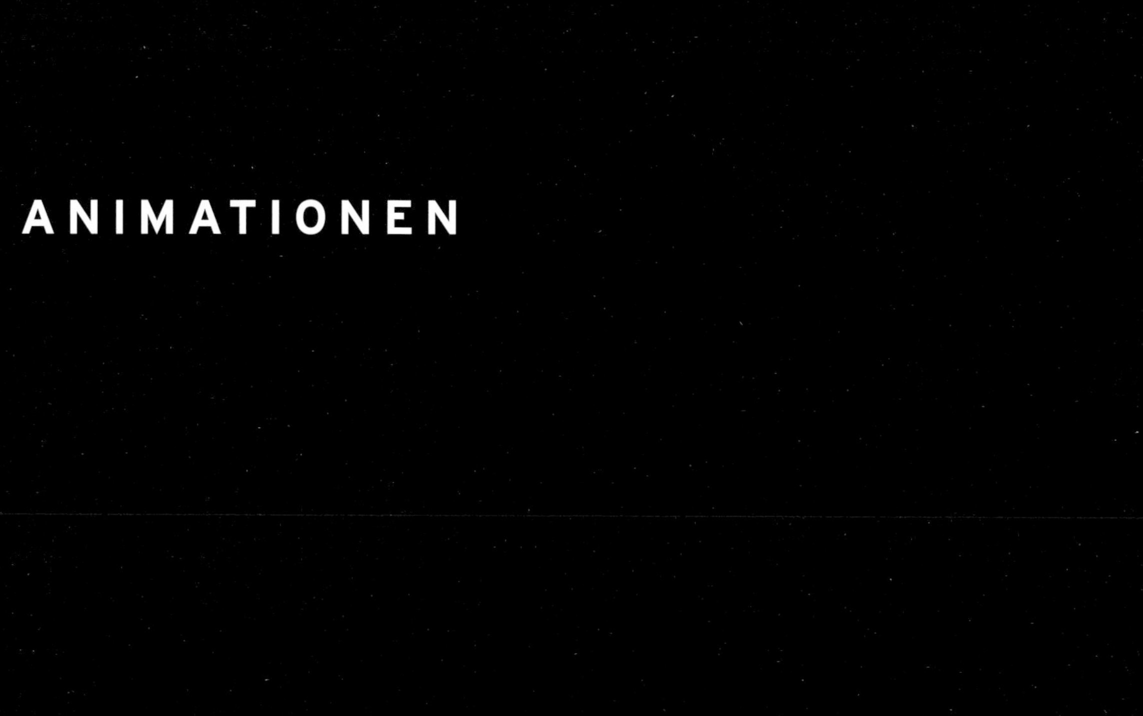

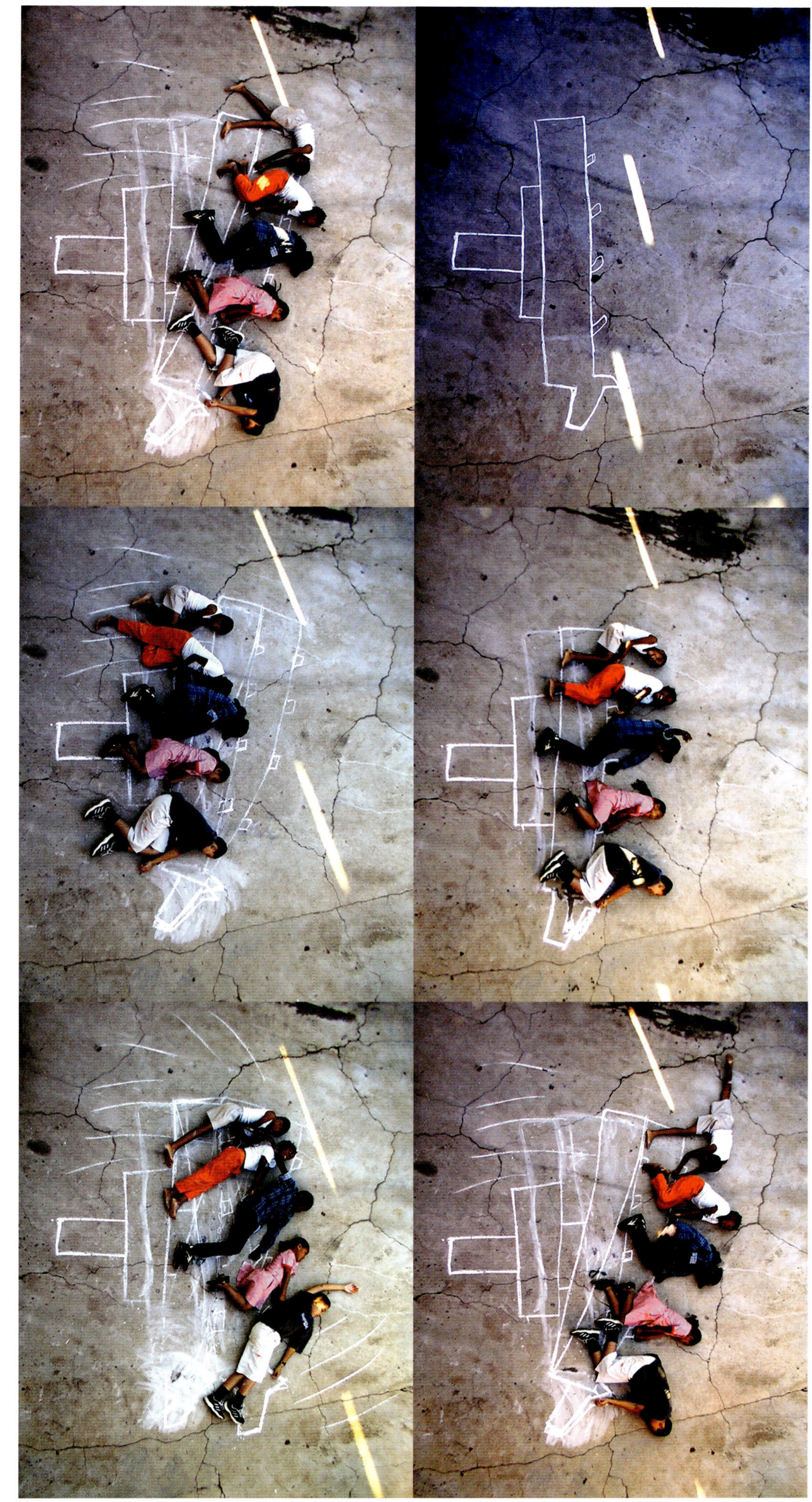

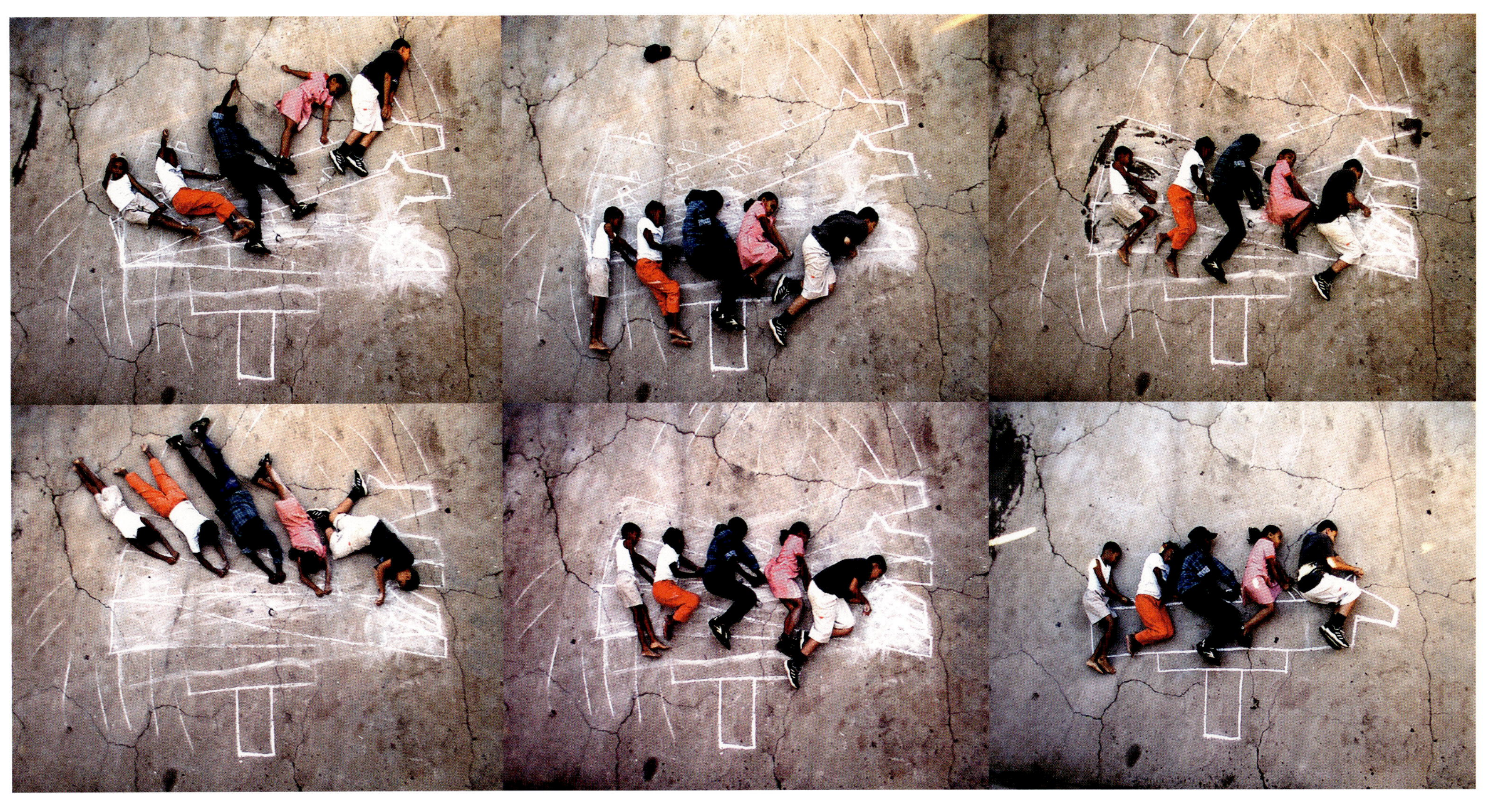

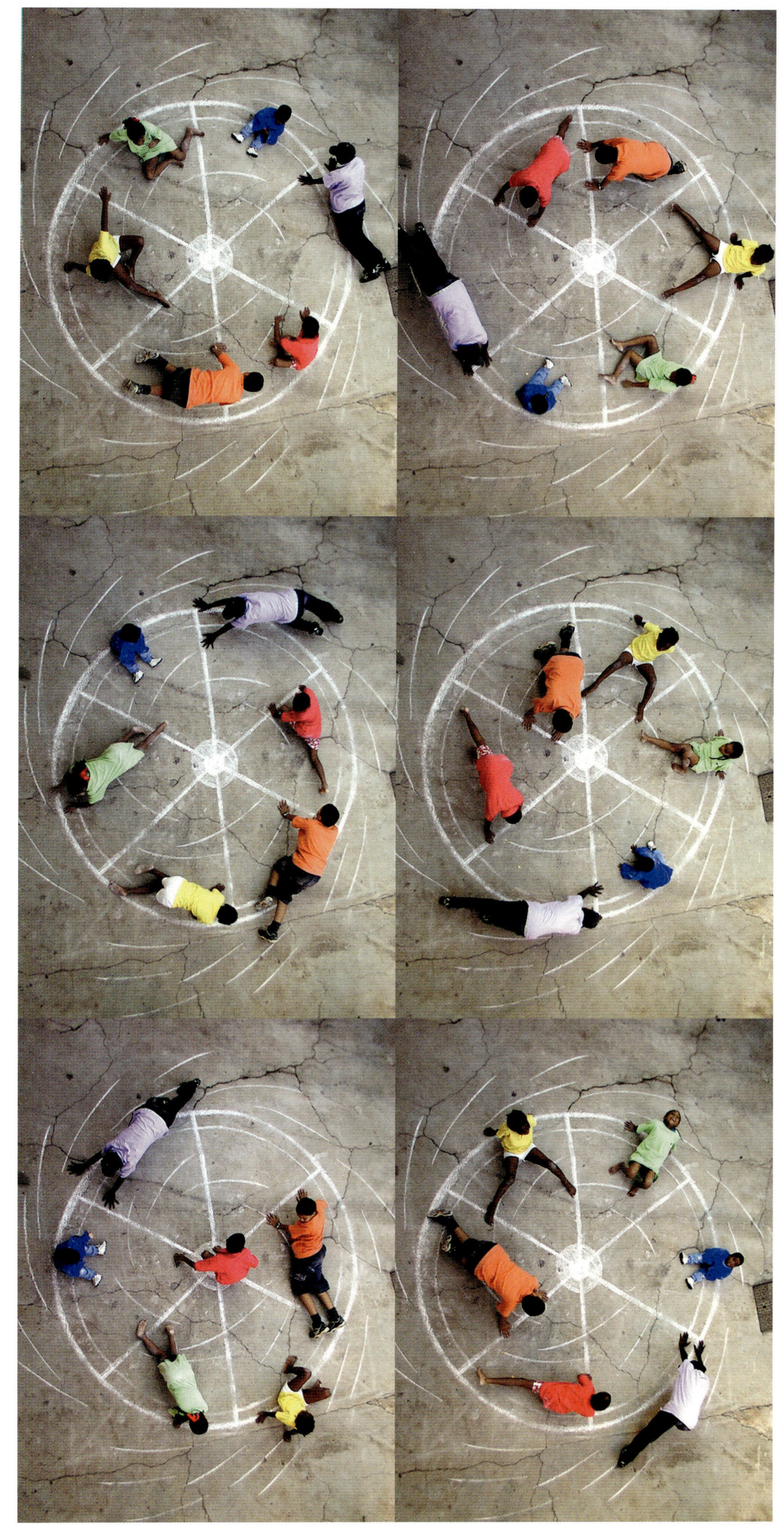

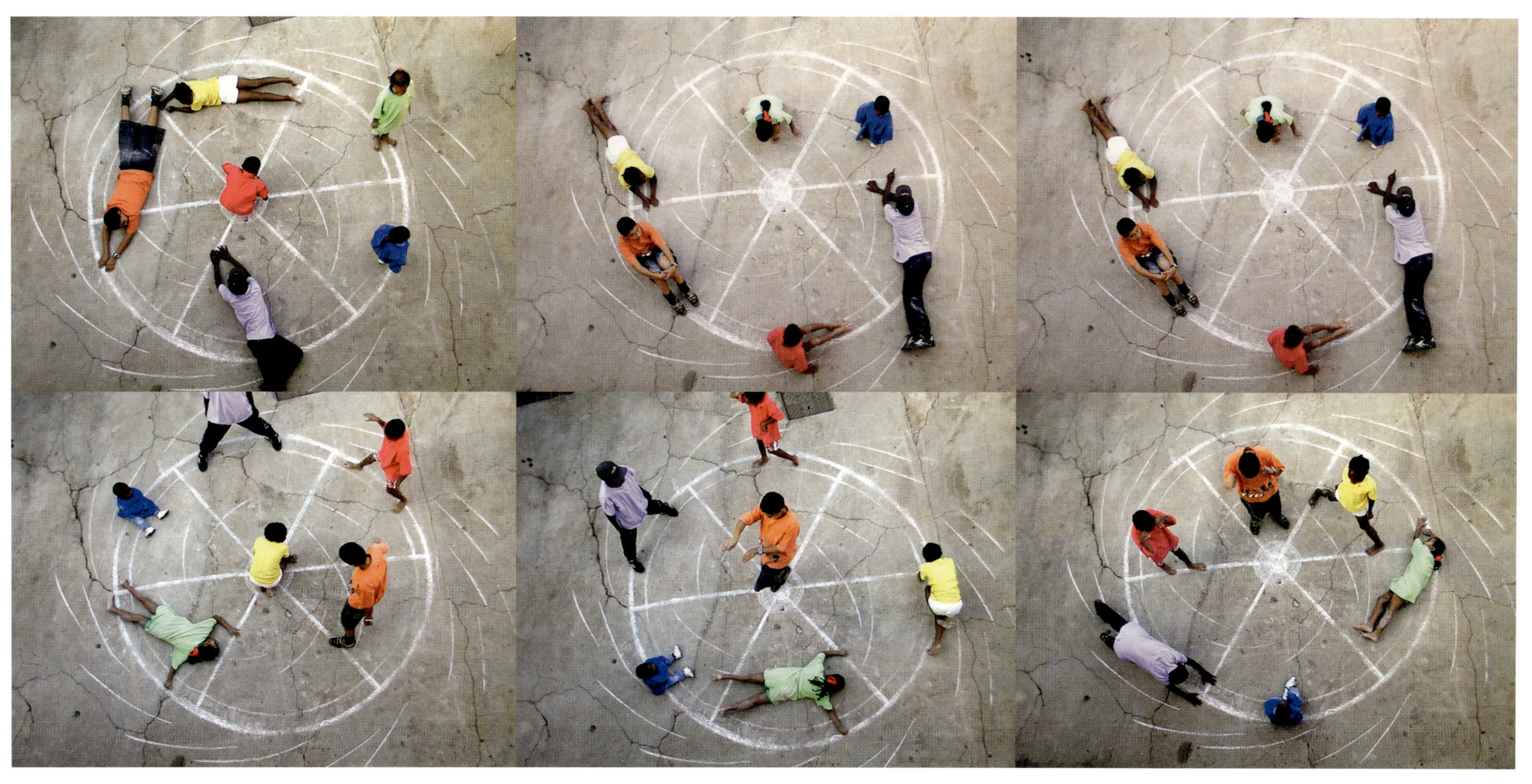

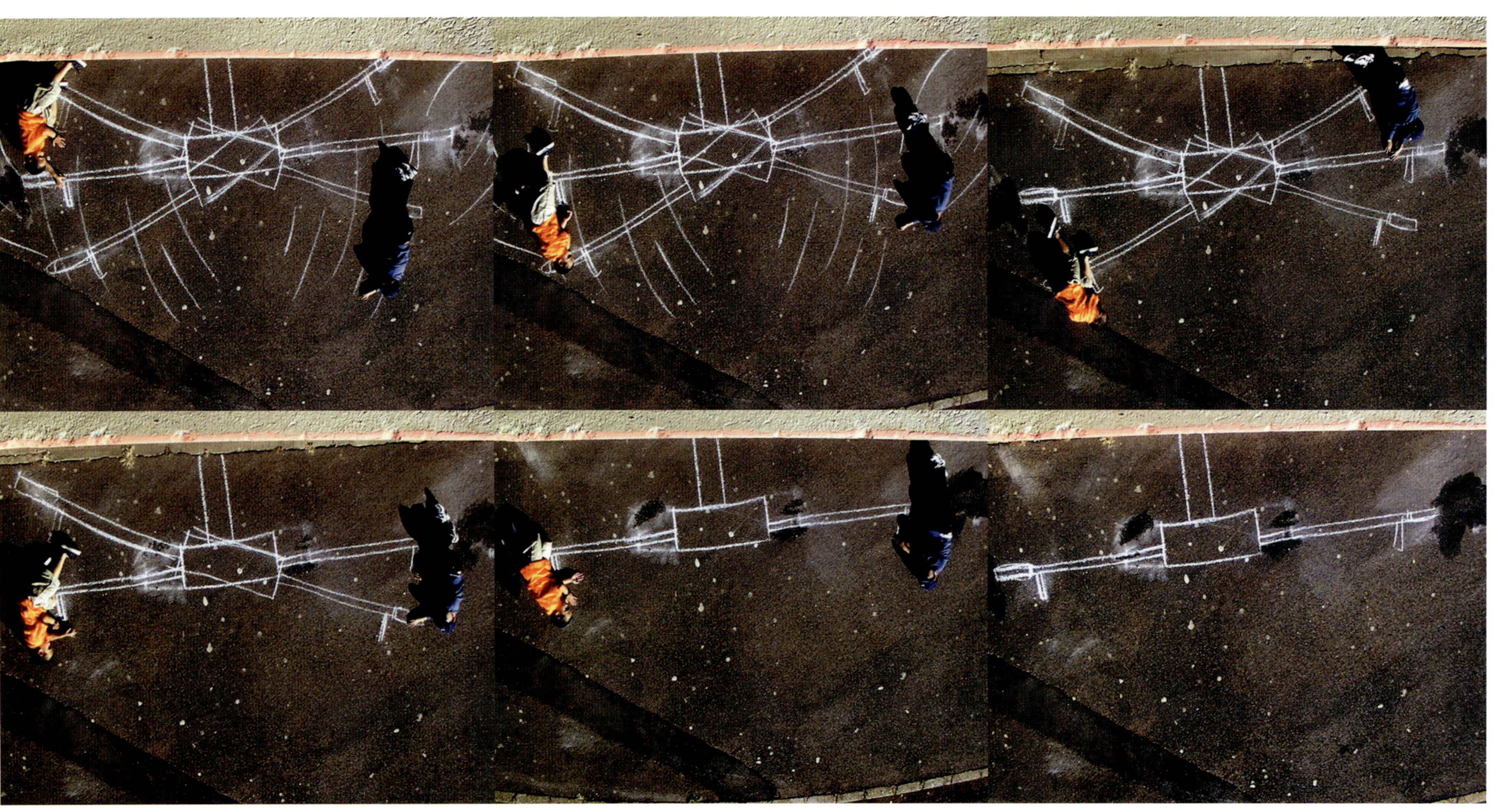

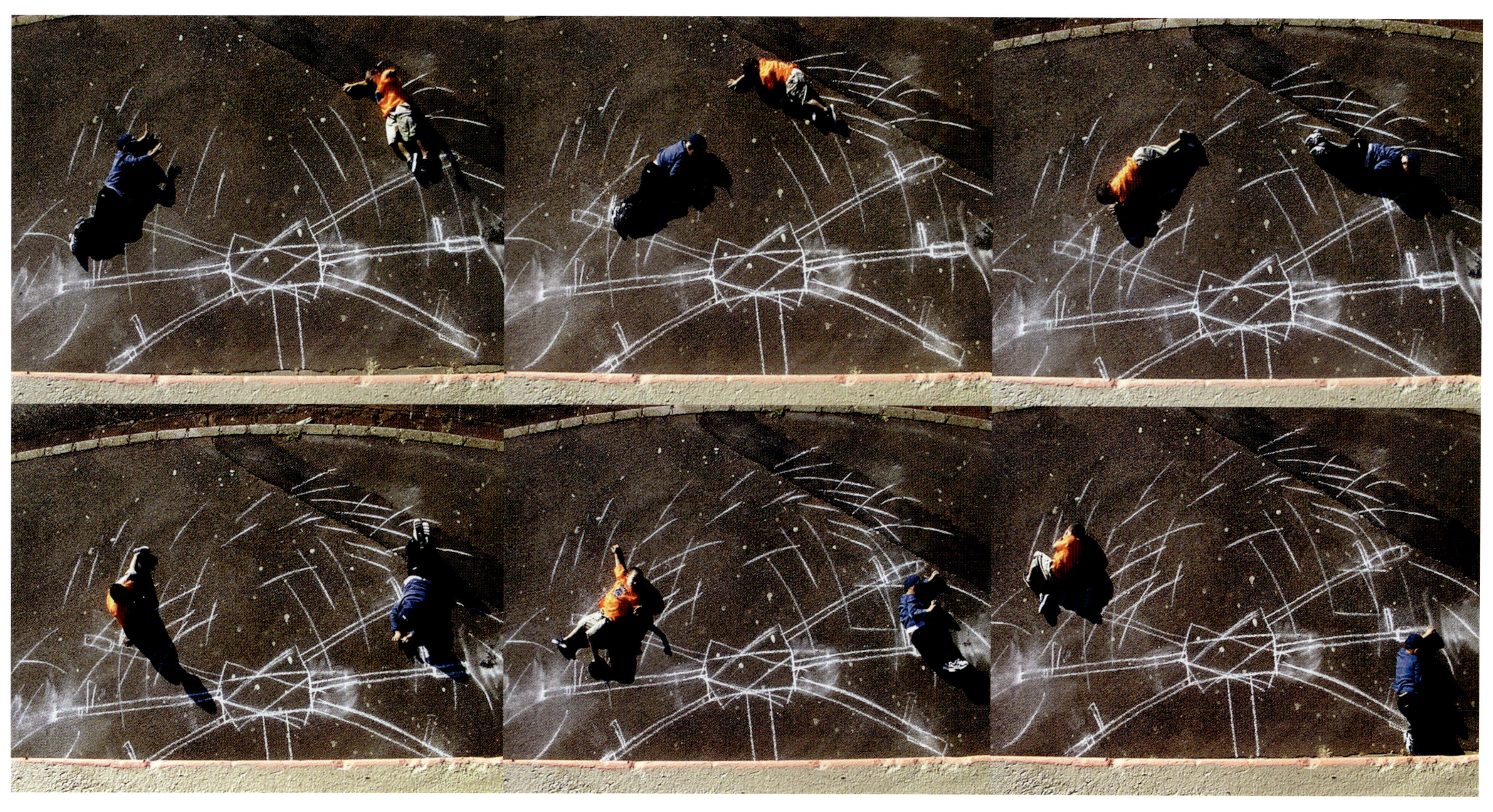

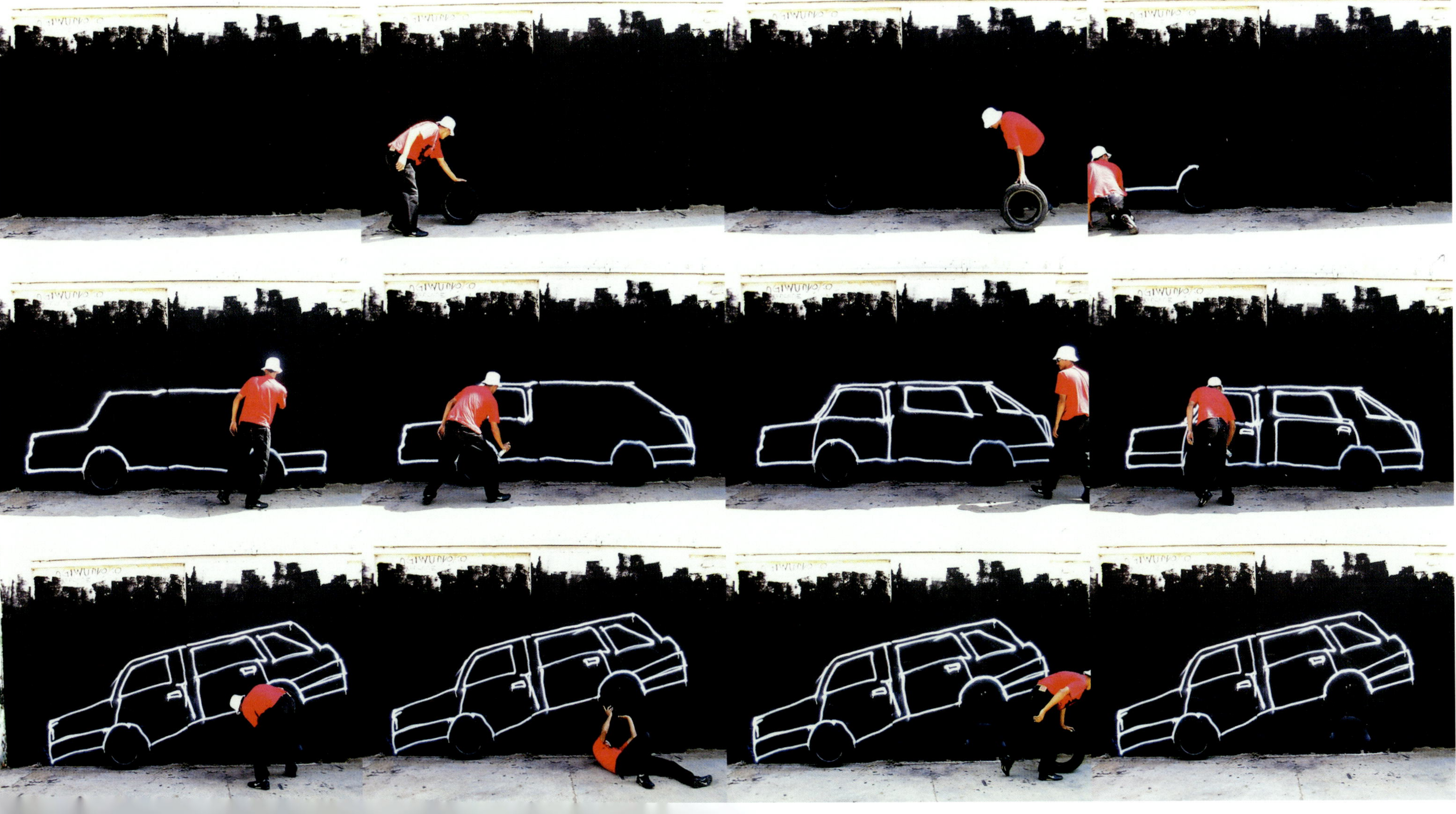

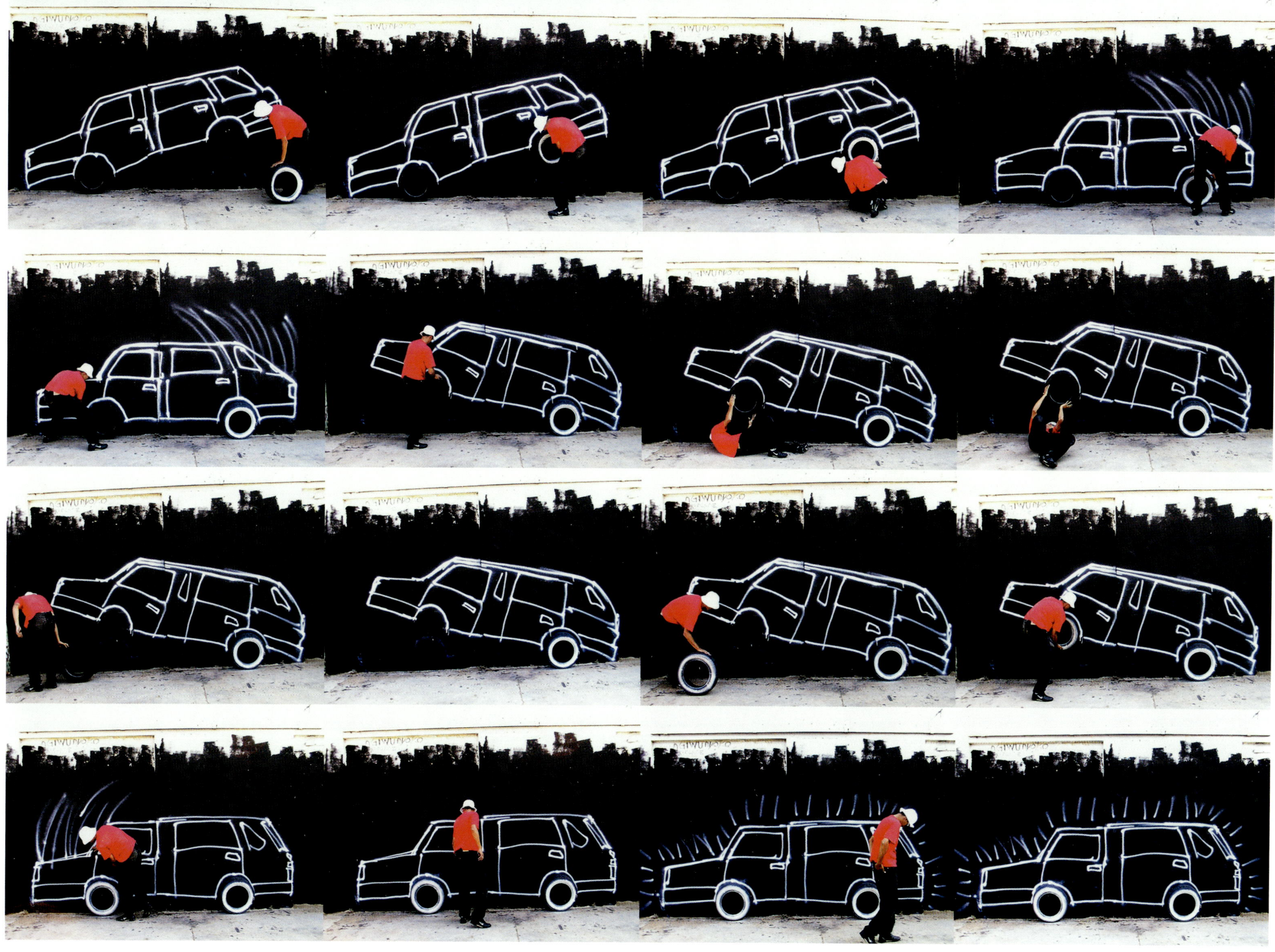

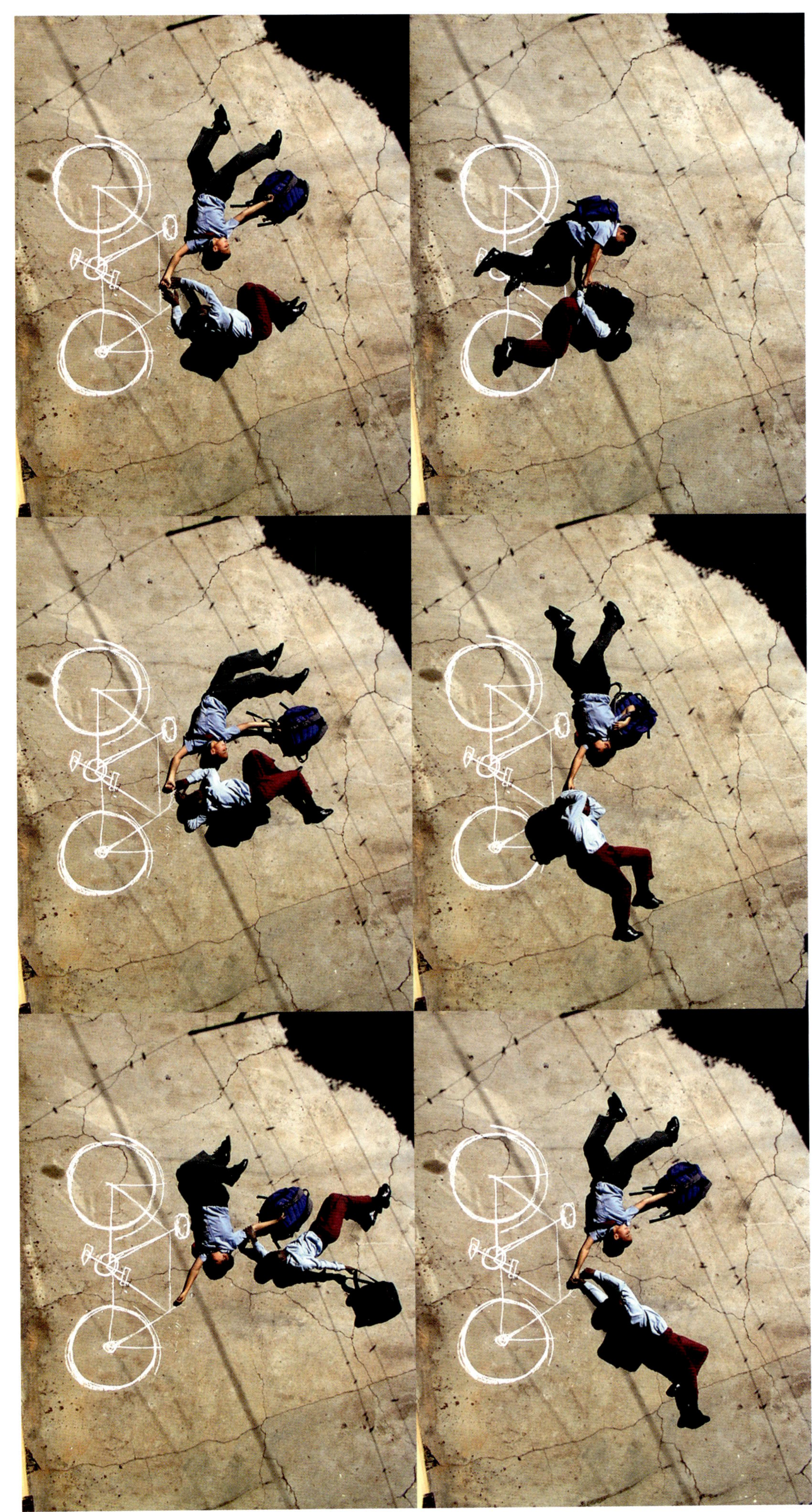

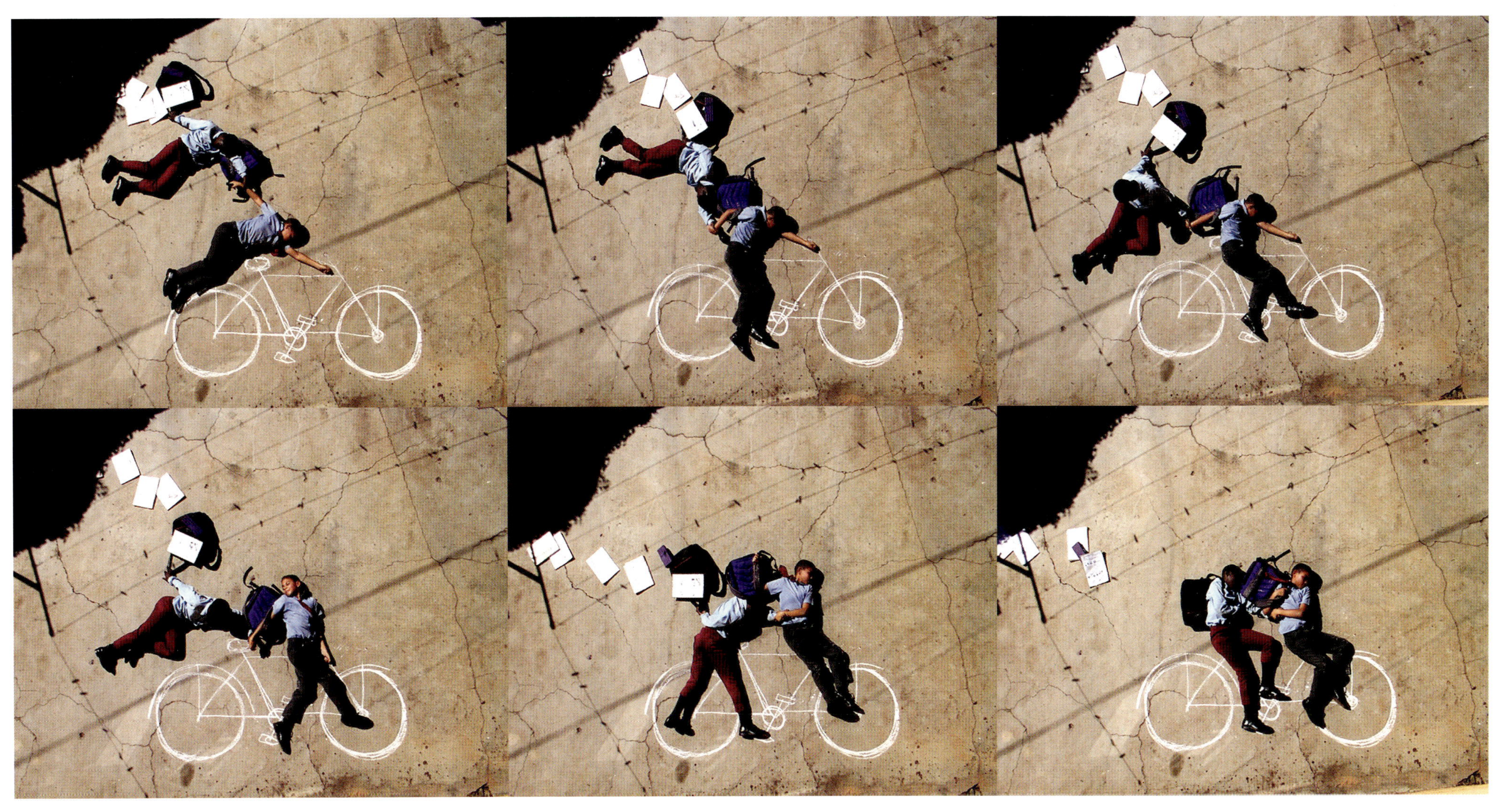

NEW KIDS ON THE BIKE 2002

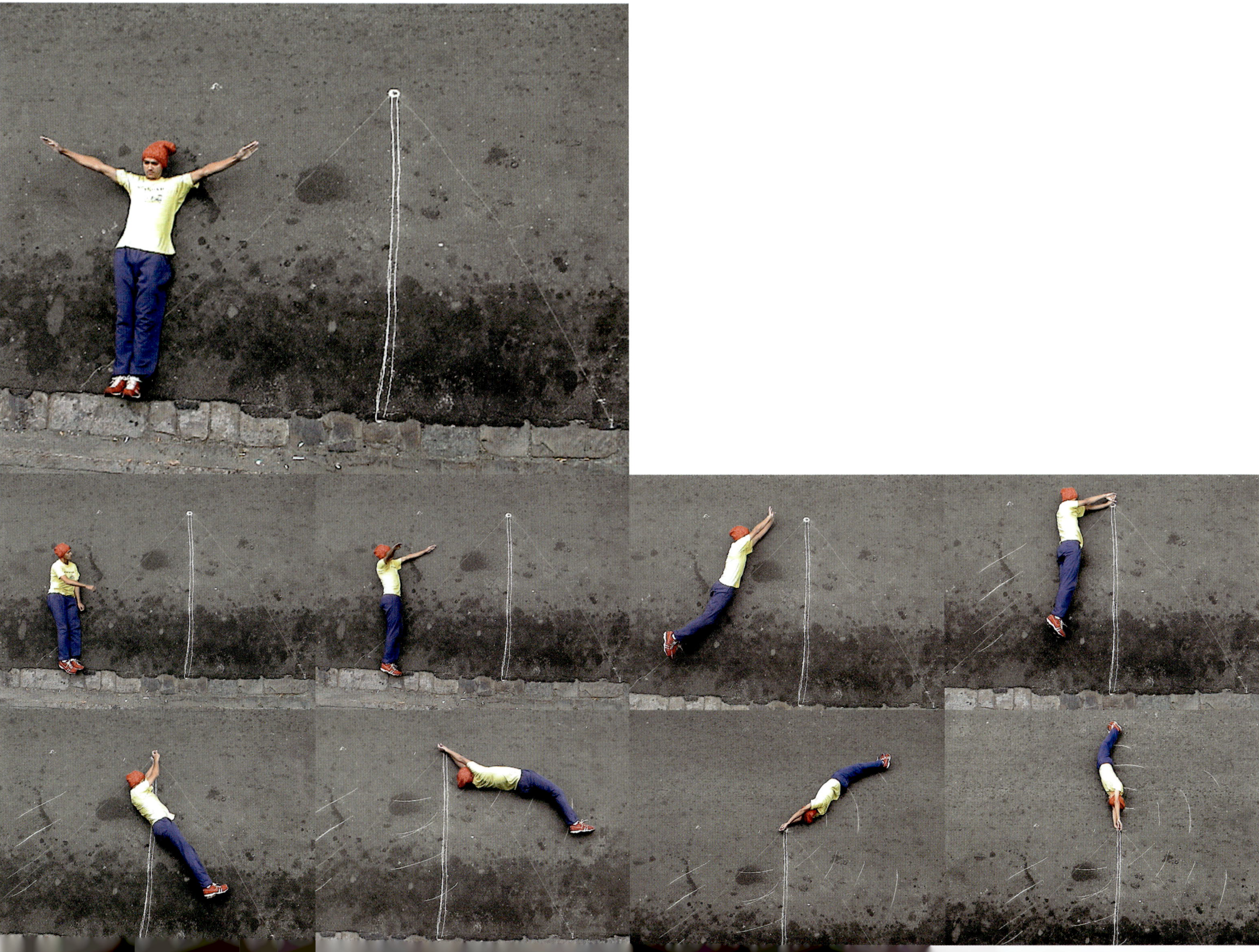

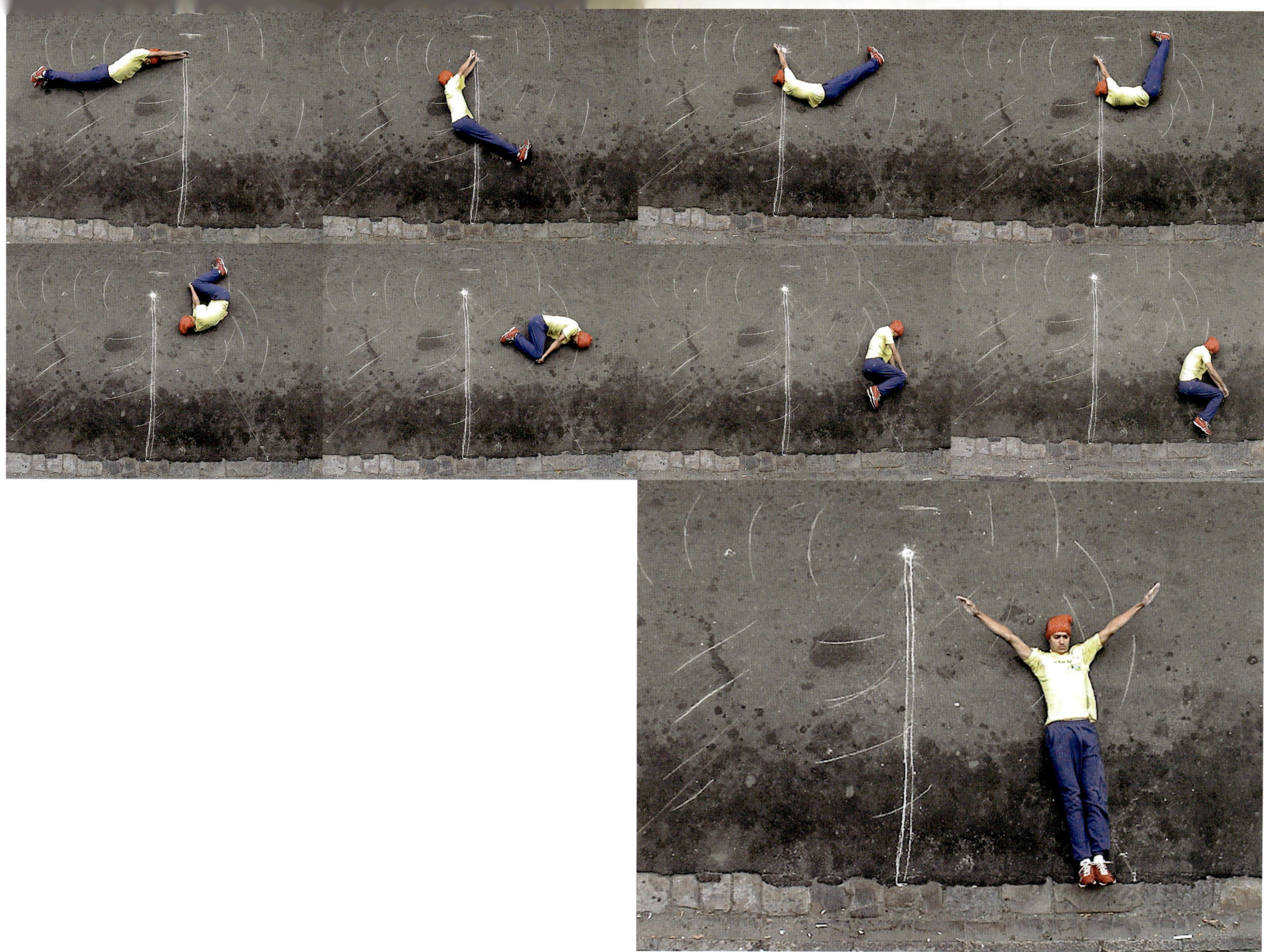

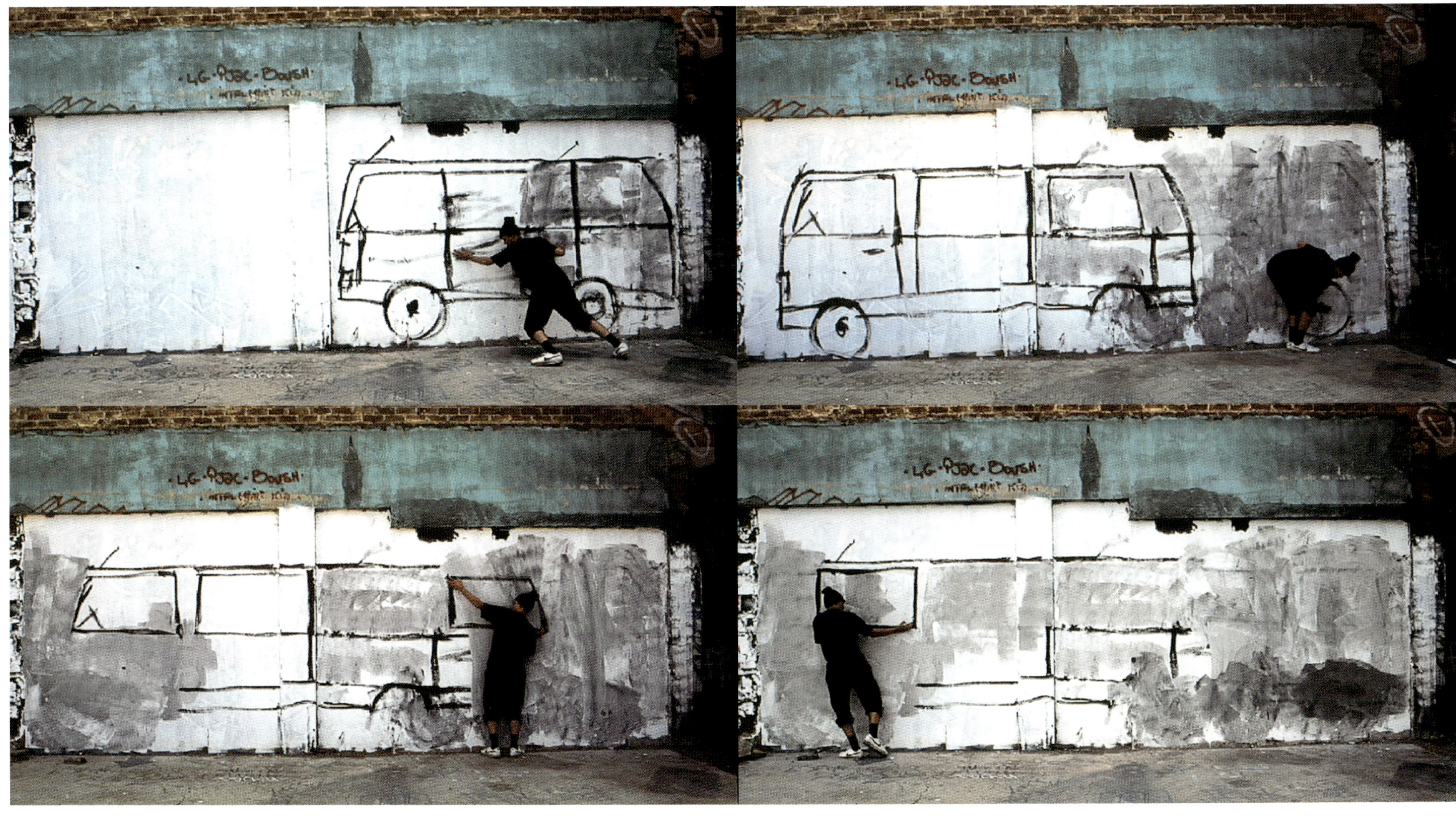

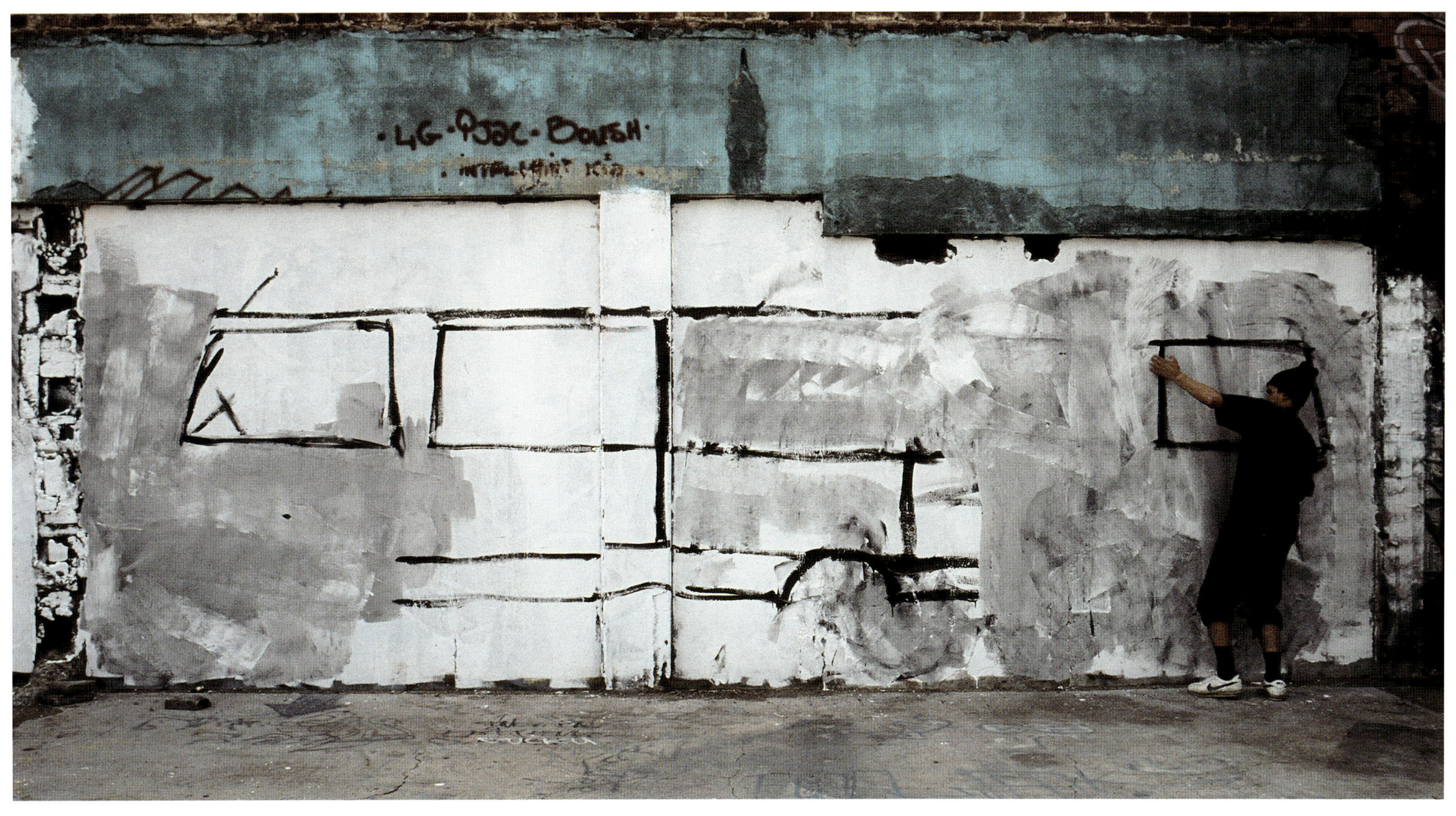

THE STRIPPER 2004

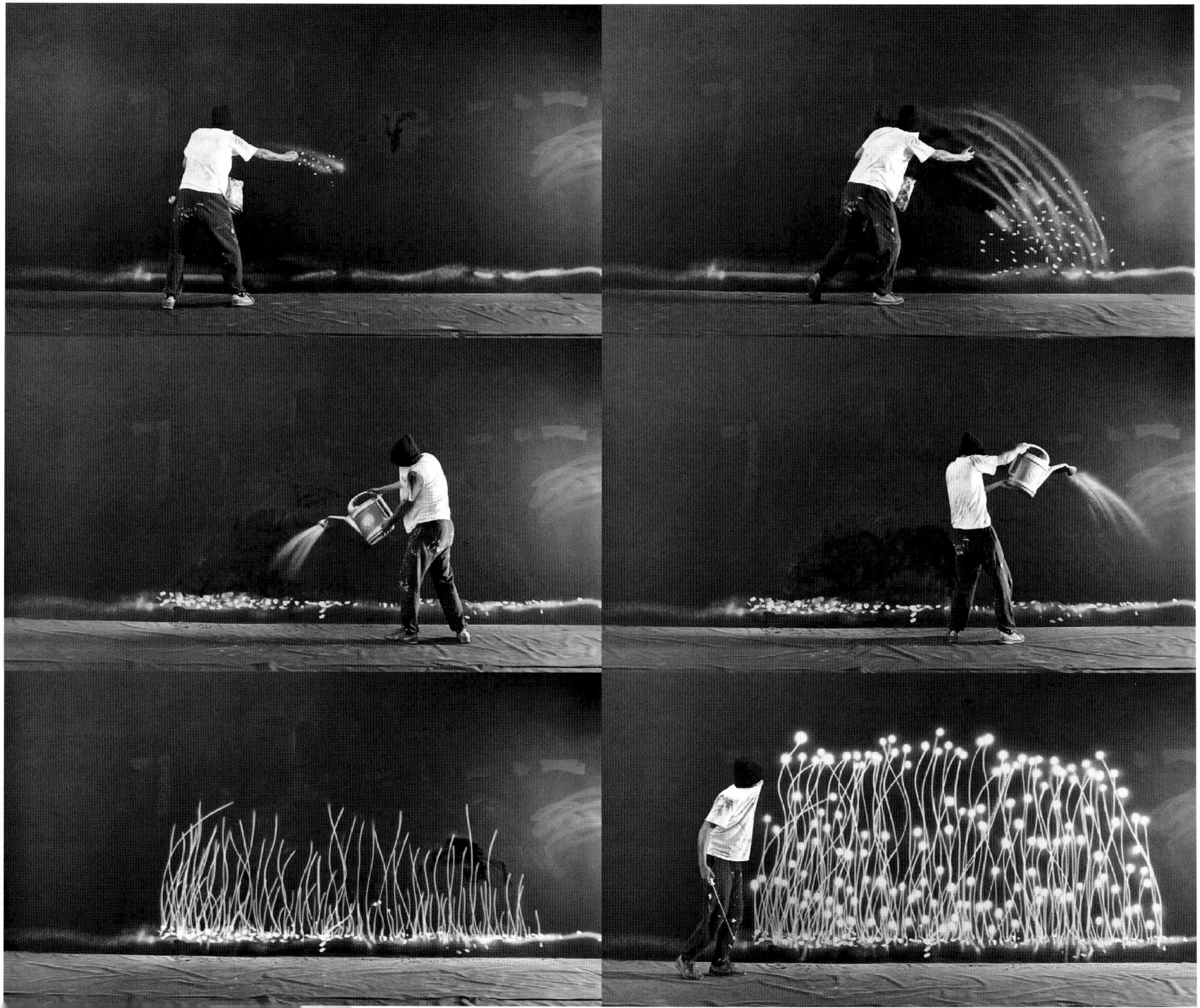

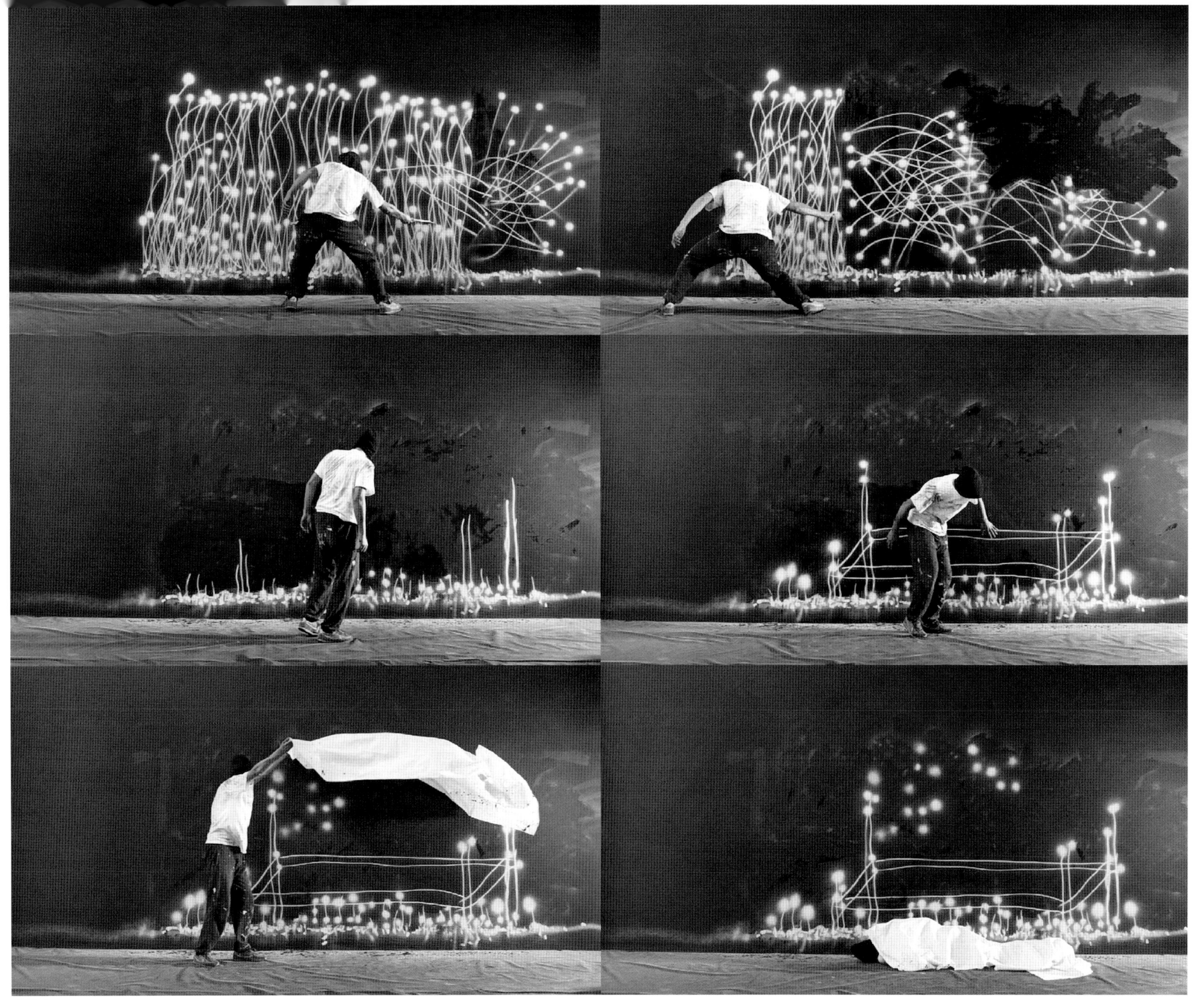

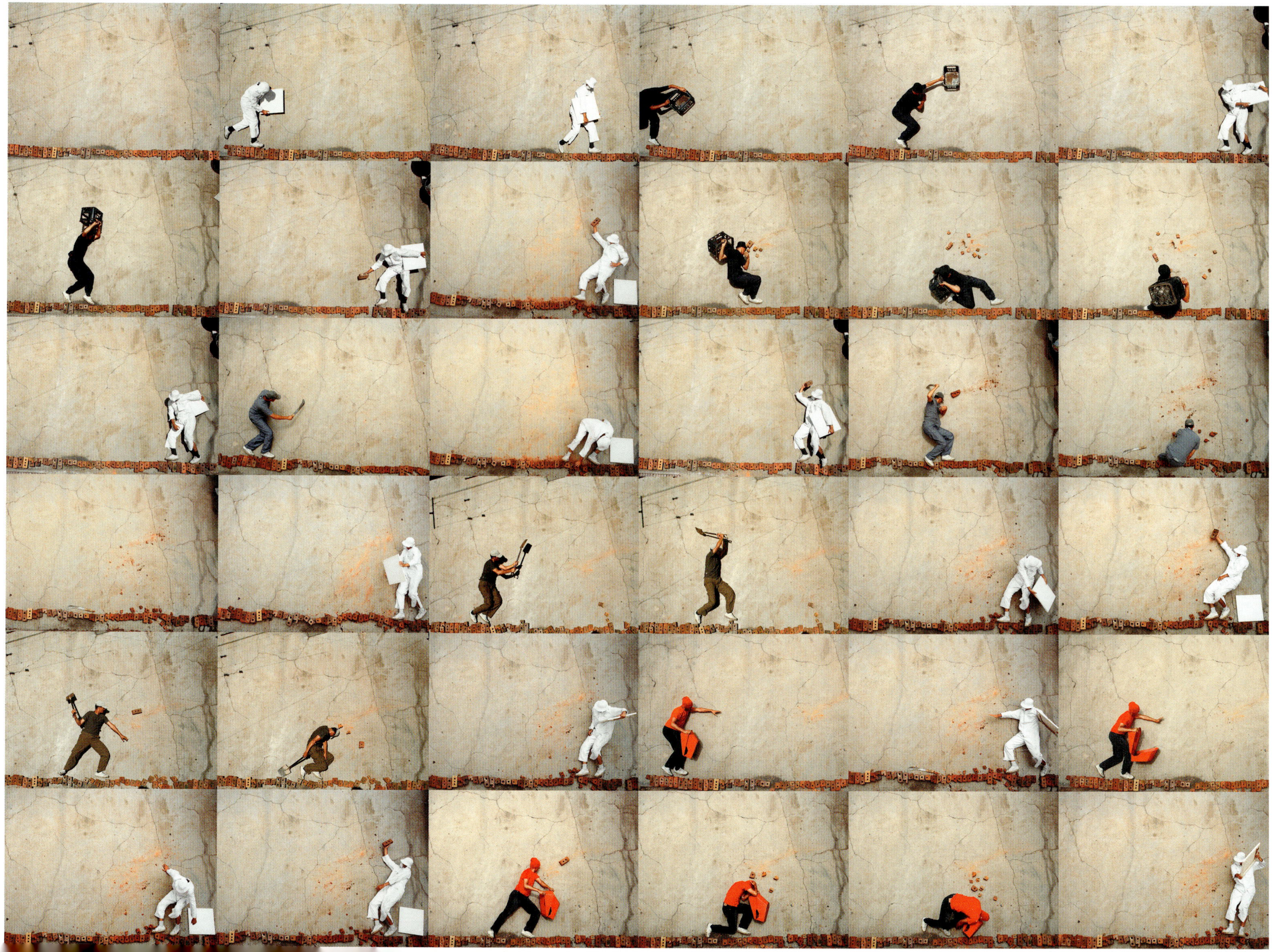

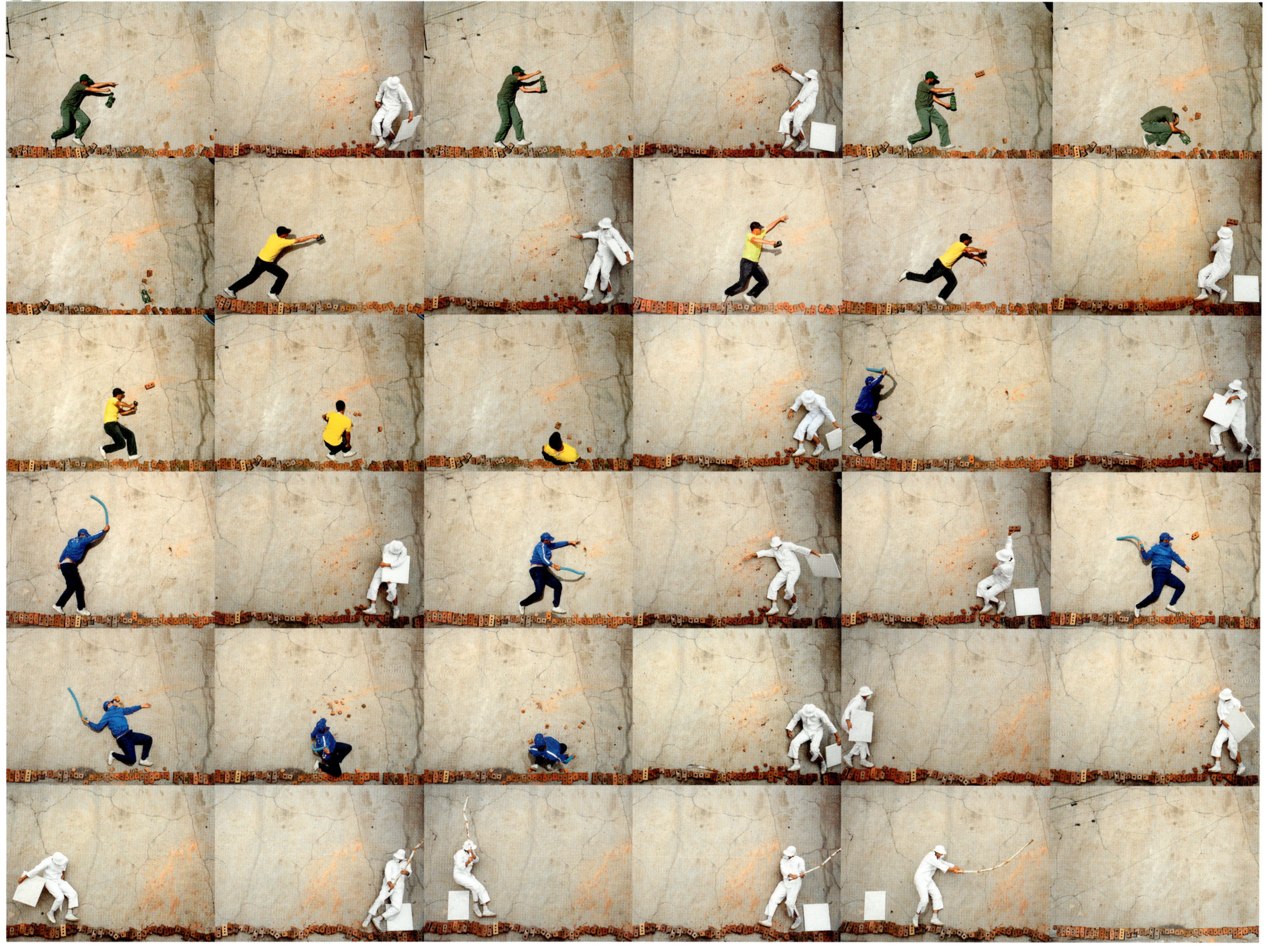

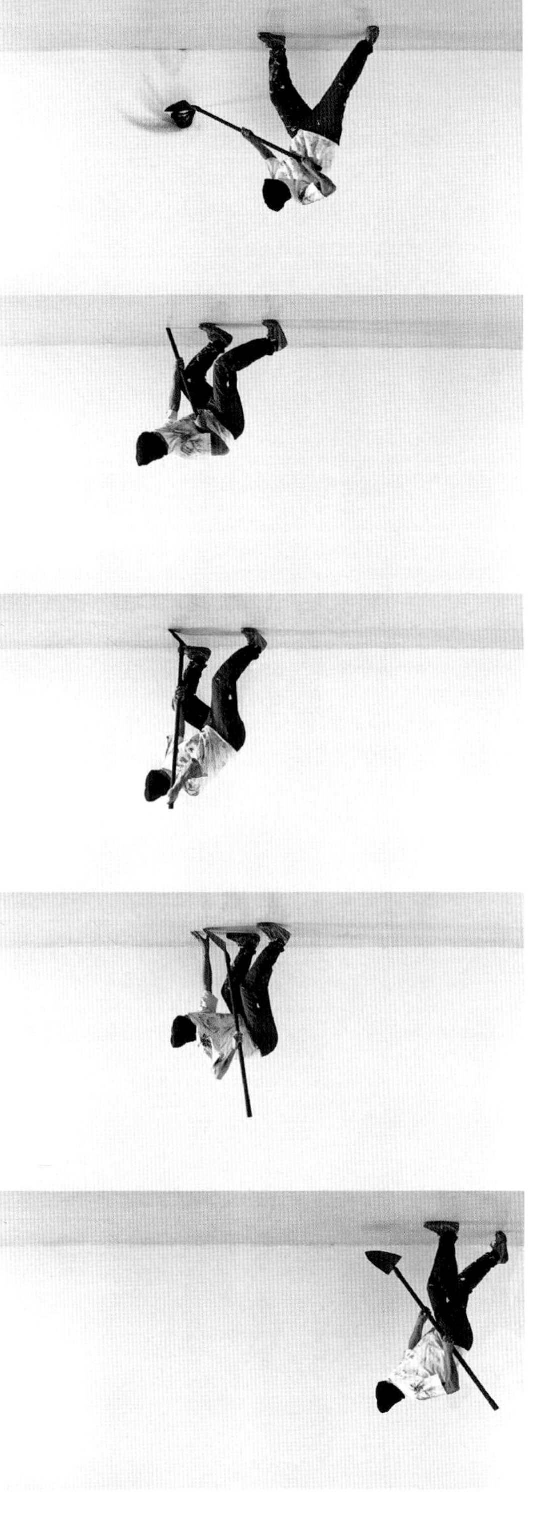

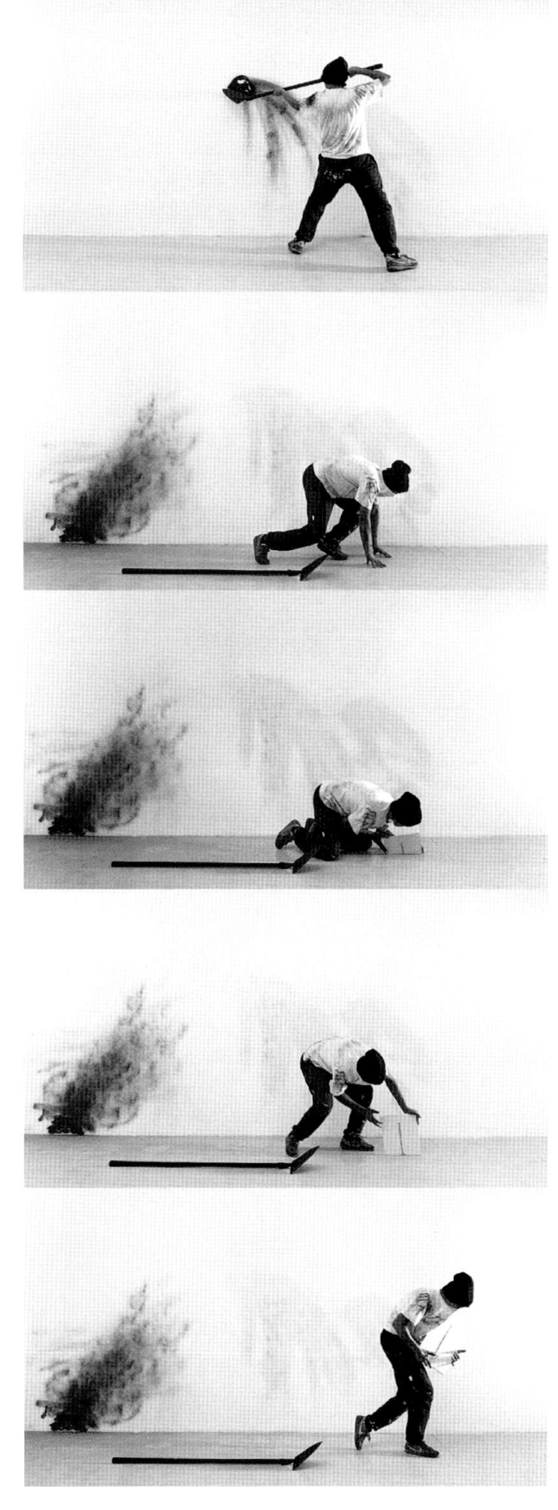

UNTITLED (SPADE FOR SPADE) 2005

PERFORMANCES

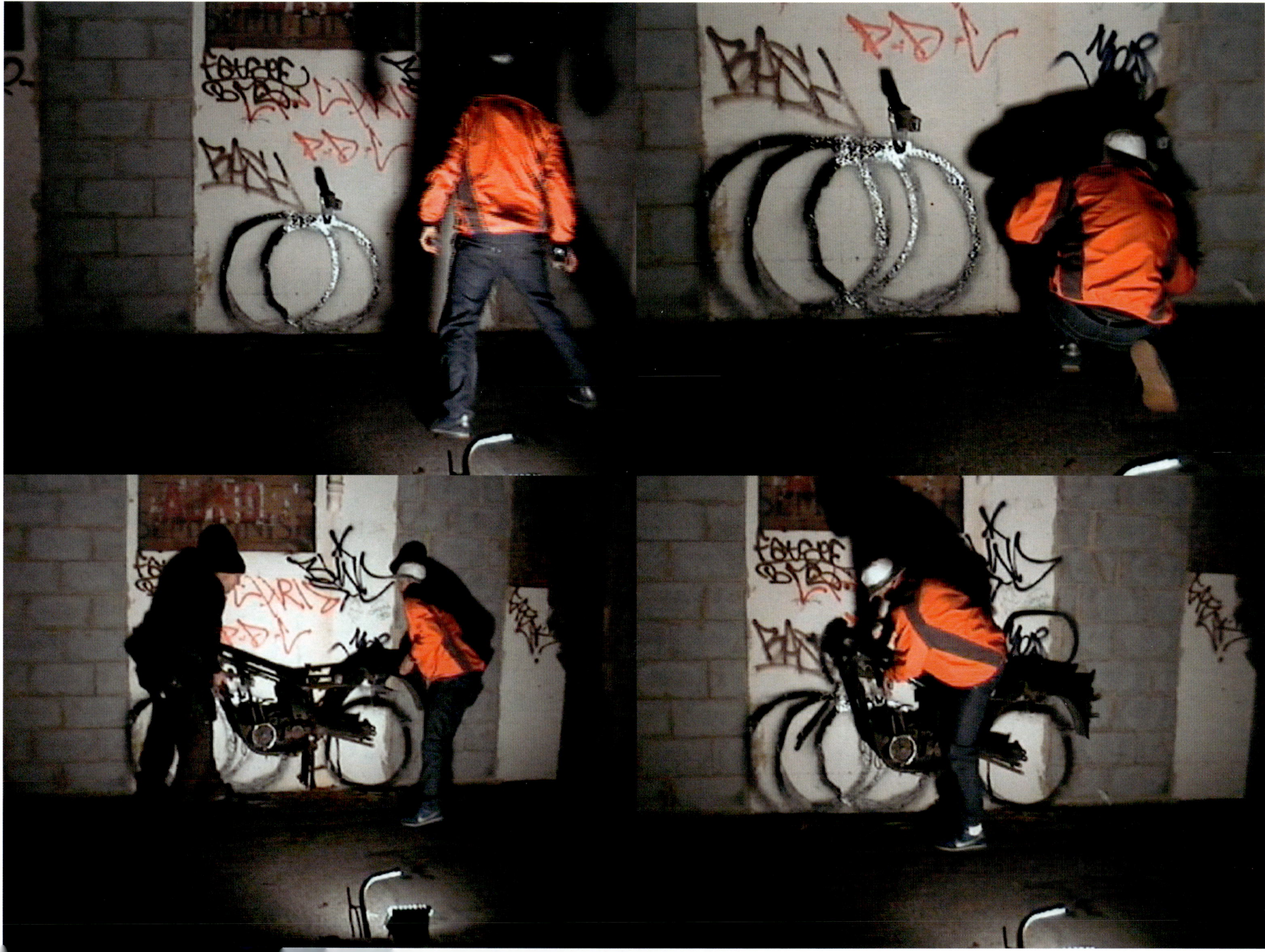

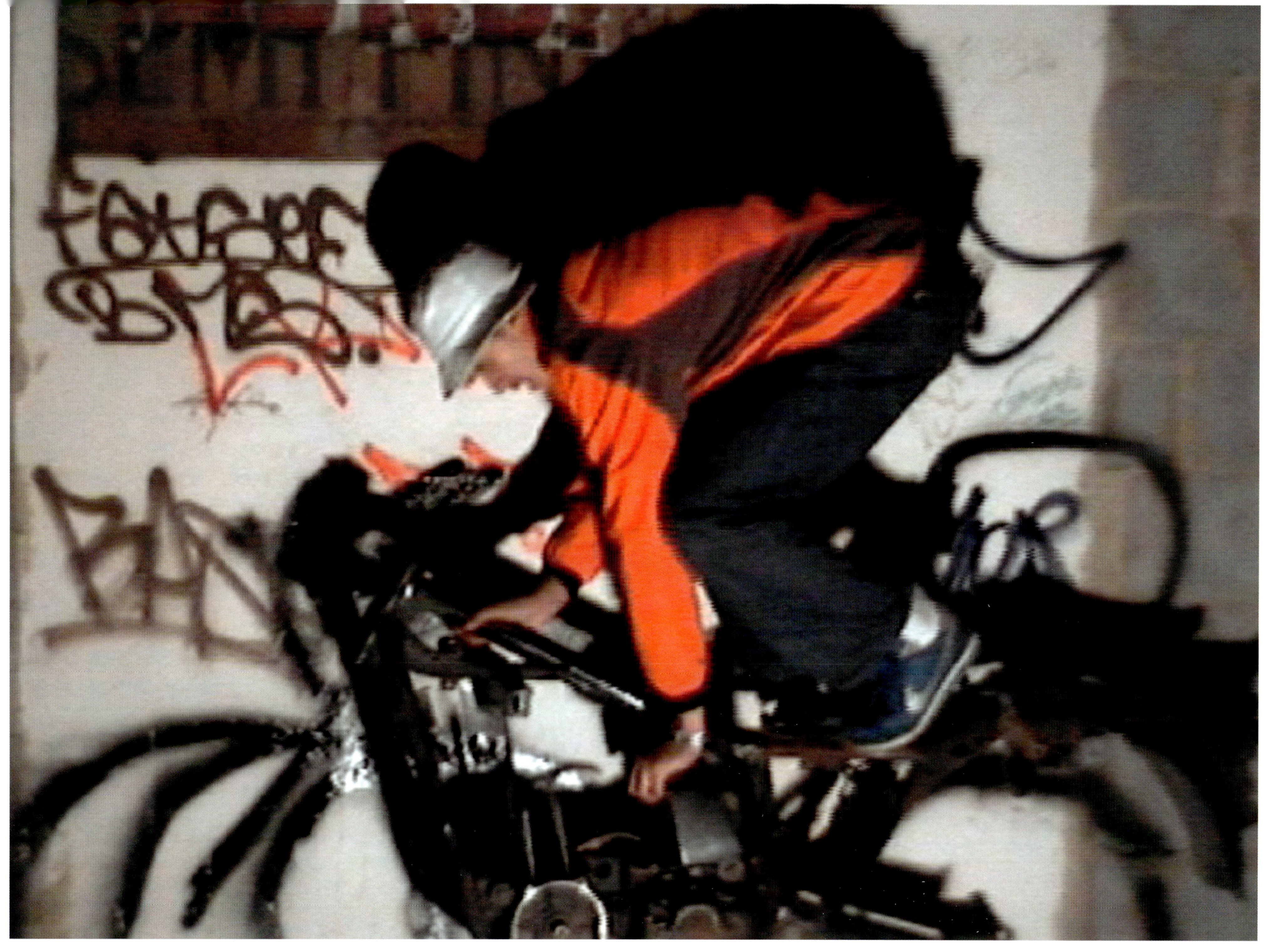

MOTORBIKE Gasworks Gallery, London, 2001

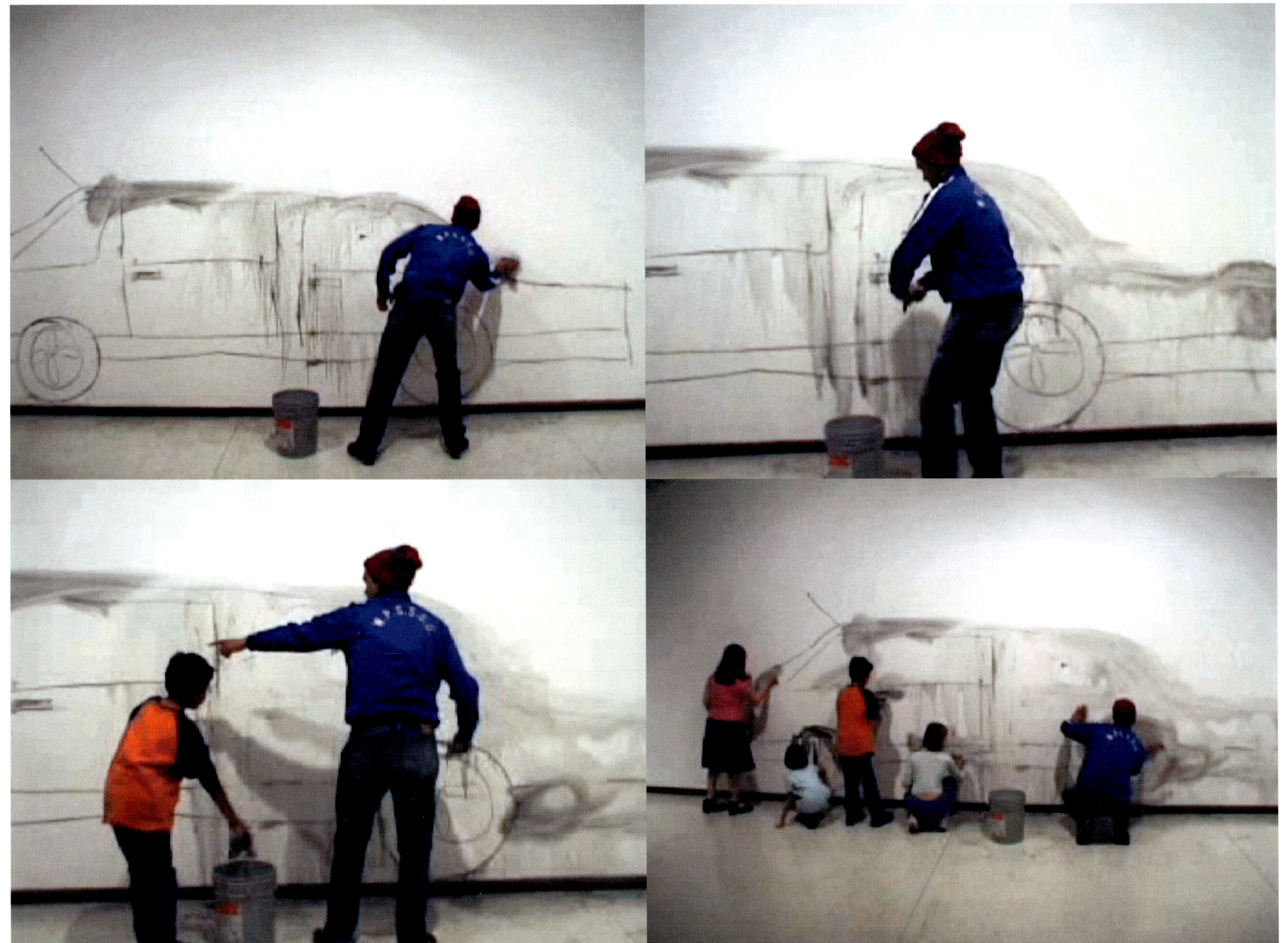

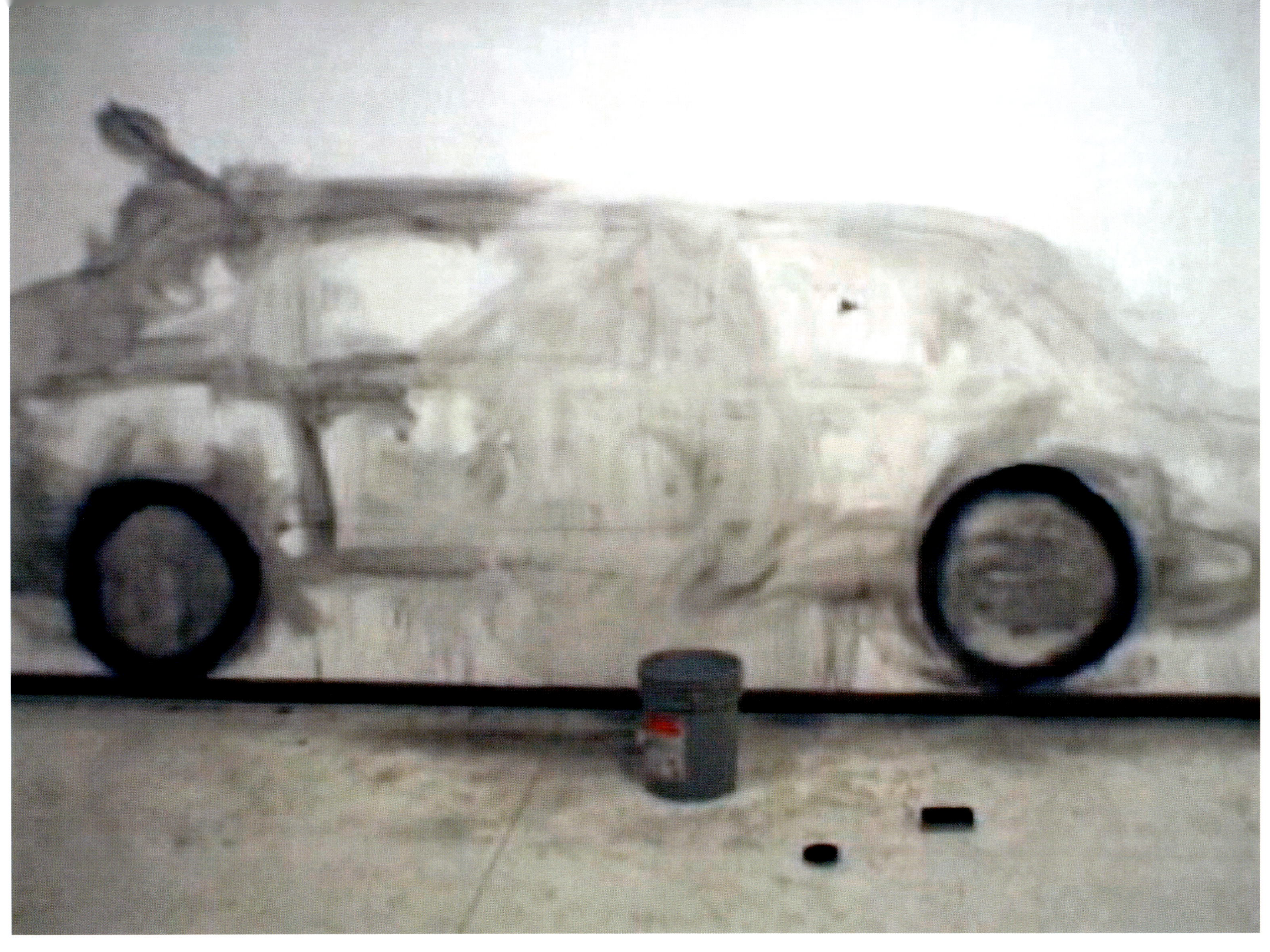

CAR WASH Walker Art Center, Minneapolis, 2003

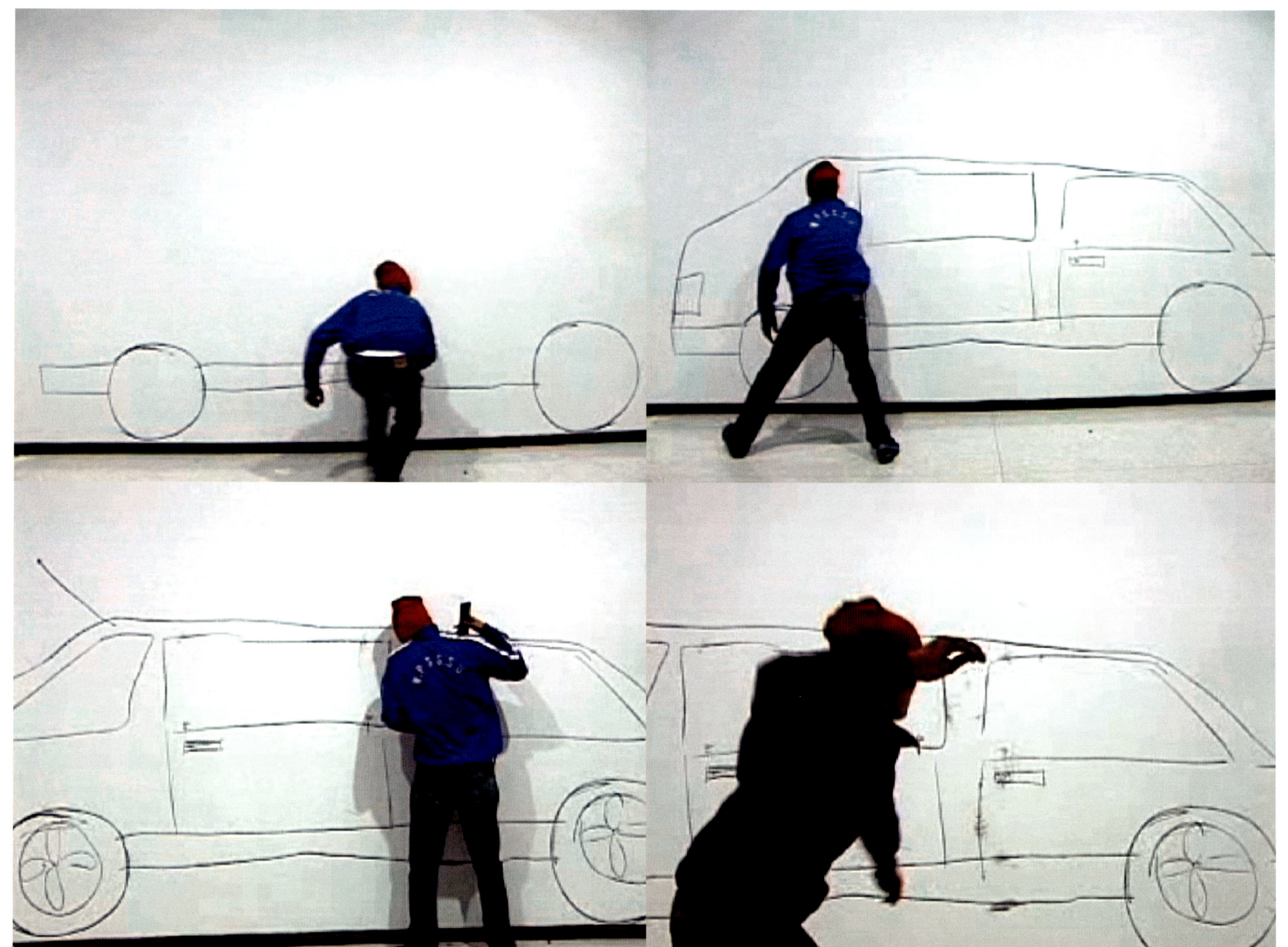

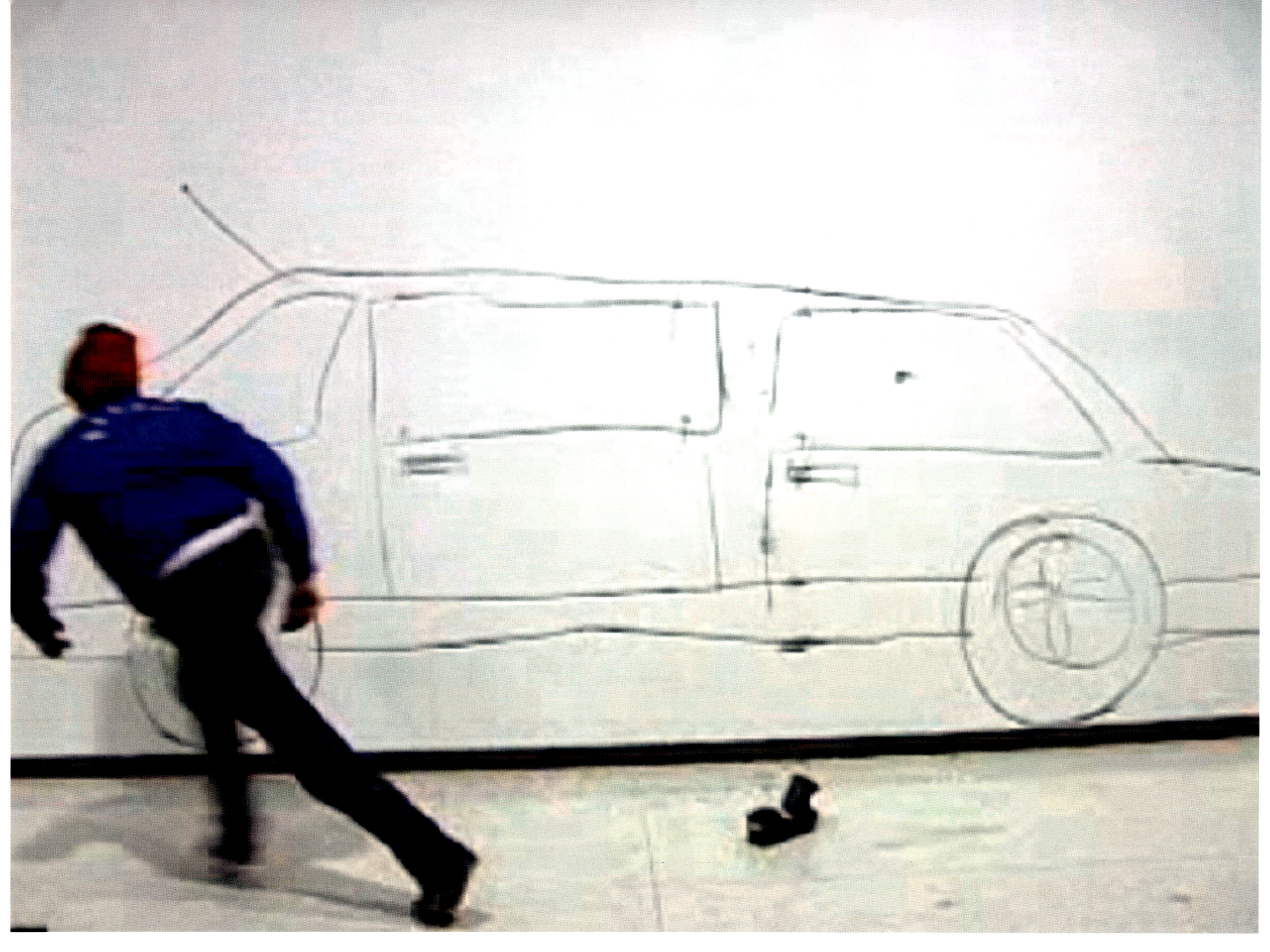

CAR THEFT Walker Art Center, Minneapolis, 2003

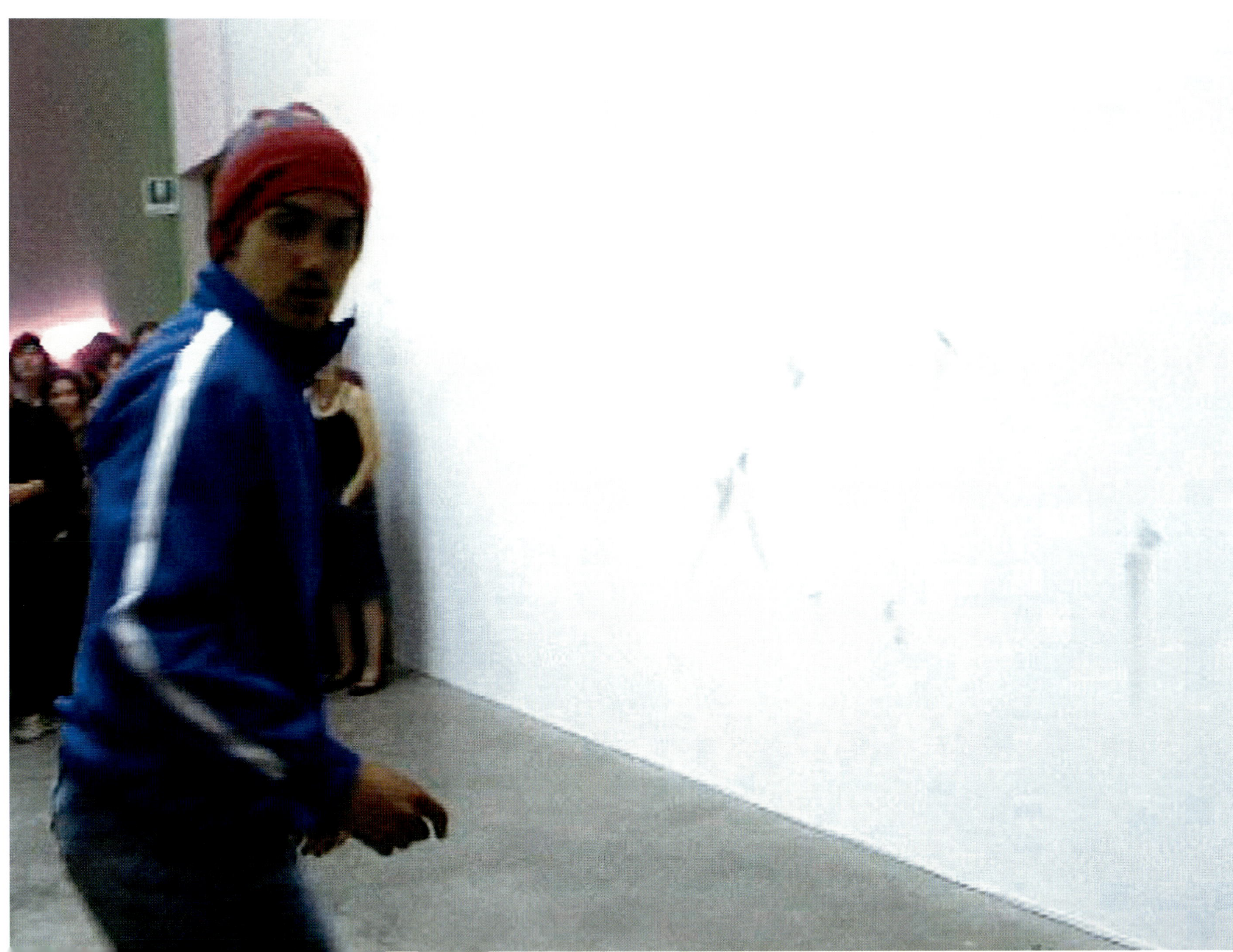

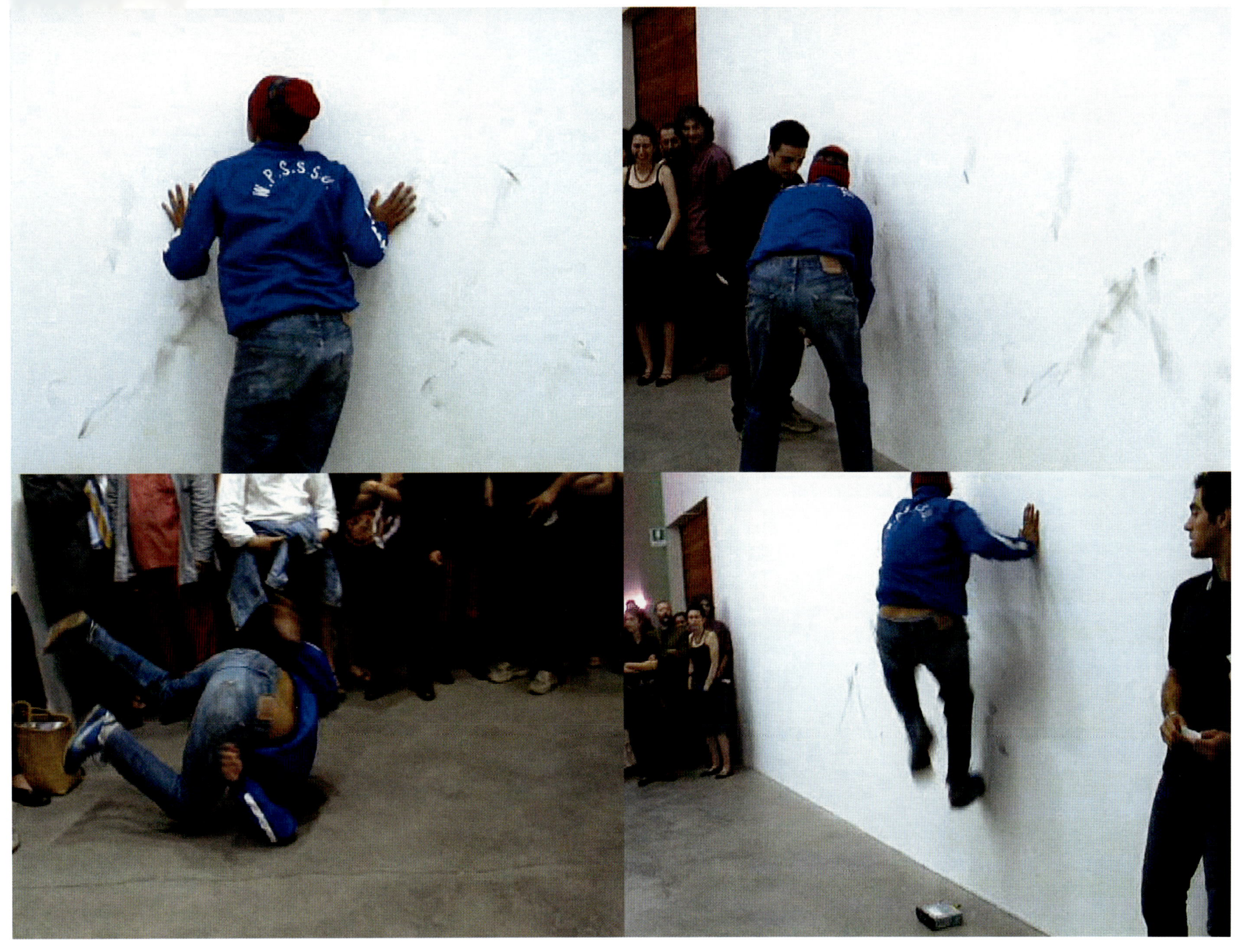

UNTITLED Fondazione Sandretto Re Rebaudengo, Turin, 2003

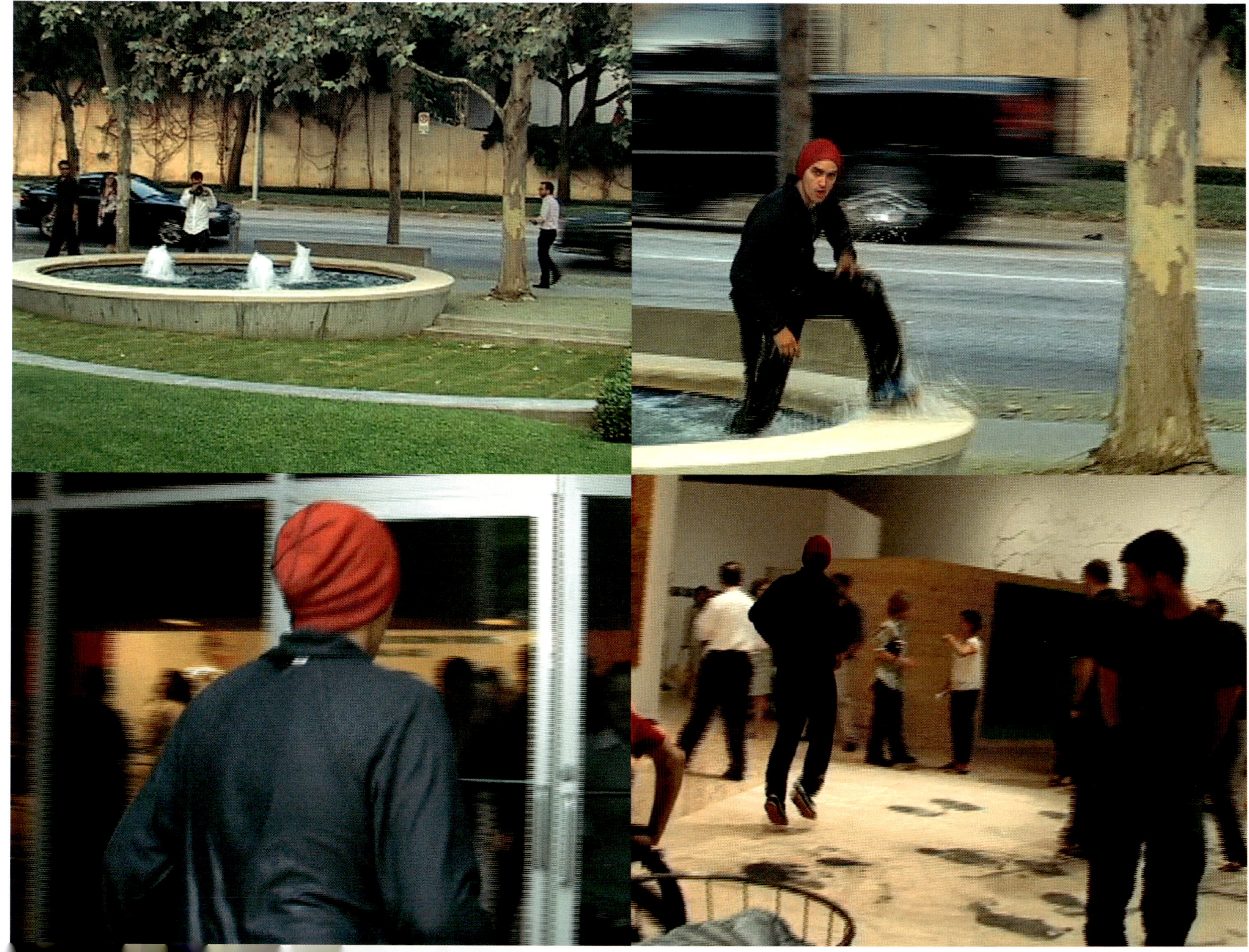

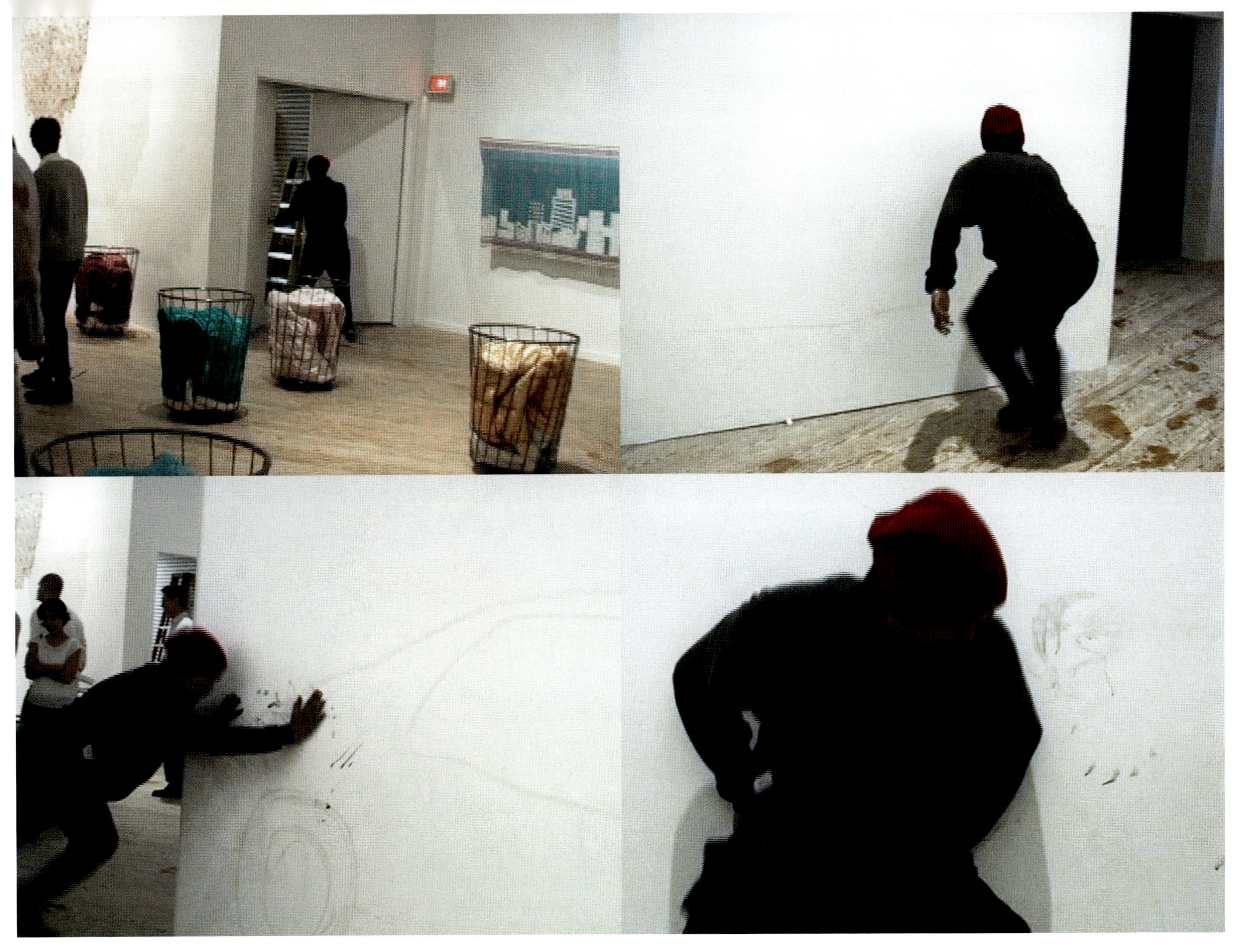

UNTITLED (EXIT/ENTRY) Contemporary Arts Museum, Houston, 2004

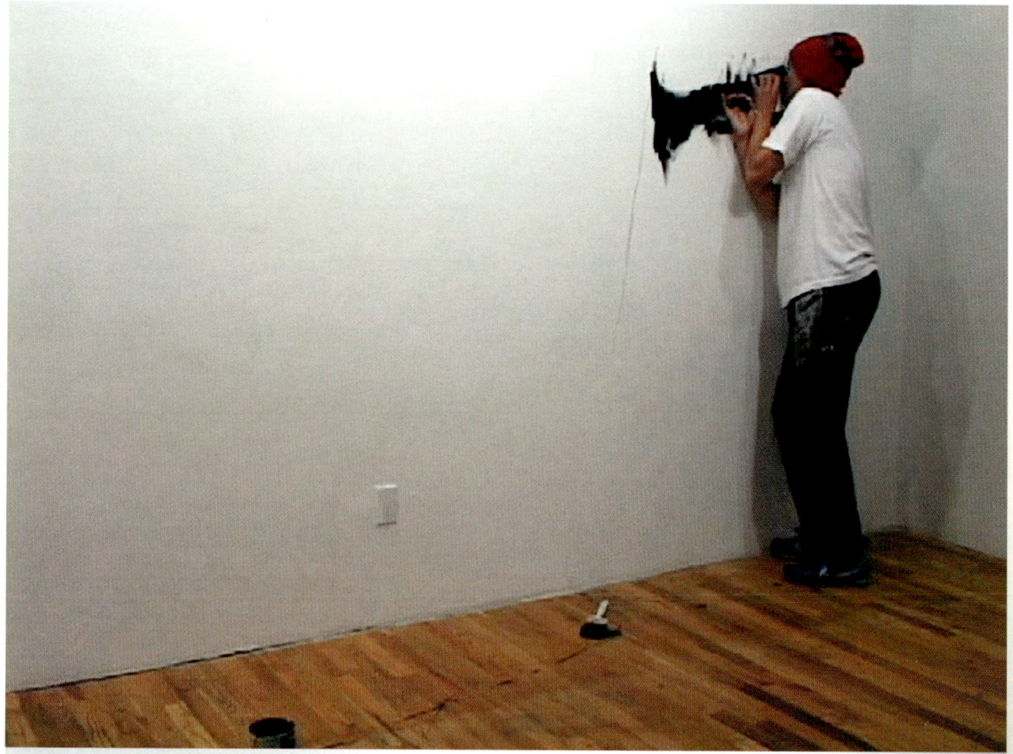

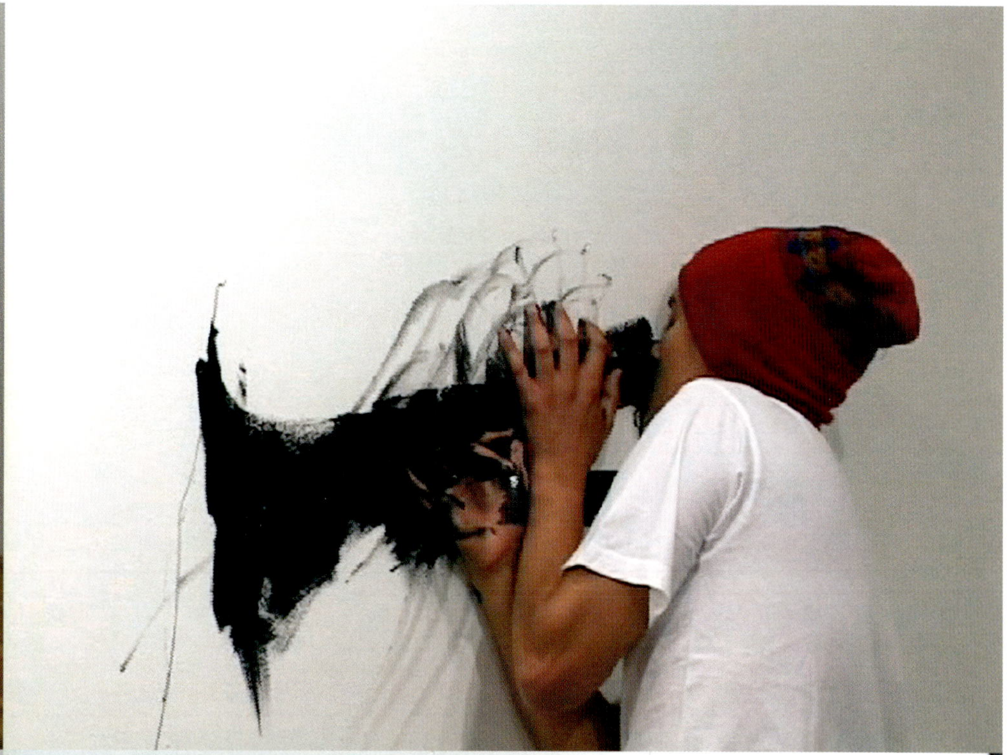

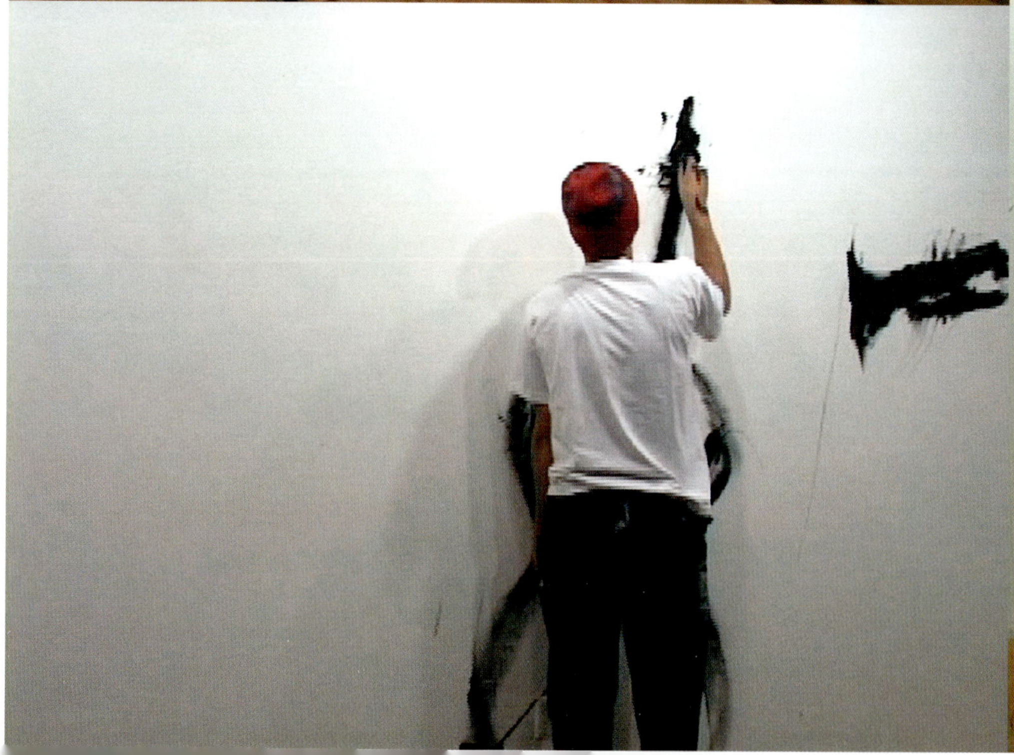

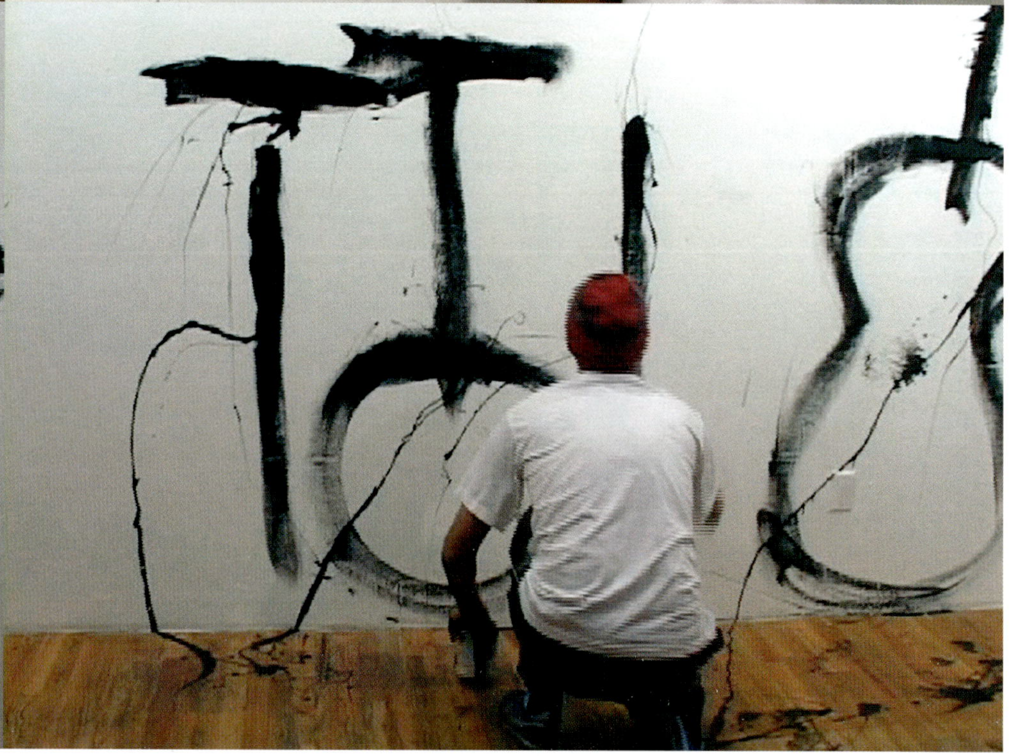

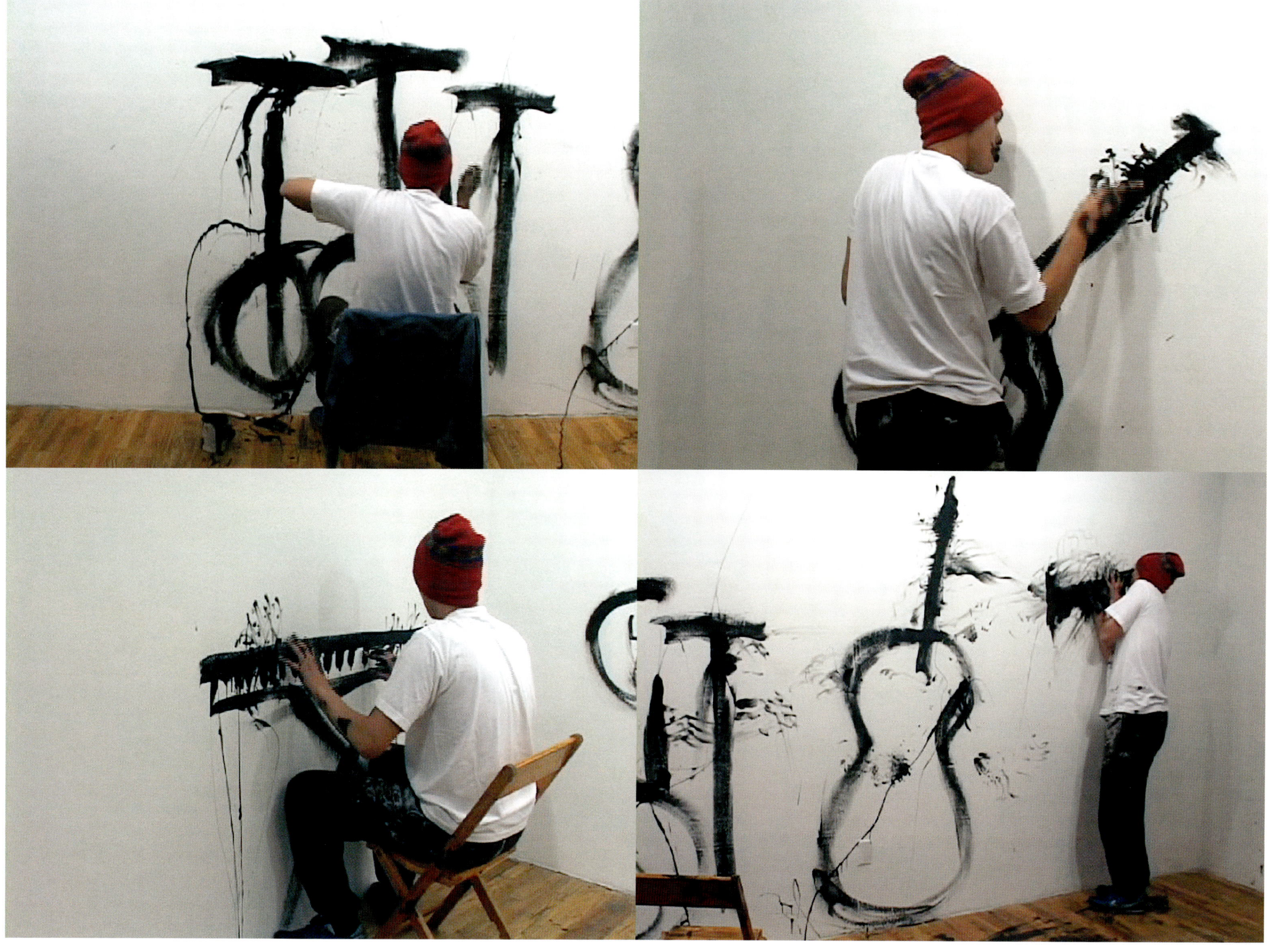

THE SCORE Artists Space, New York, 2004

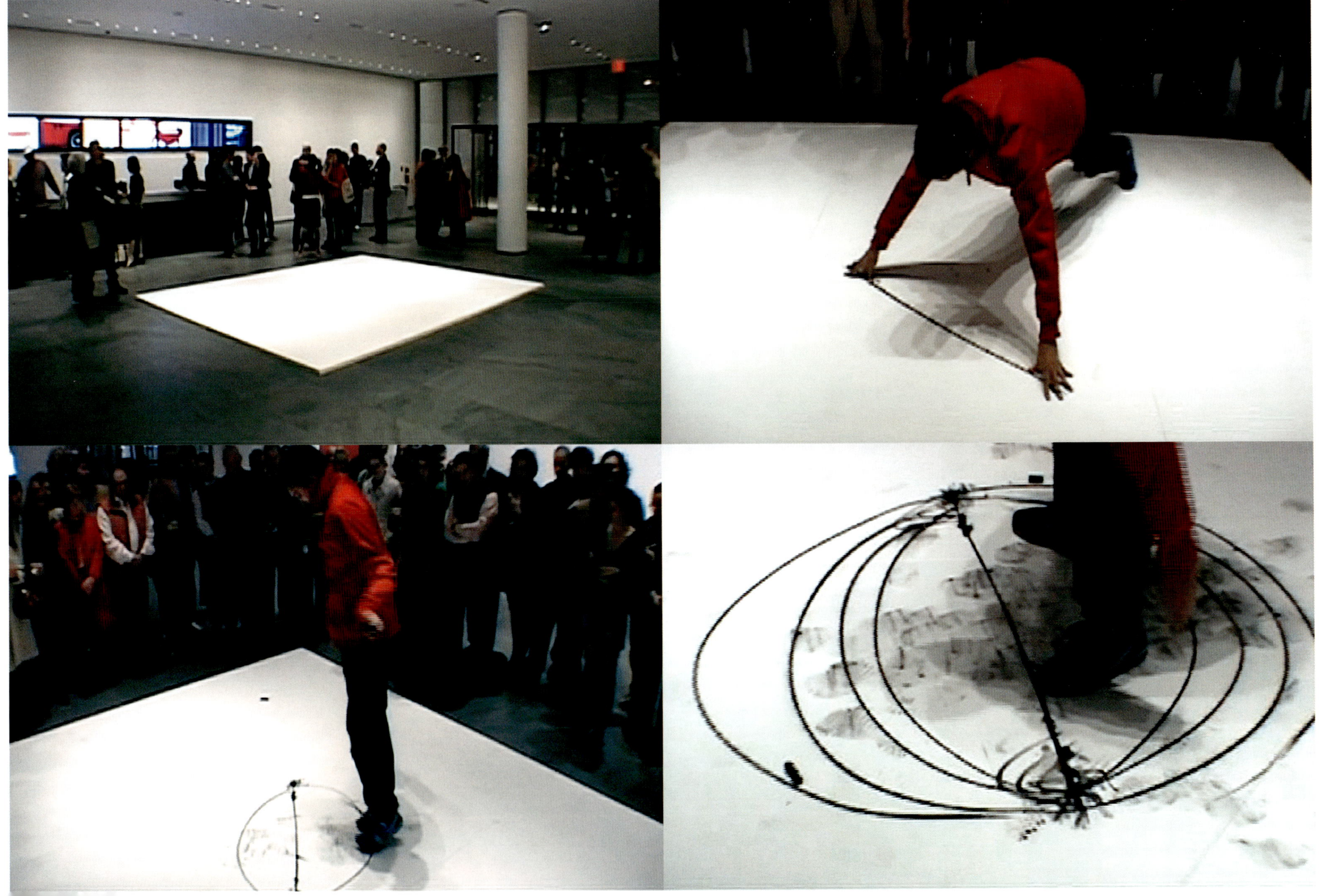

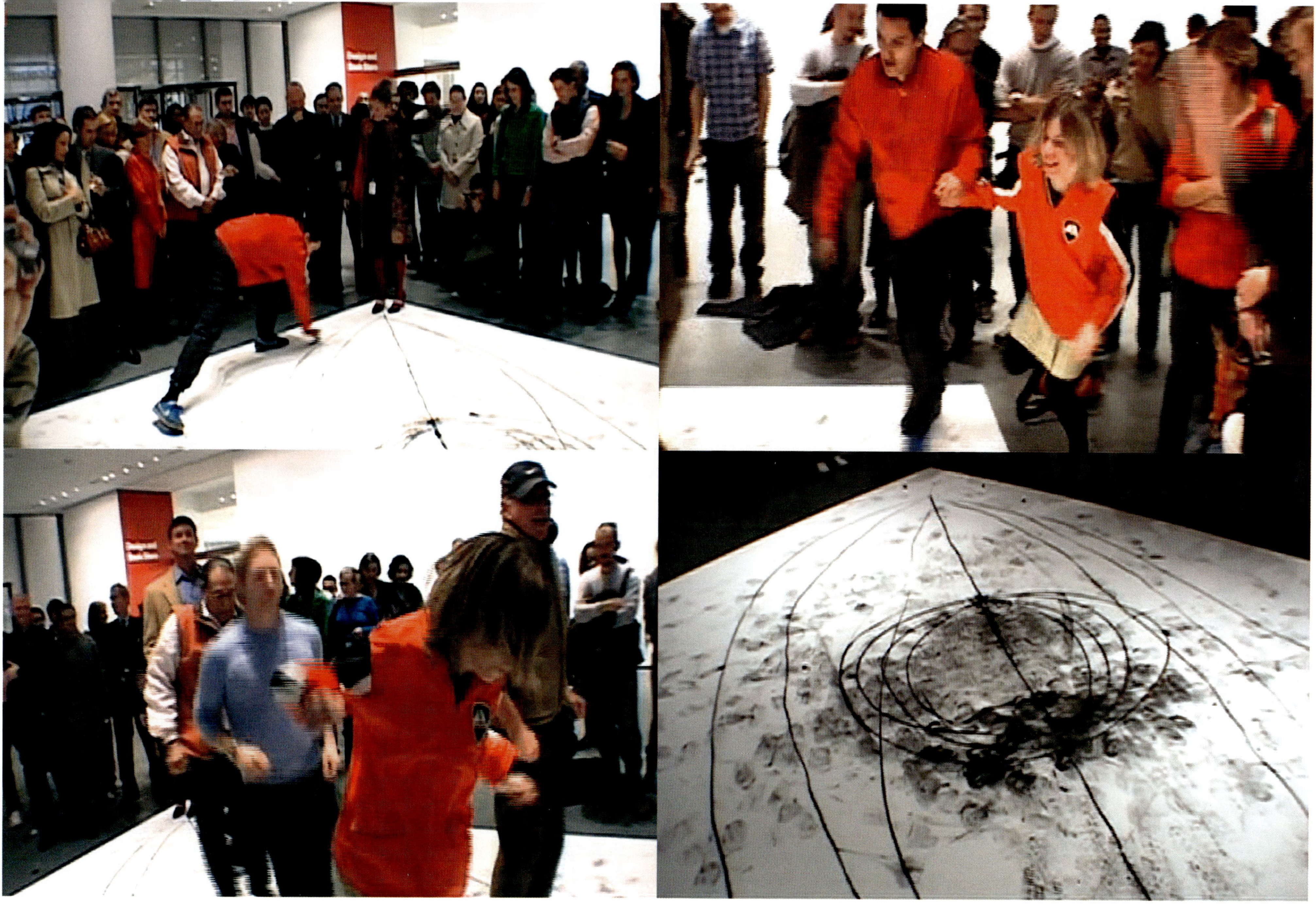

UNTITLED (SKIPPING ROPE) The Museum of Modern Art, New York, 2005

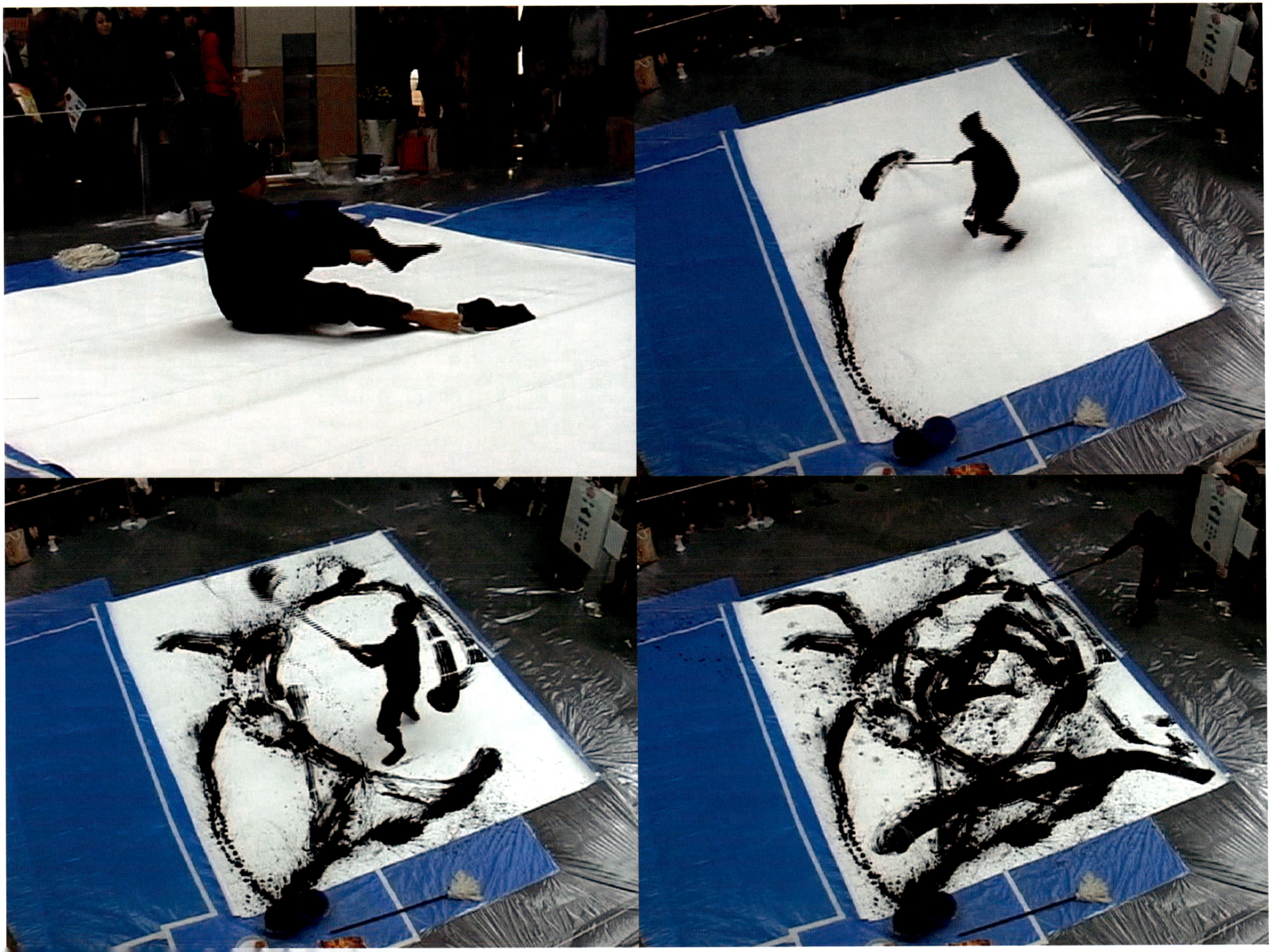

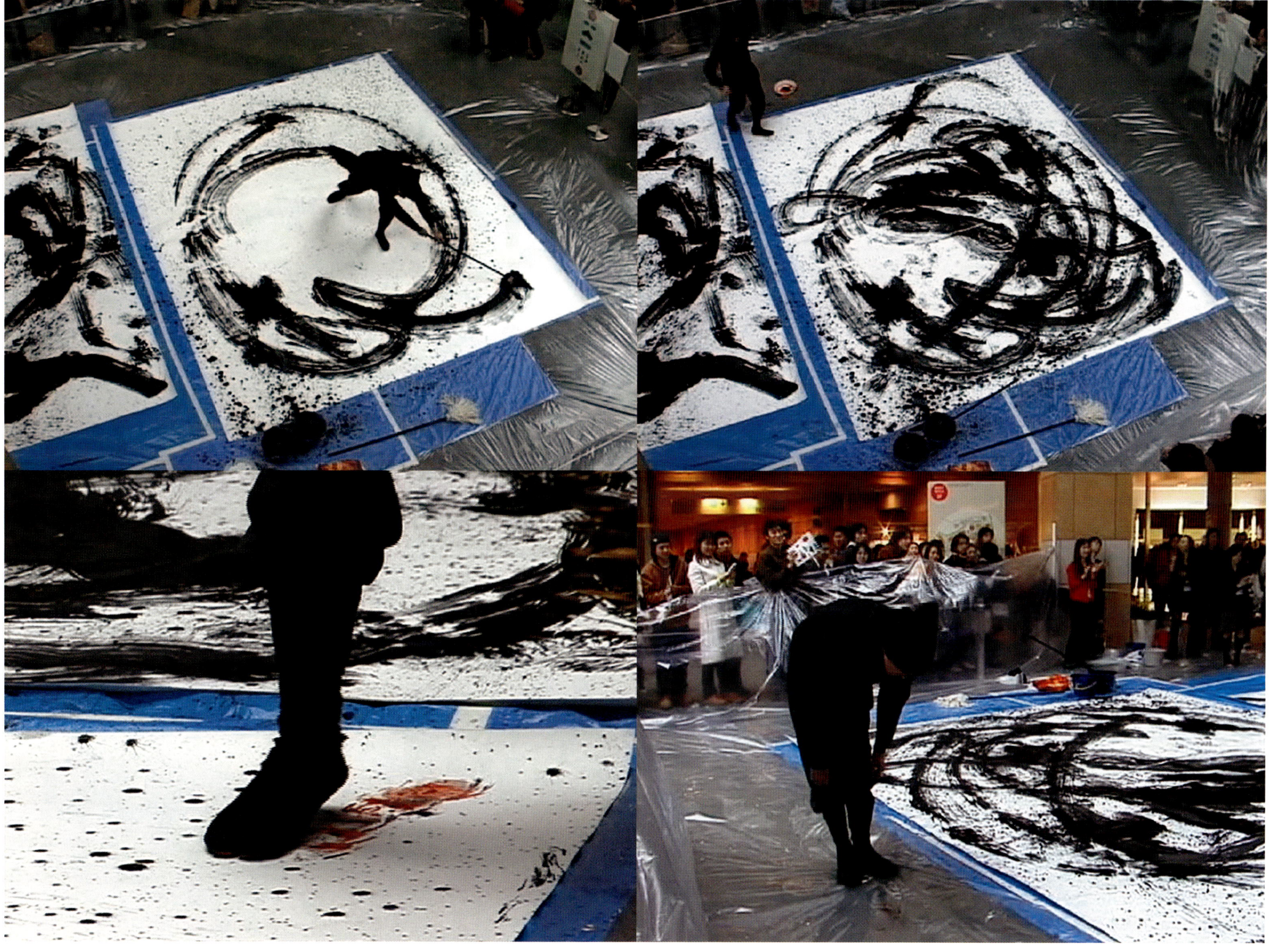

UNTITLED Mori Art Museum, Tokio, 2007

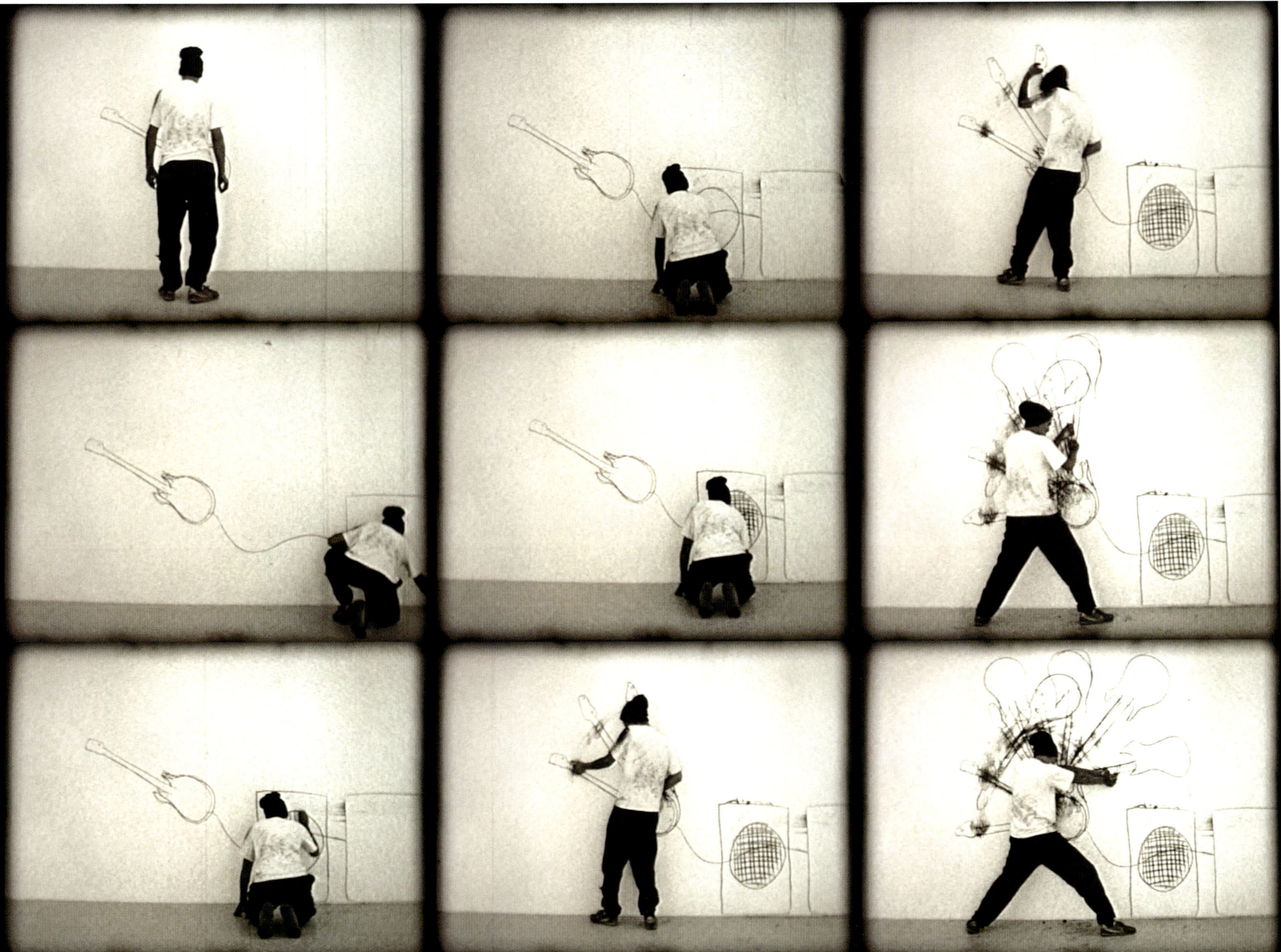

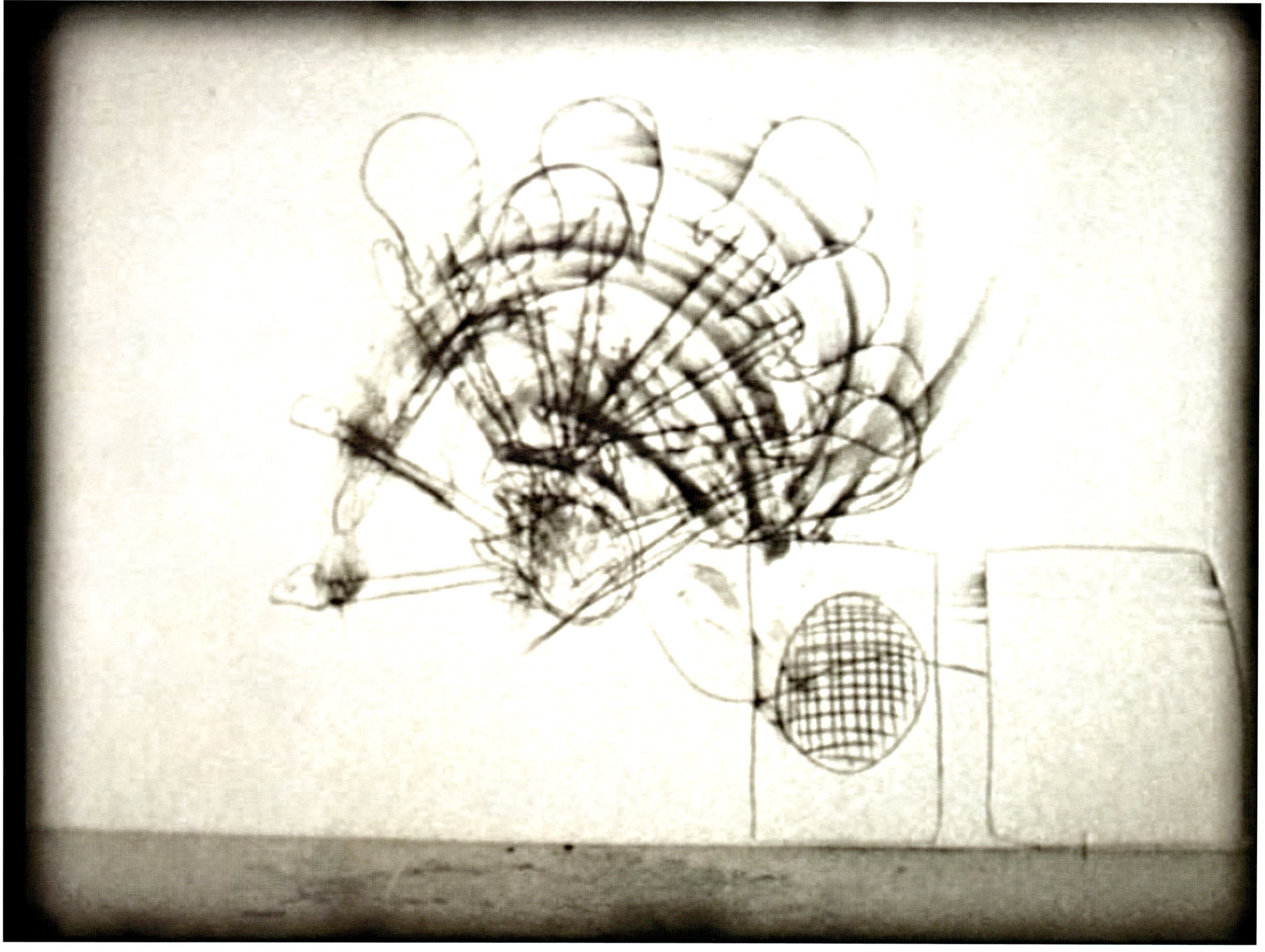

UNTITLED (AIR GUITAR) 2005

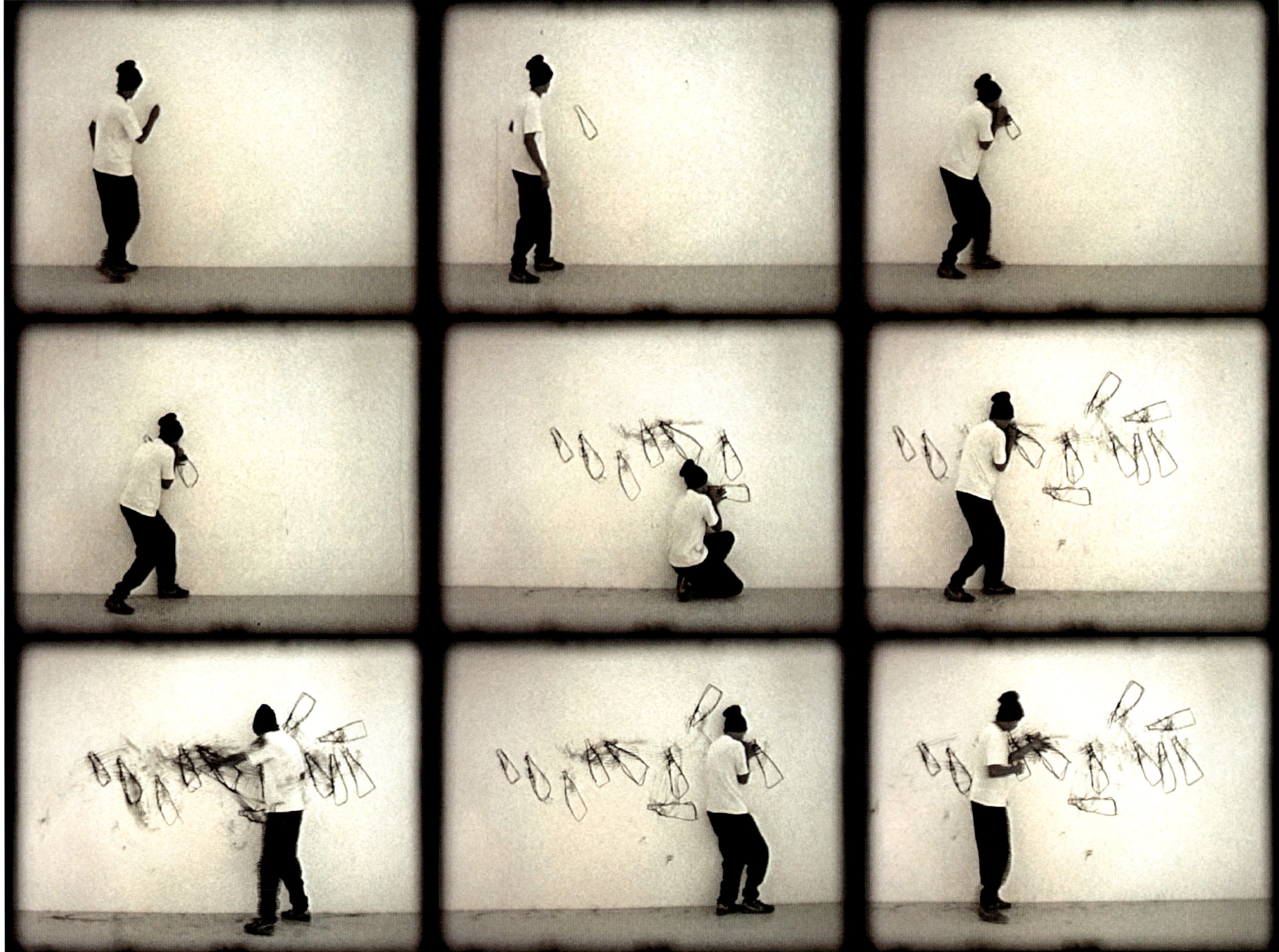

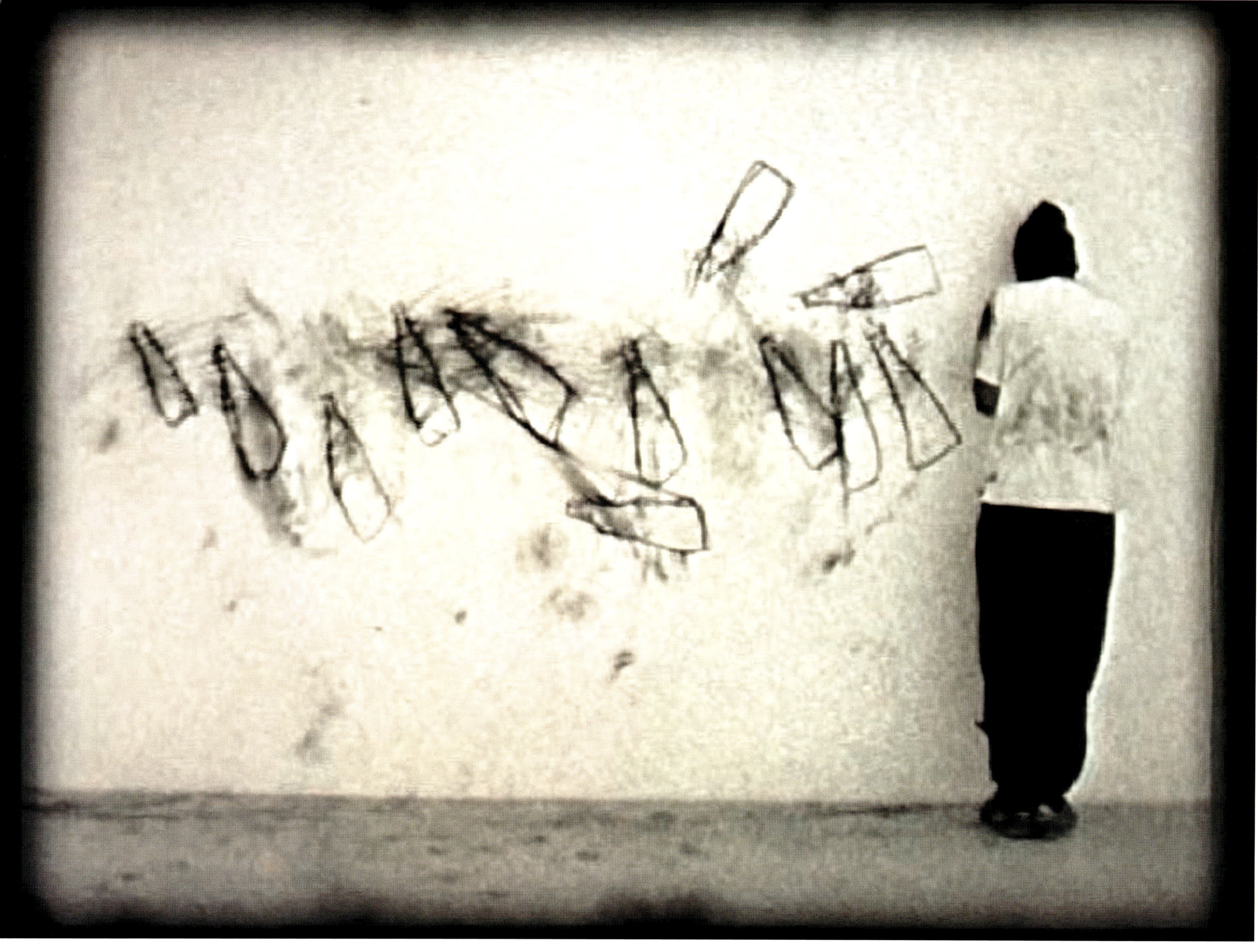

UNTITLED (BOTTLES) 2005

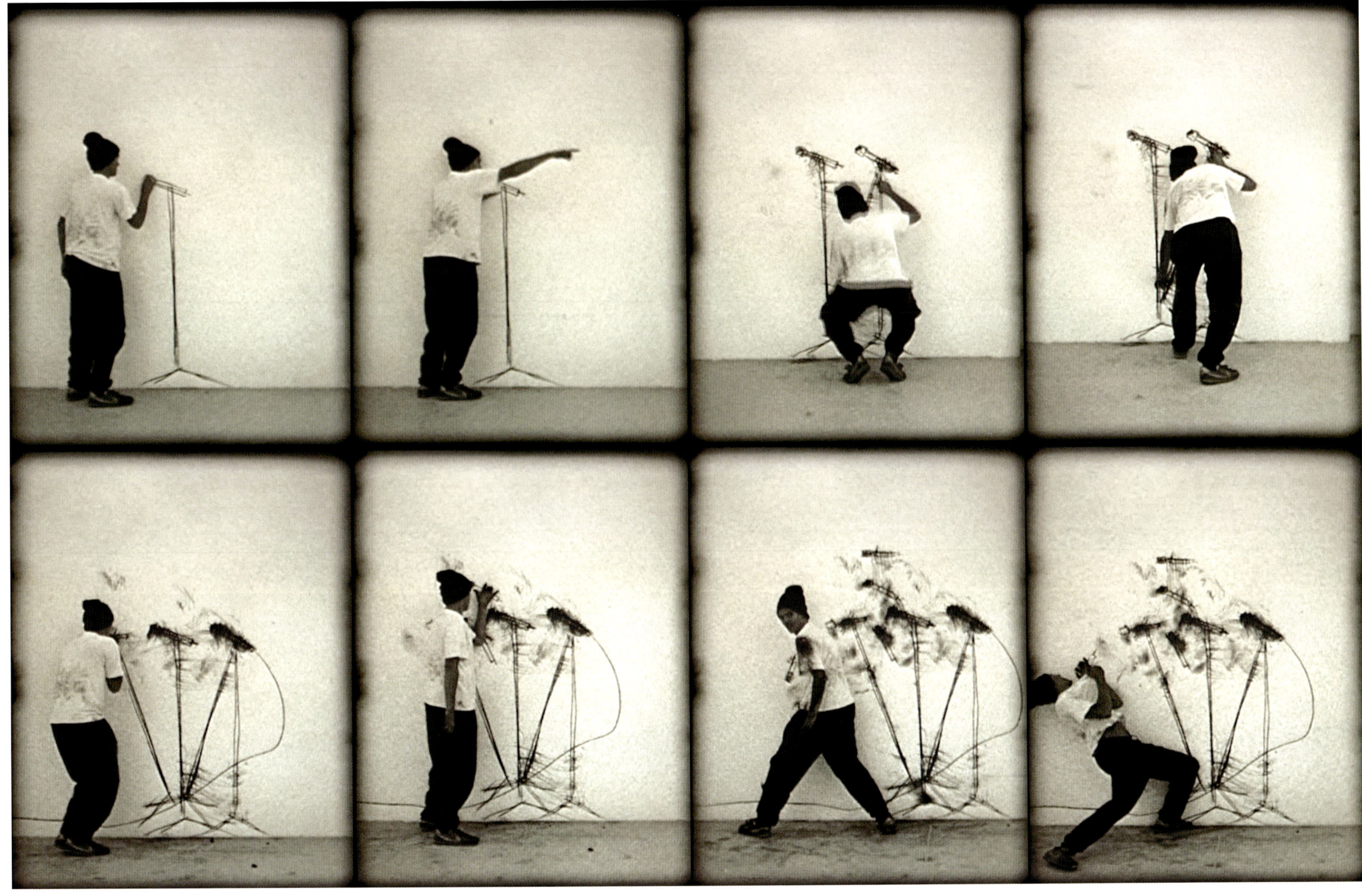

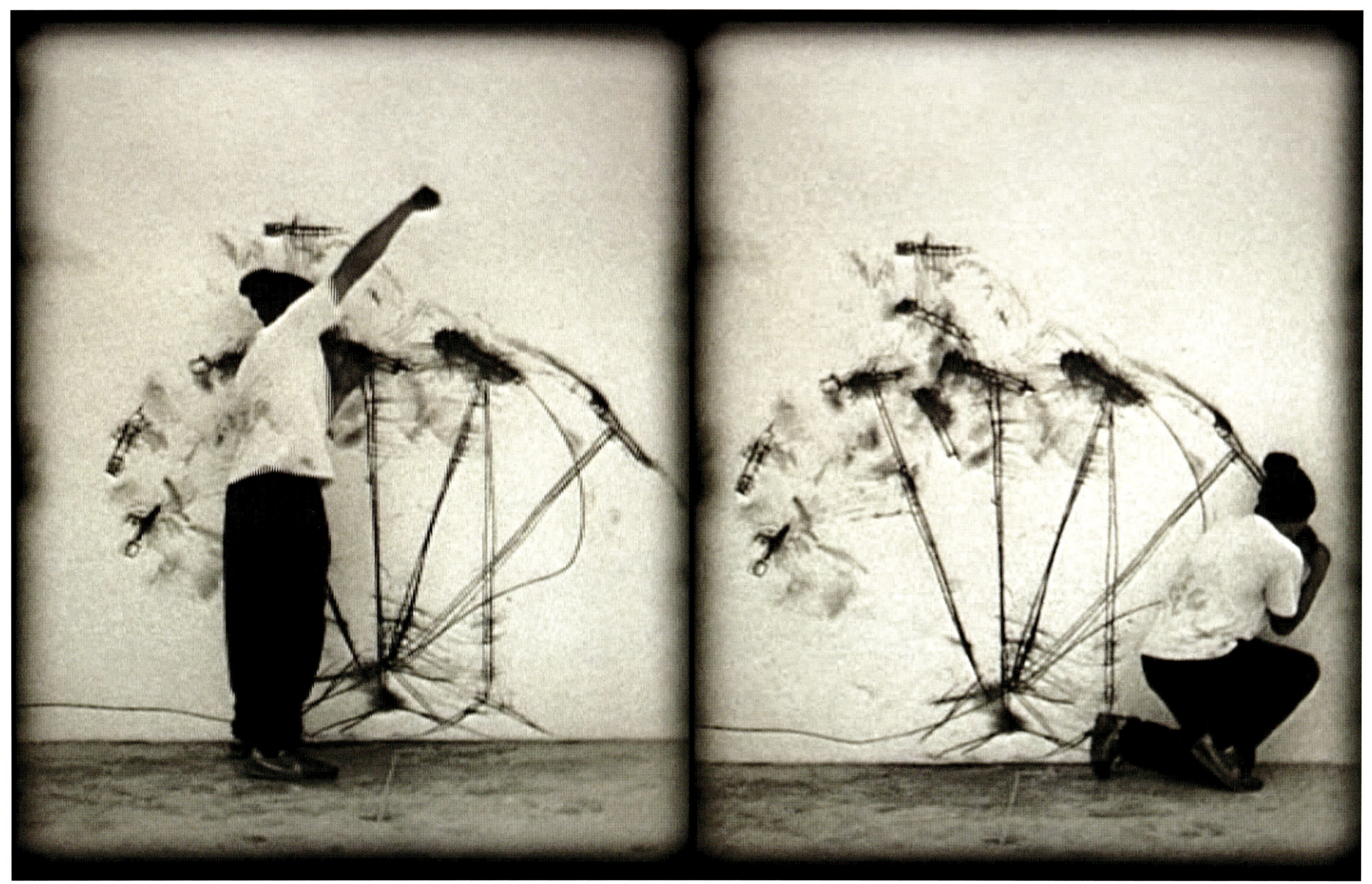

UNTITLED (MICROPHONE) 2005

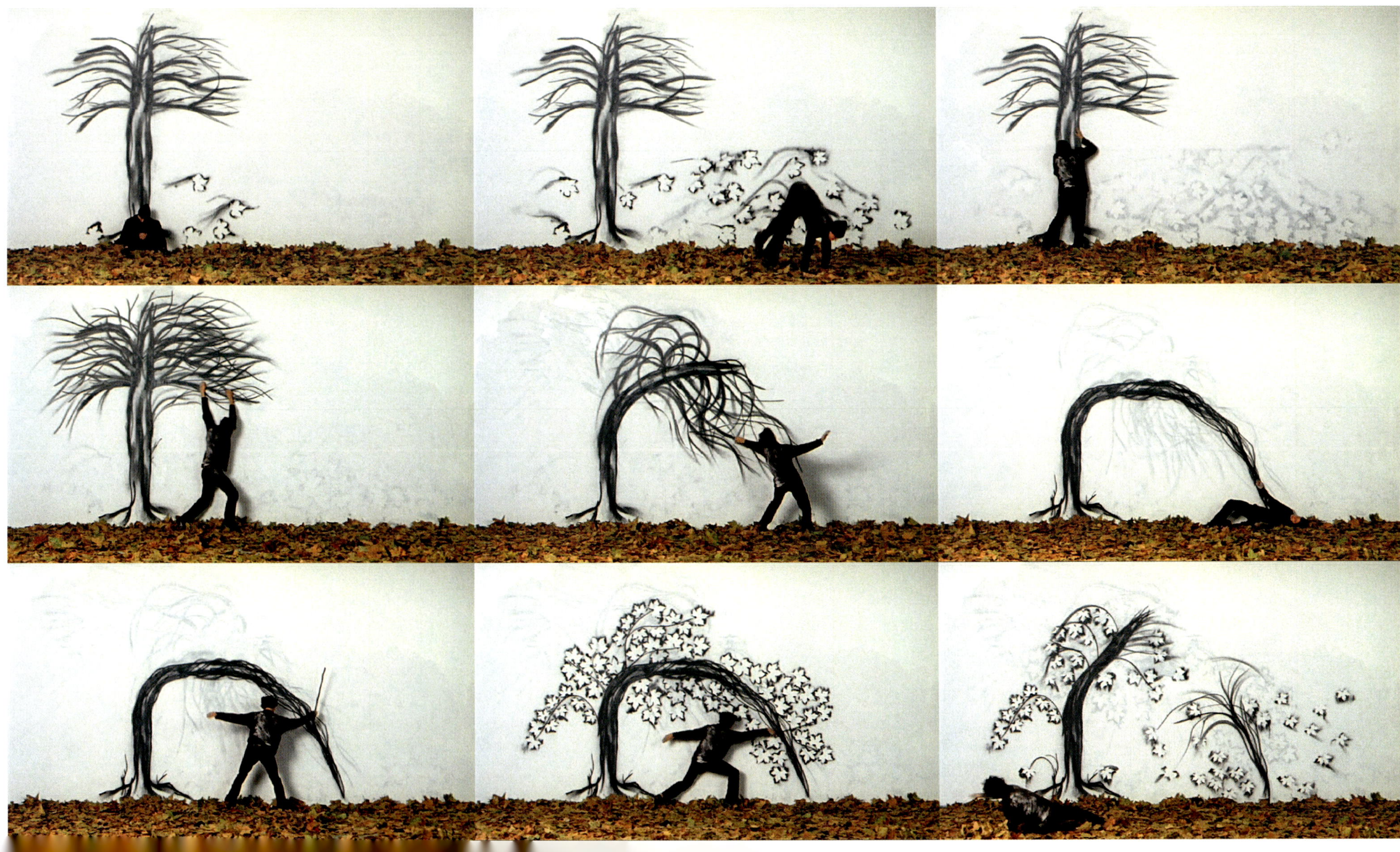

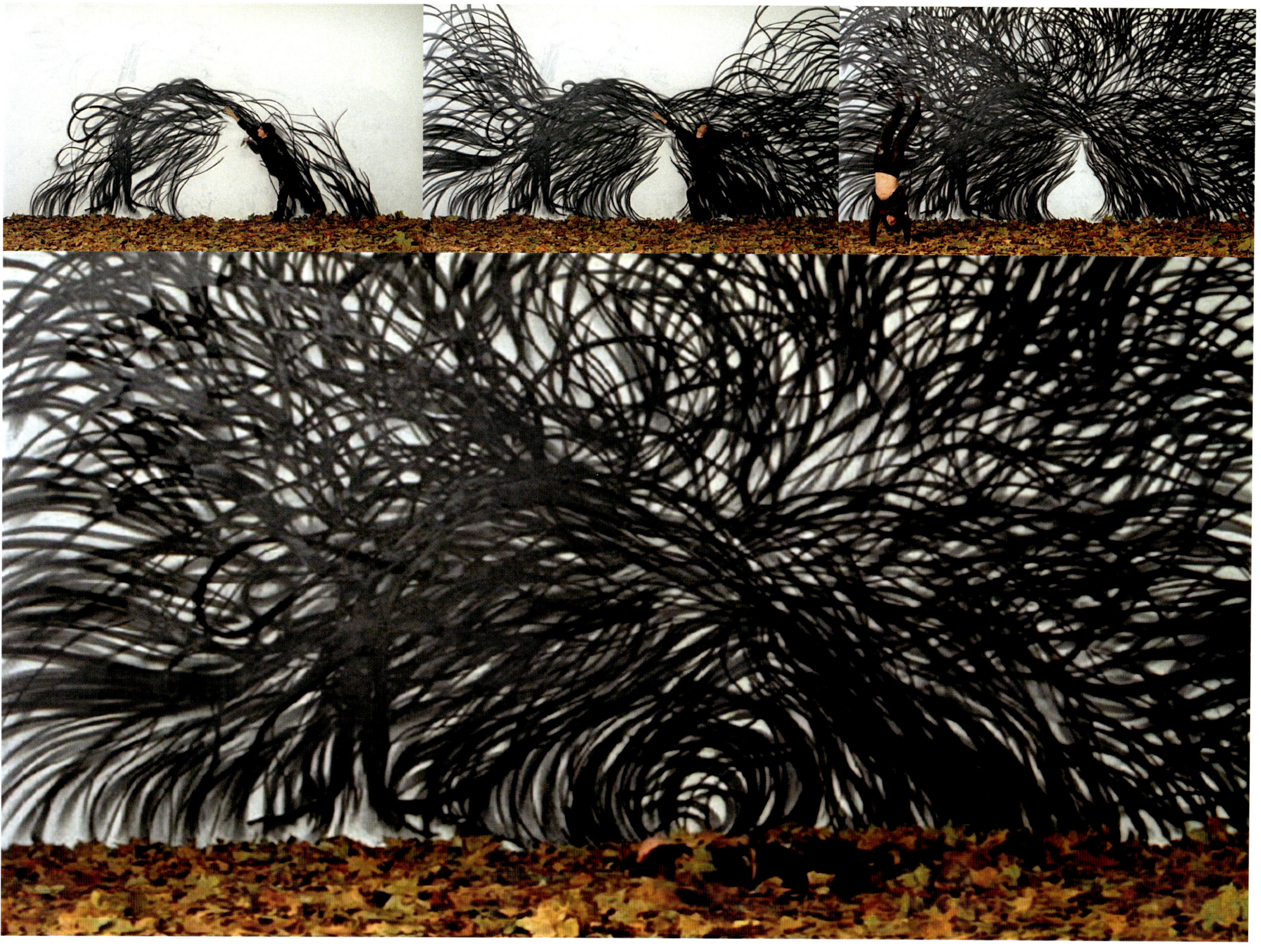

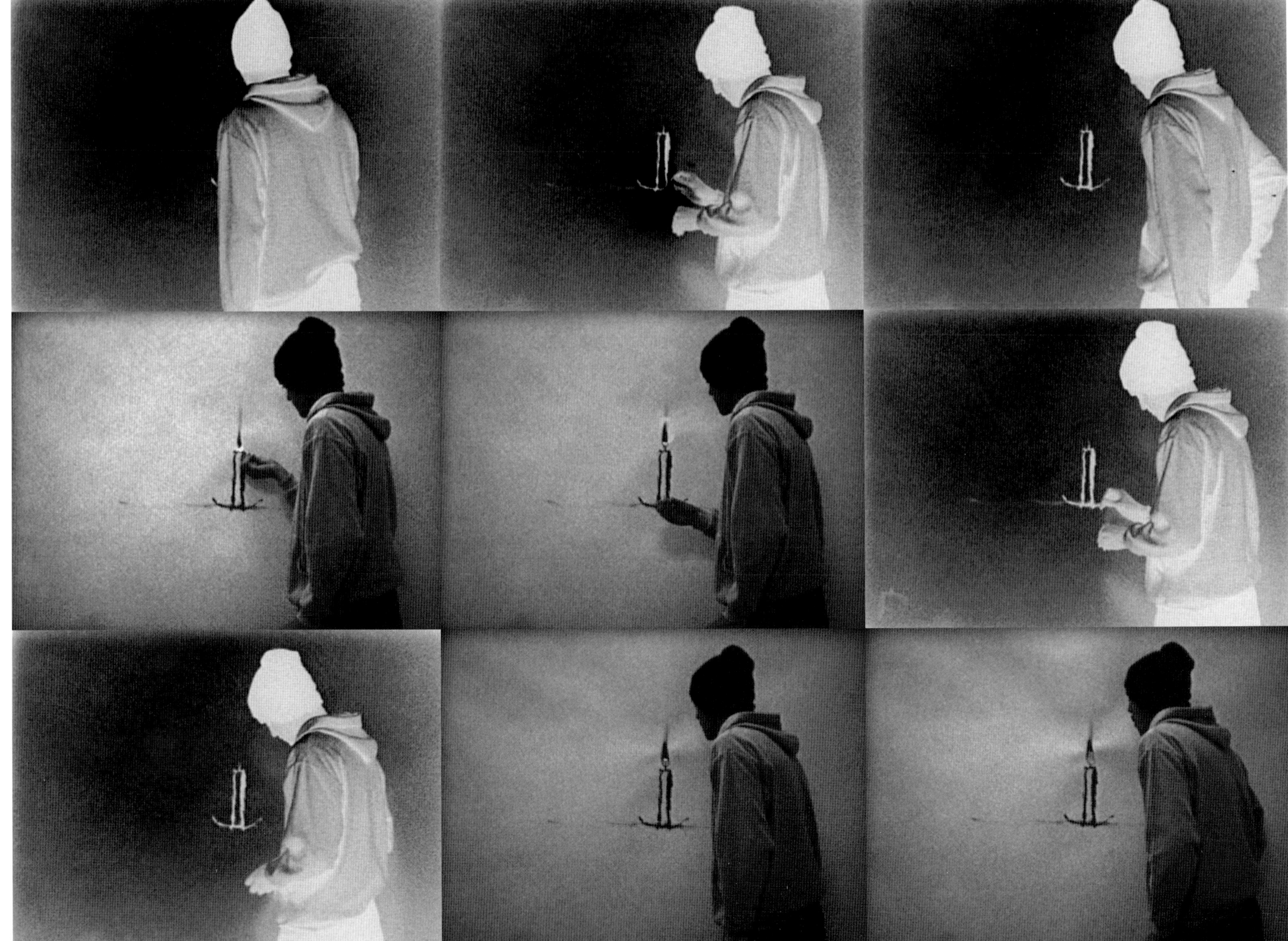

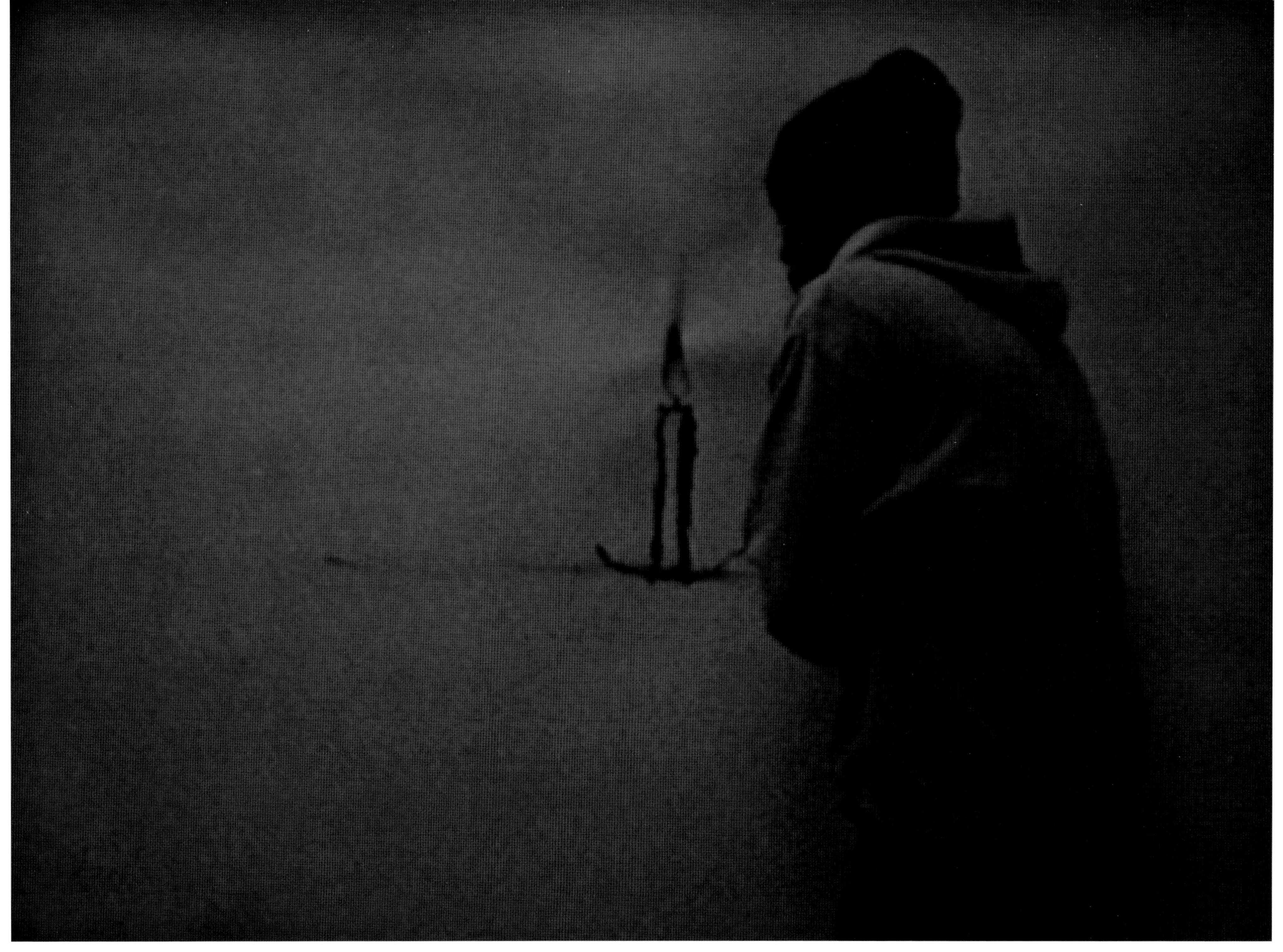

DIAPROJEKTIONEN

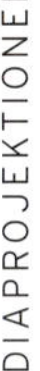

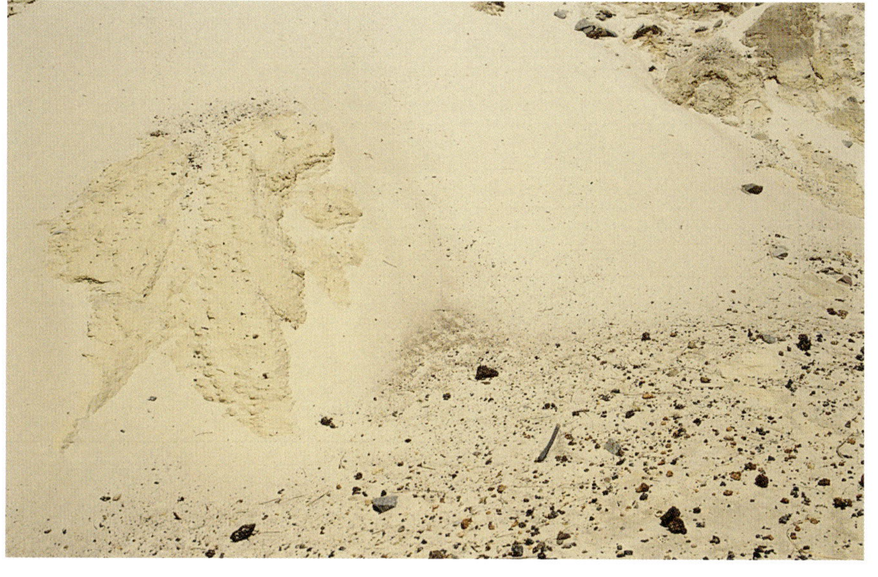

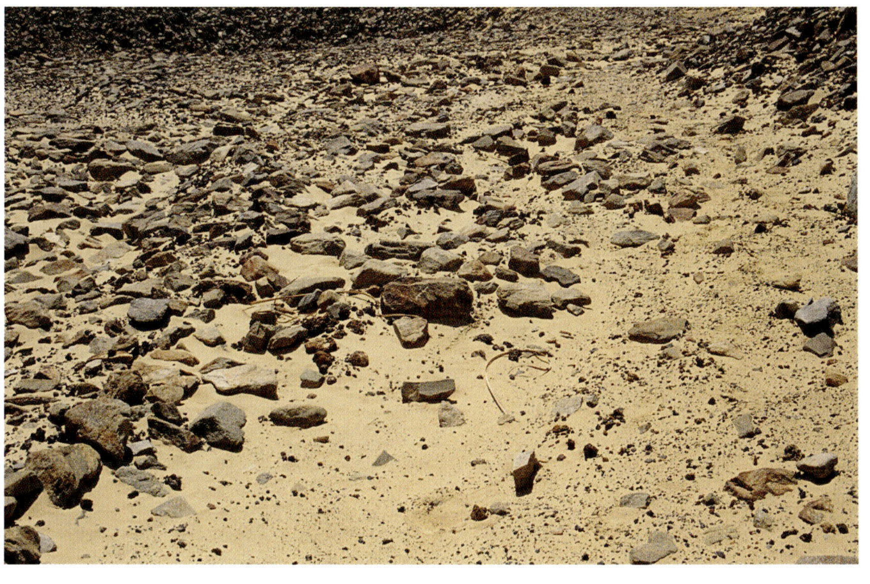

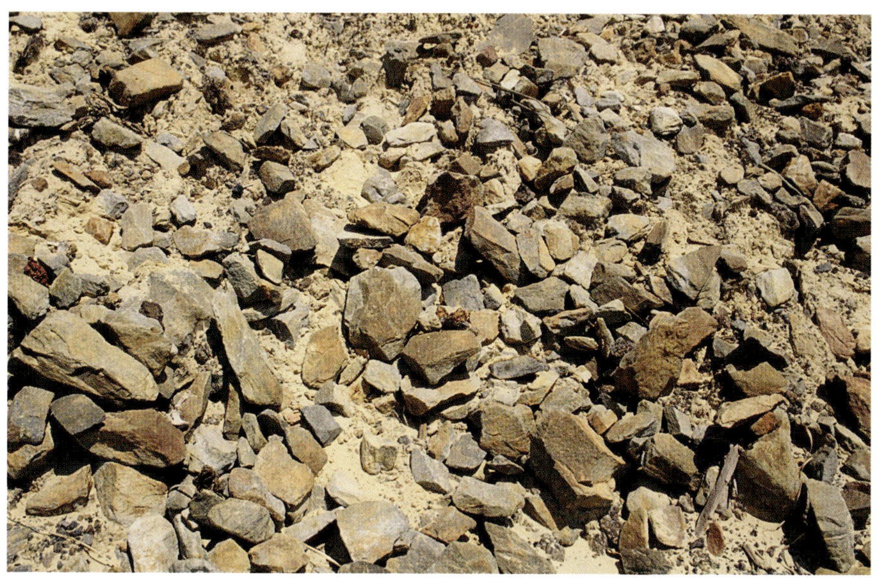

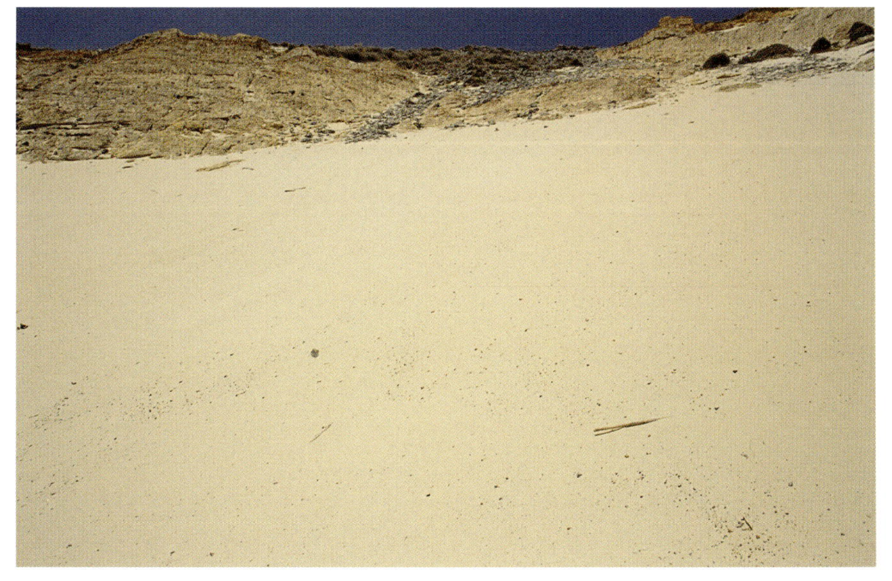

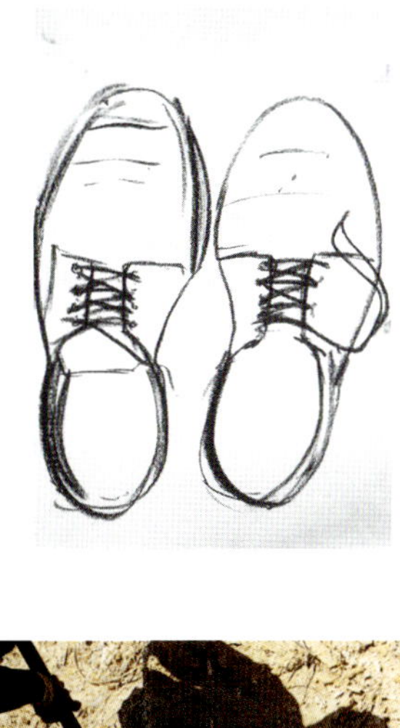
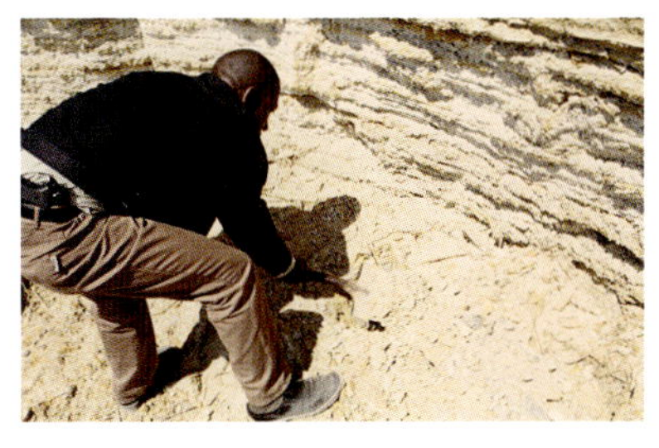
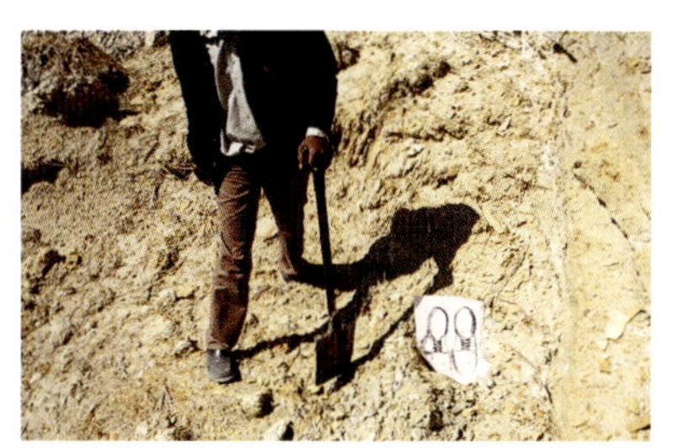
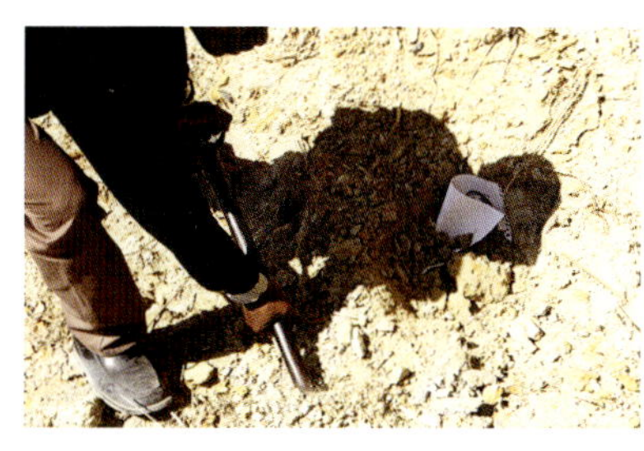
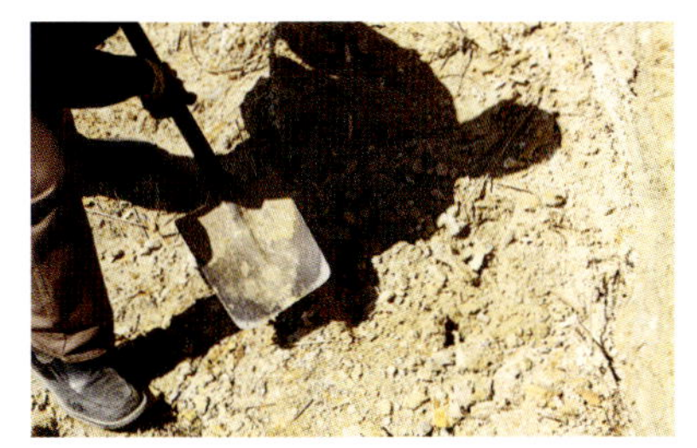
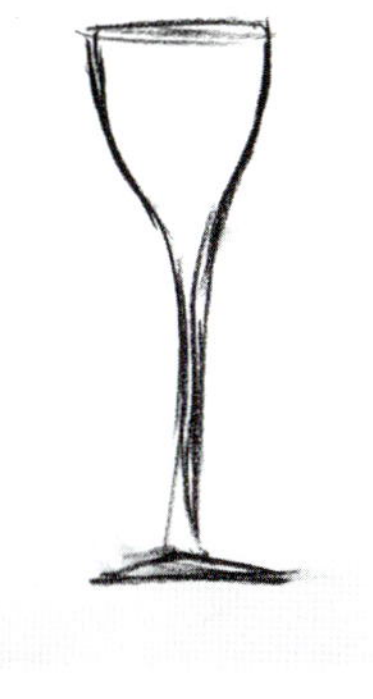
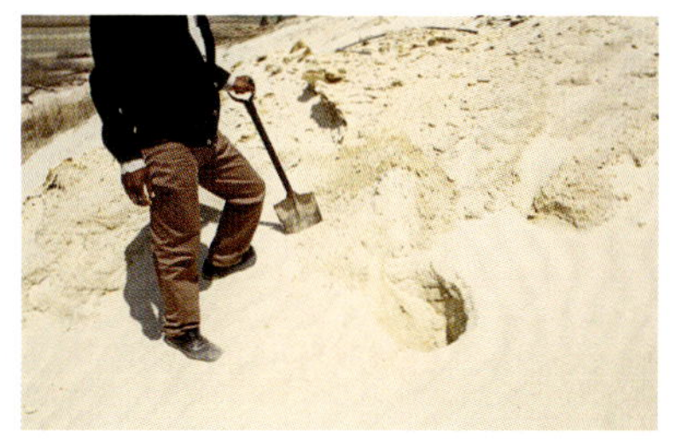
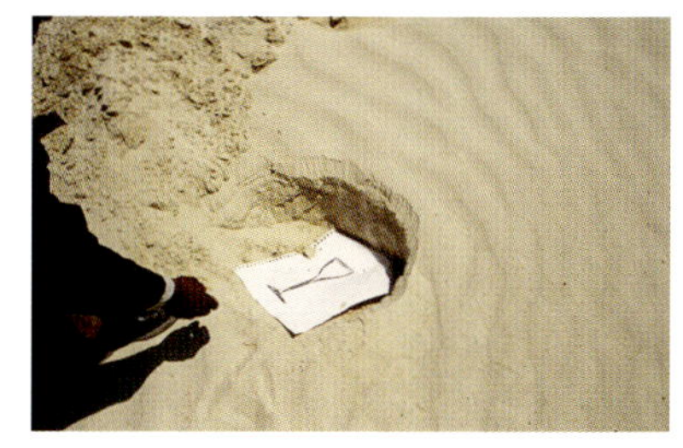
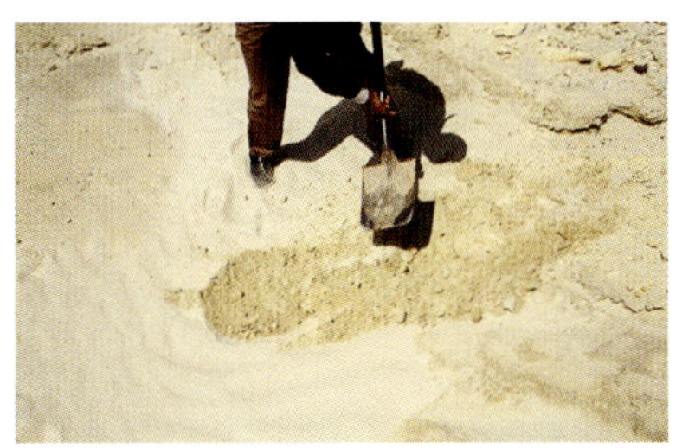
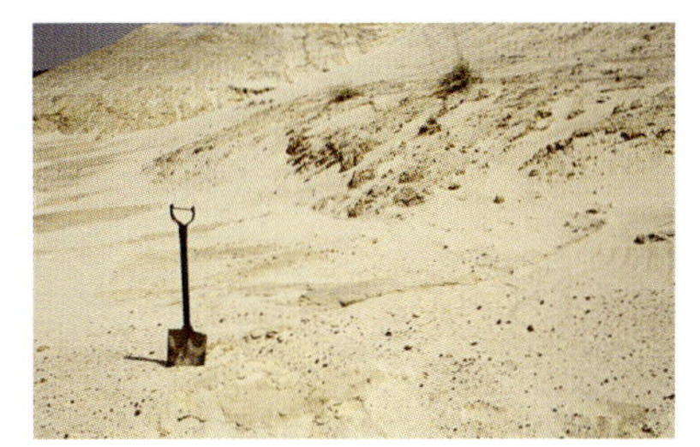
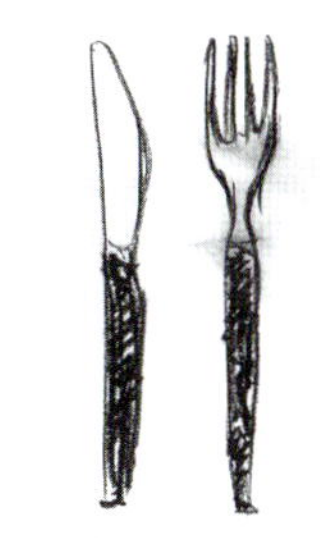
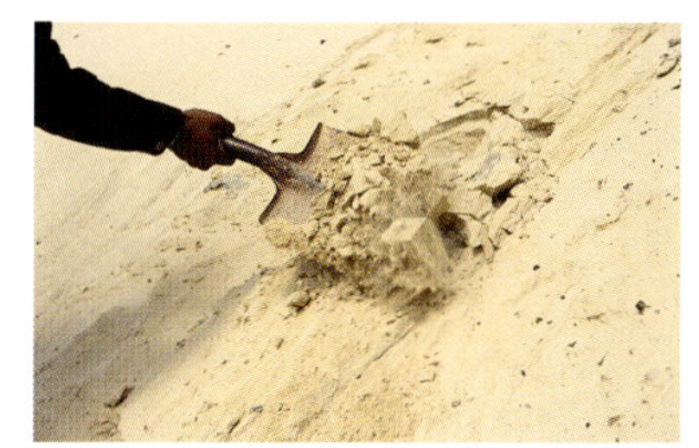
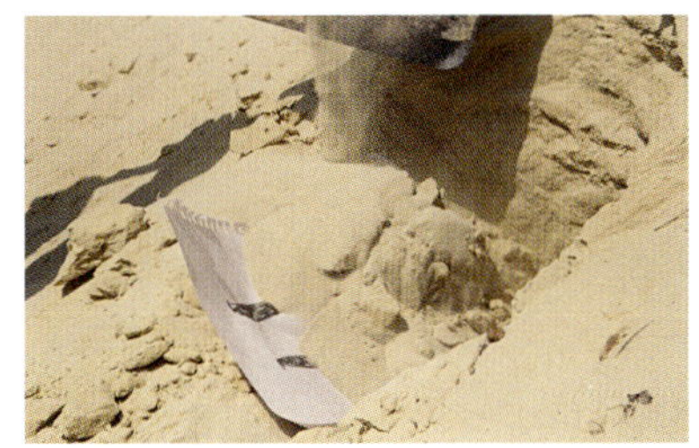
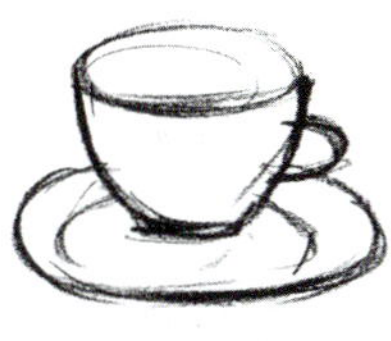
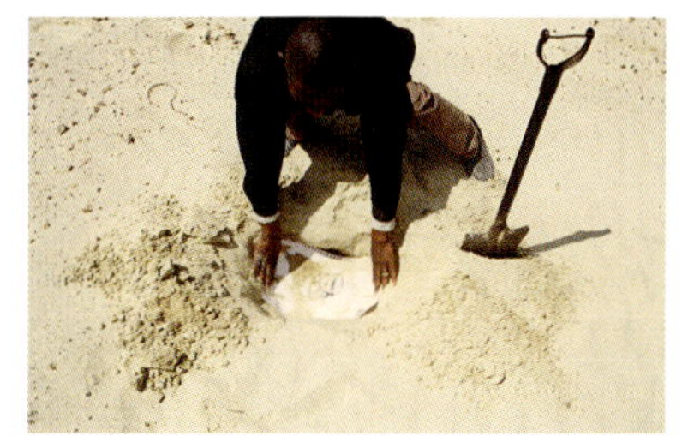
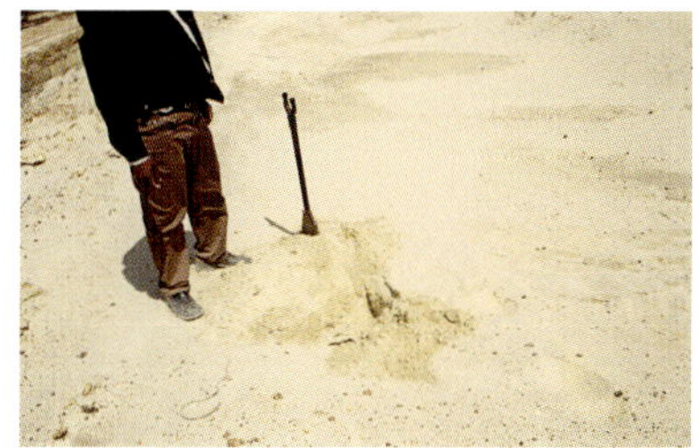

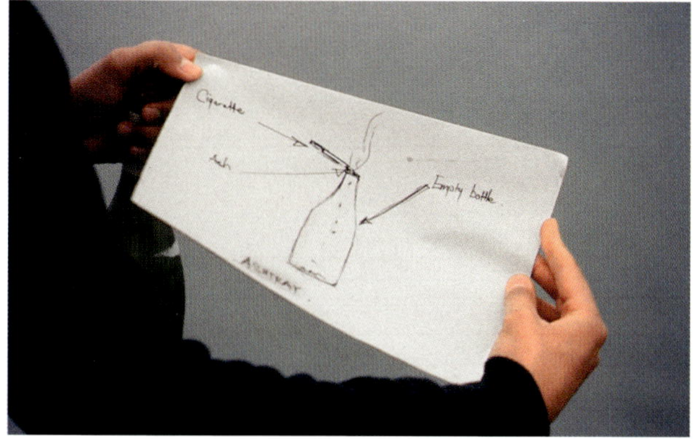
Cigarette
Ash
Empty bottle
ASHTRAY

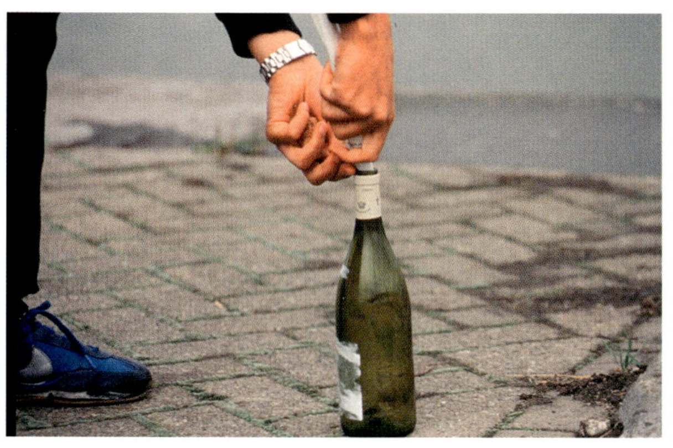

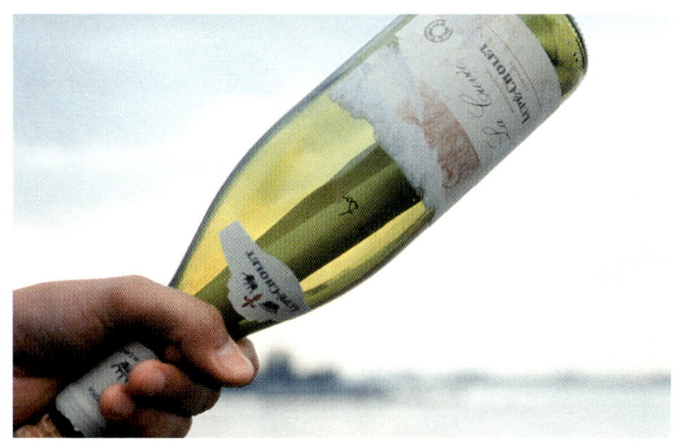

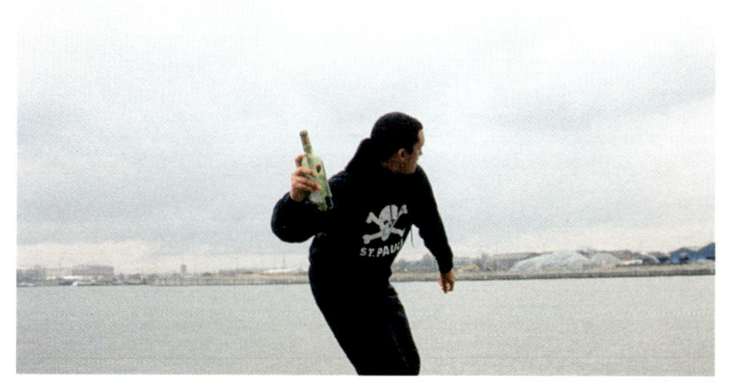
ST. PAULI

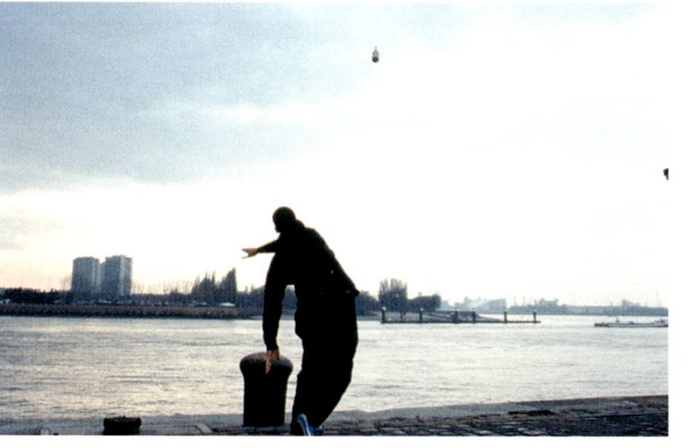

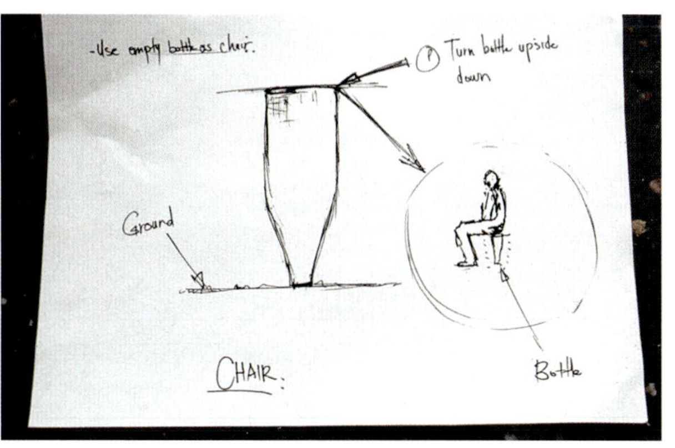
-Use empty bottle as chair.
① Turn bottle upside down
Ground
CHAIR:
Bottle

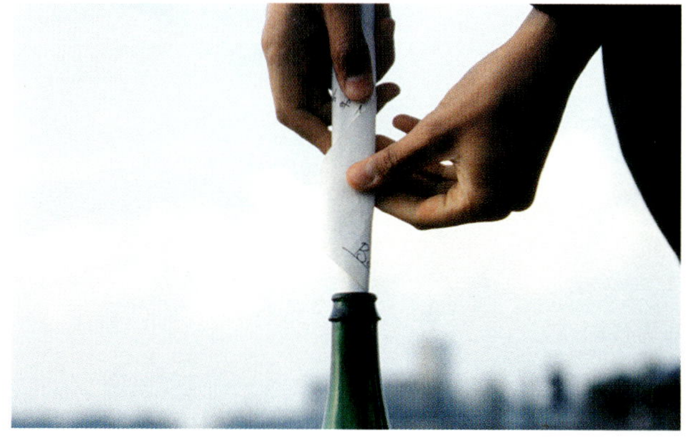

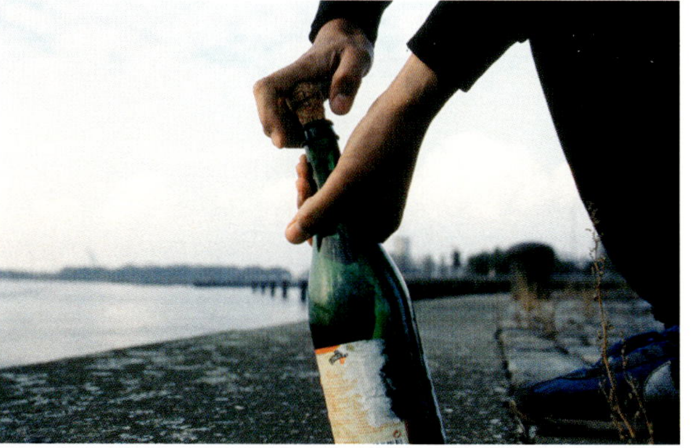

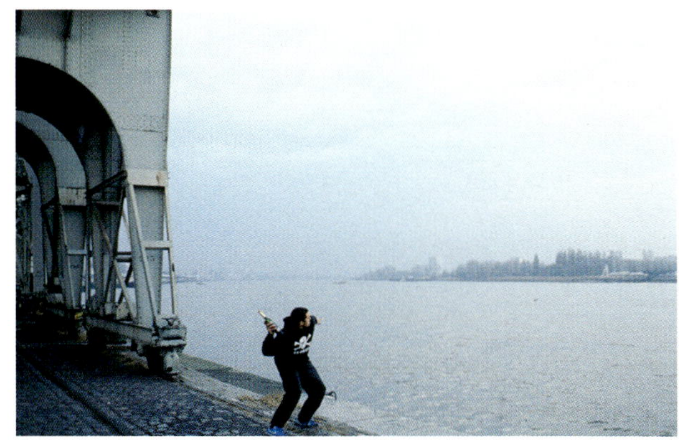

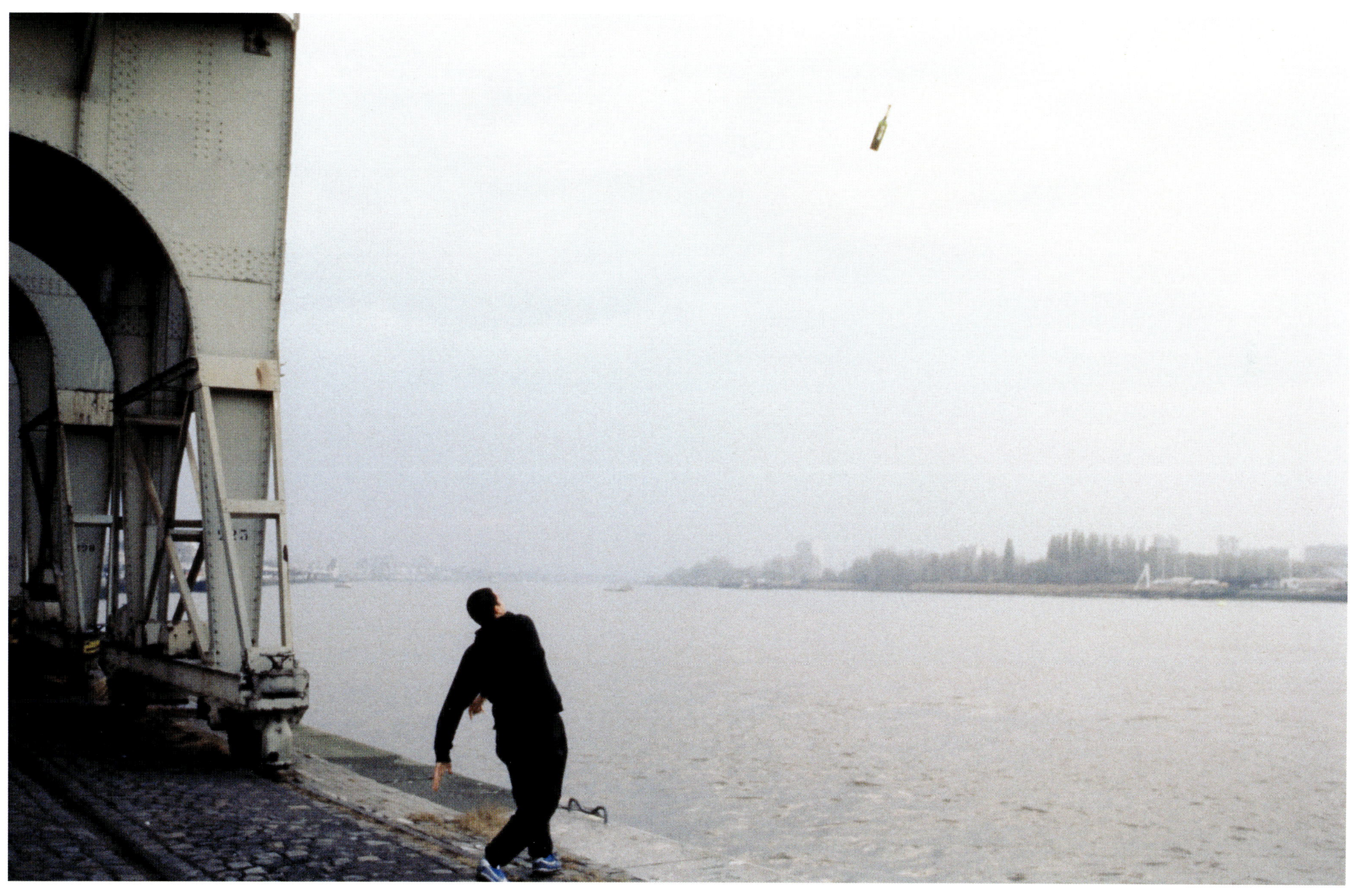

UNTITLED (WINEBOTTLES) 2004

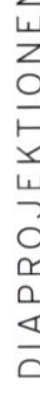

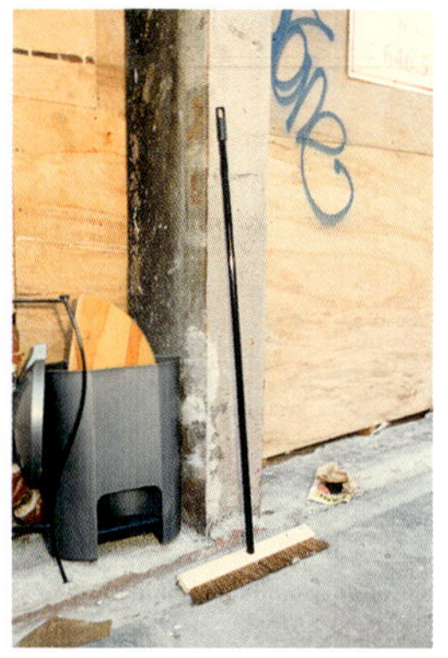

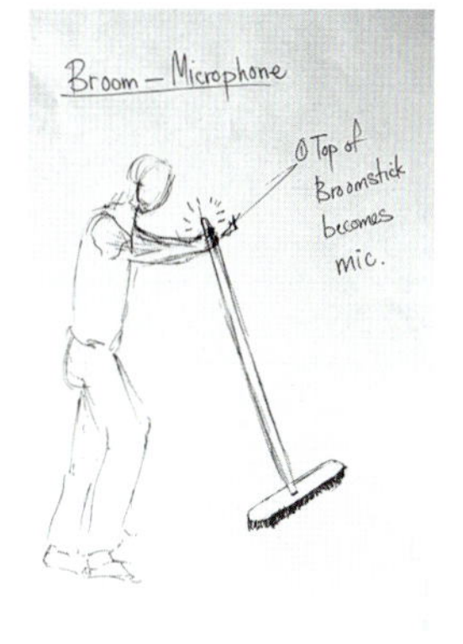
Broom — Microphone
Top of Broomstick becomes mic.

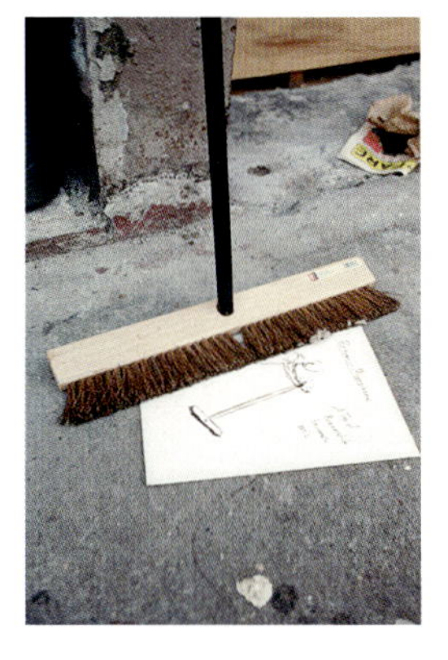

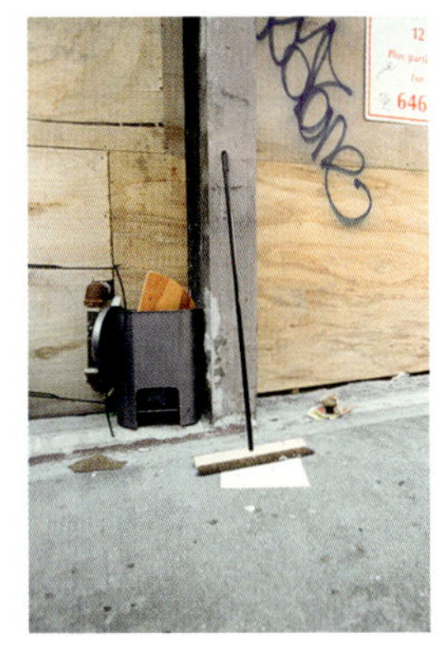

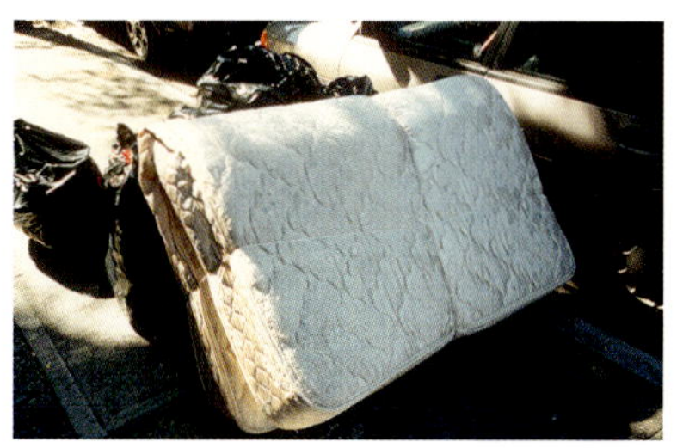

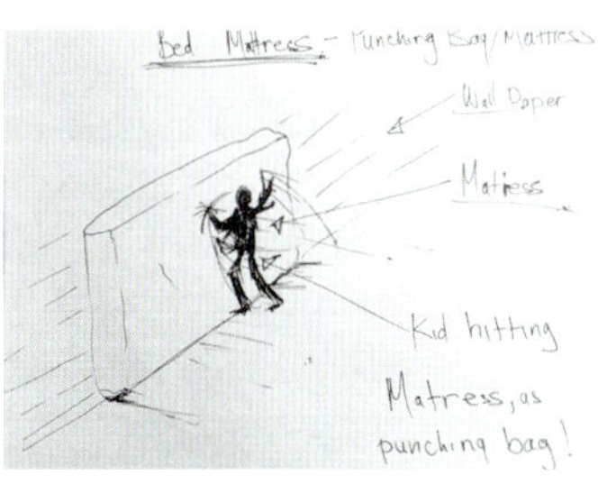
Bed Mattress –
Wall Paper
Mattress
Kid hitting Mattress, as punching bag!

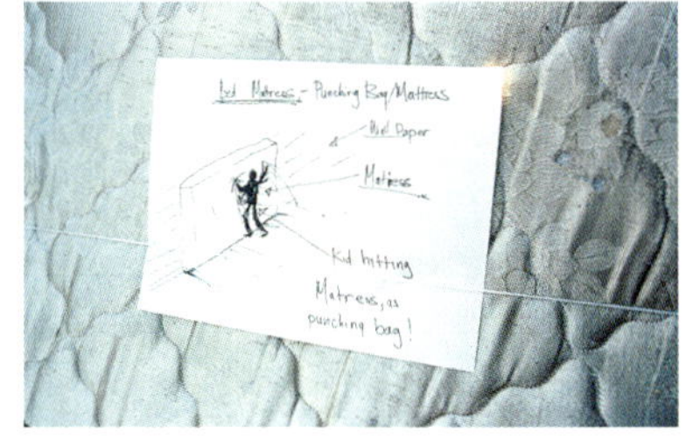

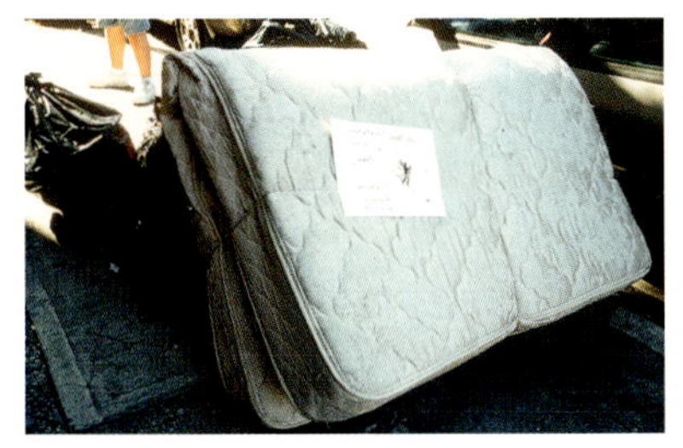

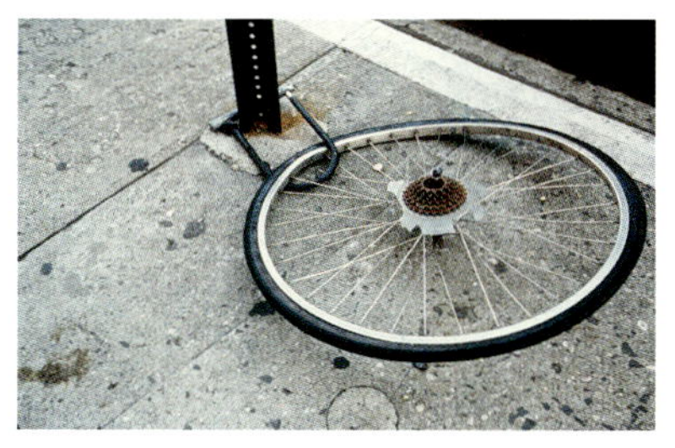

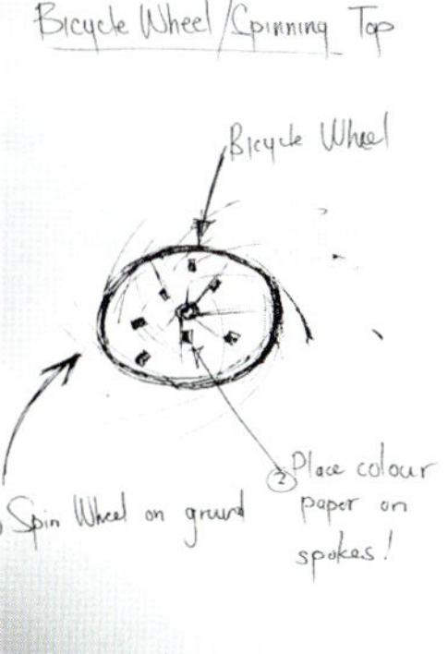
Bicycle Wheel/Spinning Top
Bicycle Wheel
Spin Wheel on ground
Place colour paper on spokes!

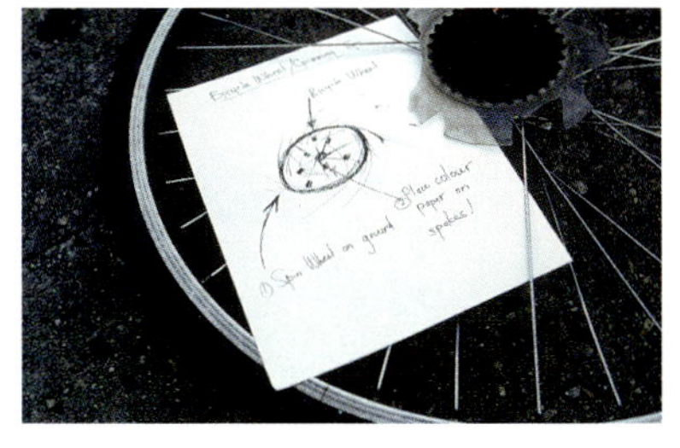

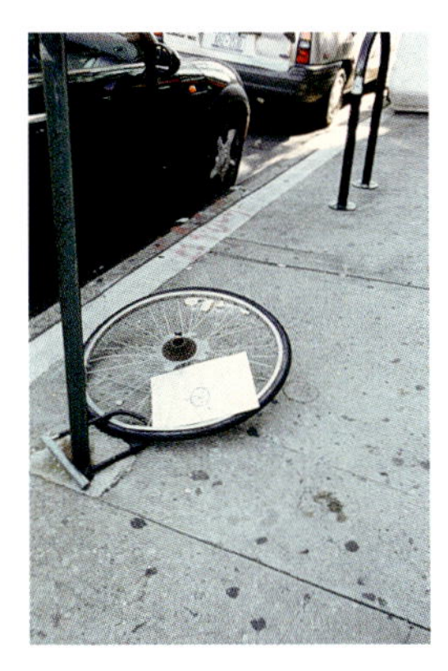

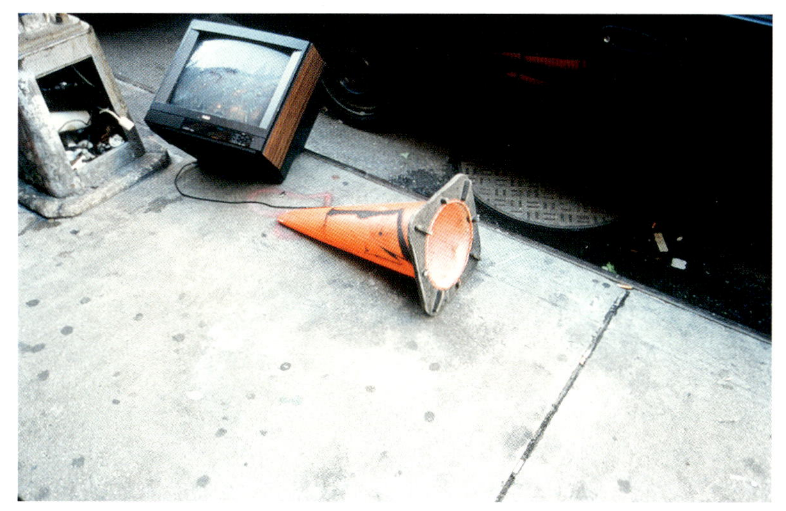

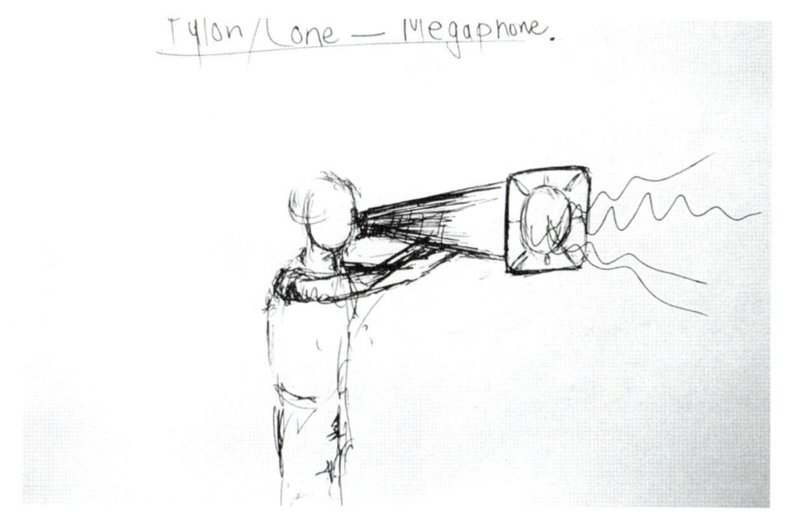
Pylon/Cone — Megaphone.

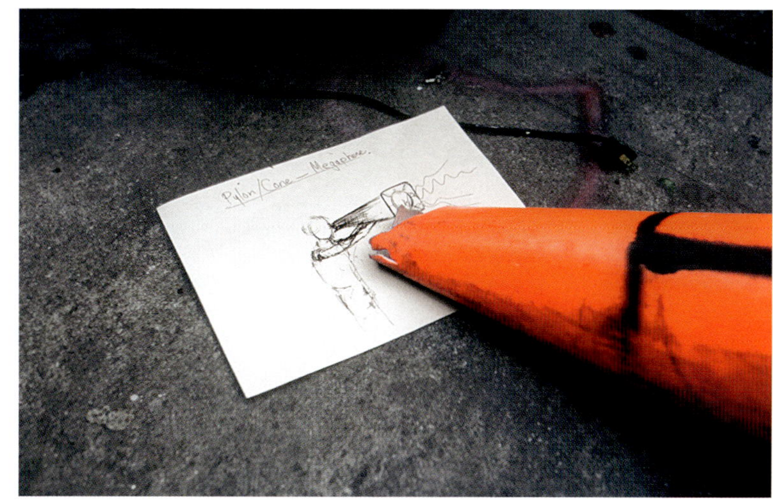

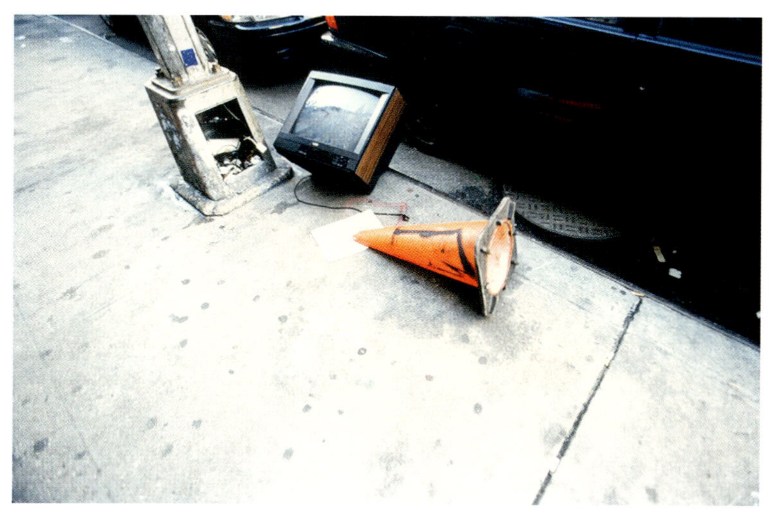

ZEICHNUNGEN

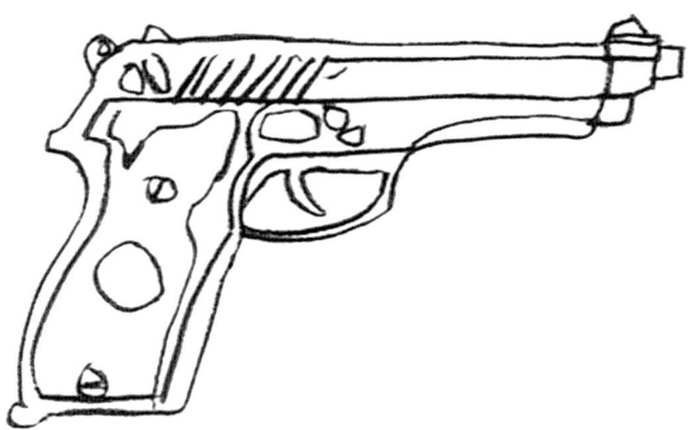

DESERT RABBITS

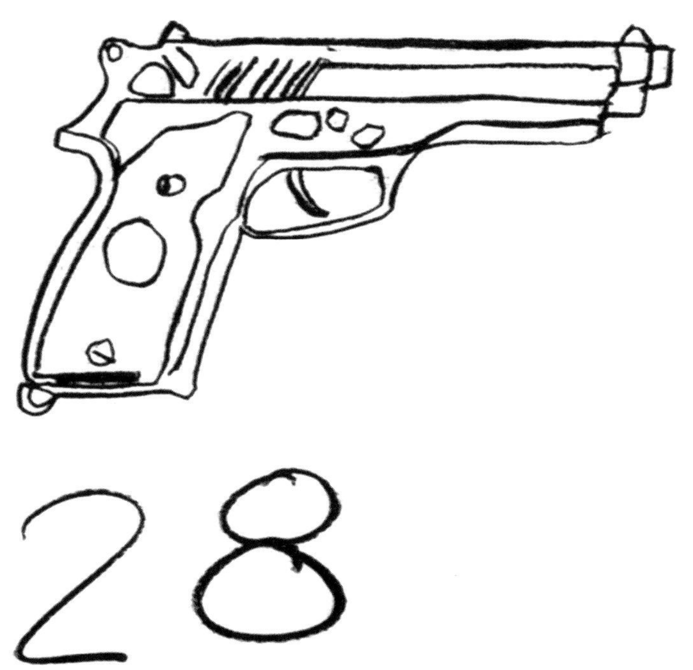
28

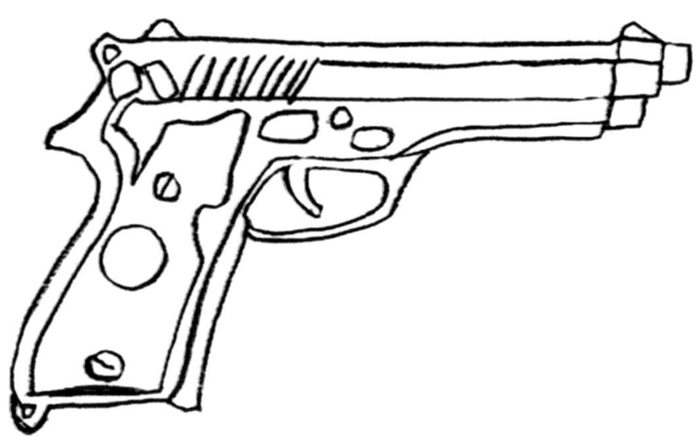
THE AMERICANS

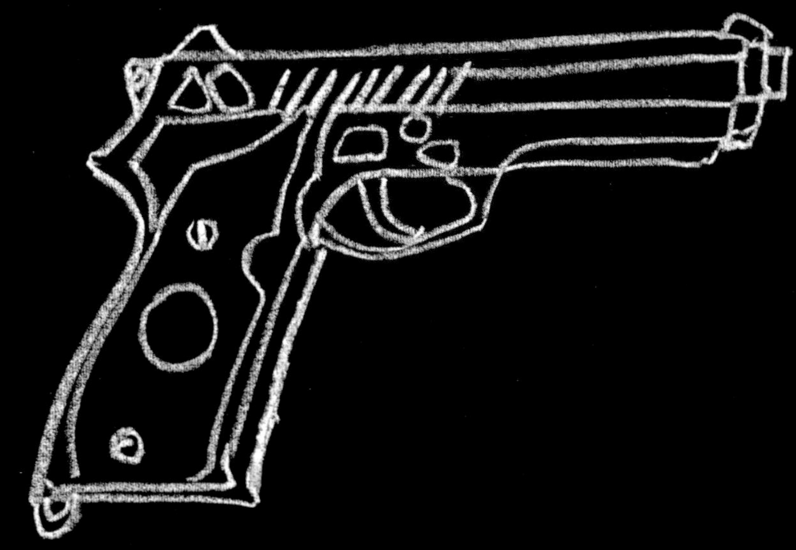

UNTITLED

JUNKT FUNKT Kids

SCULPTURE

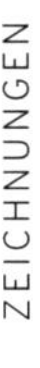

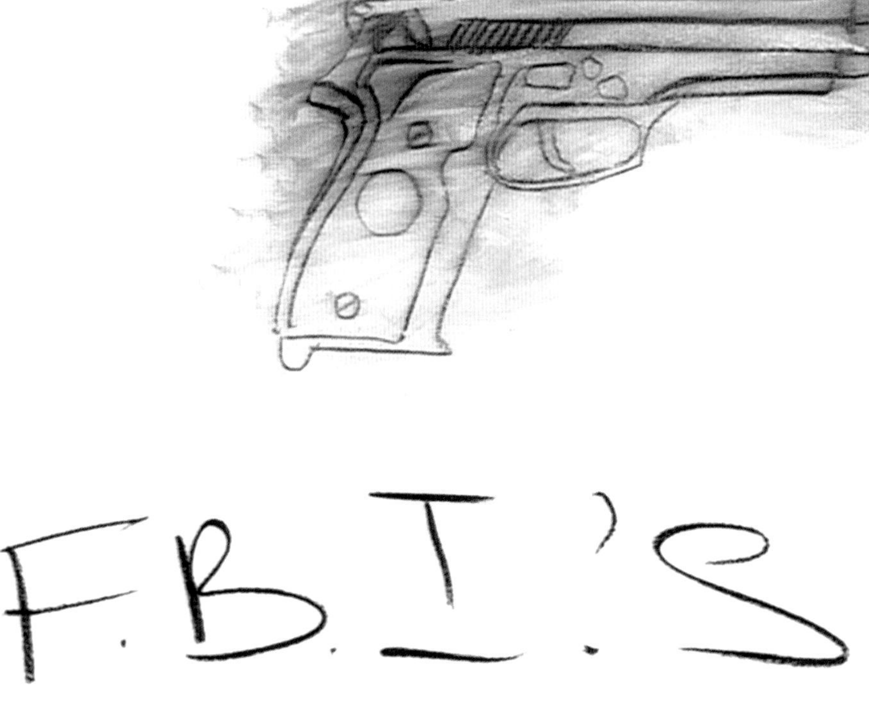
F.B.I.'S

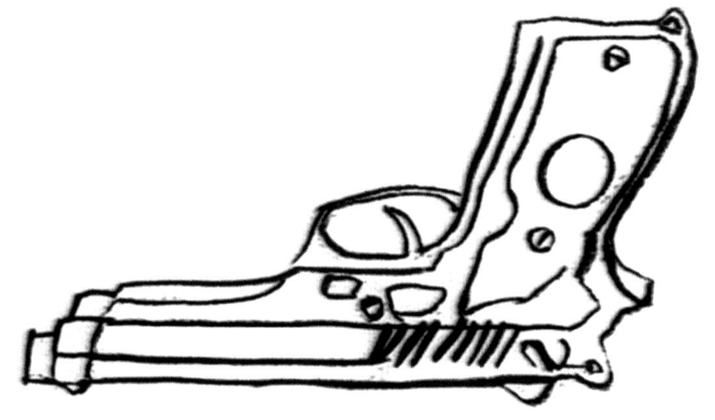

THE HARD LIVING

SKULPTUREN

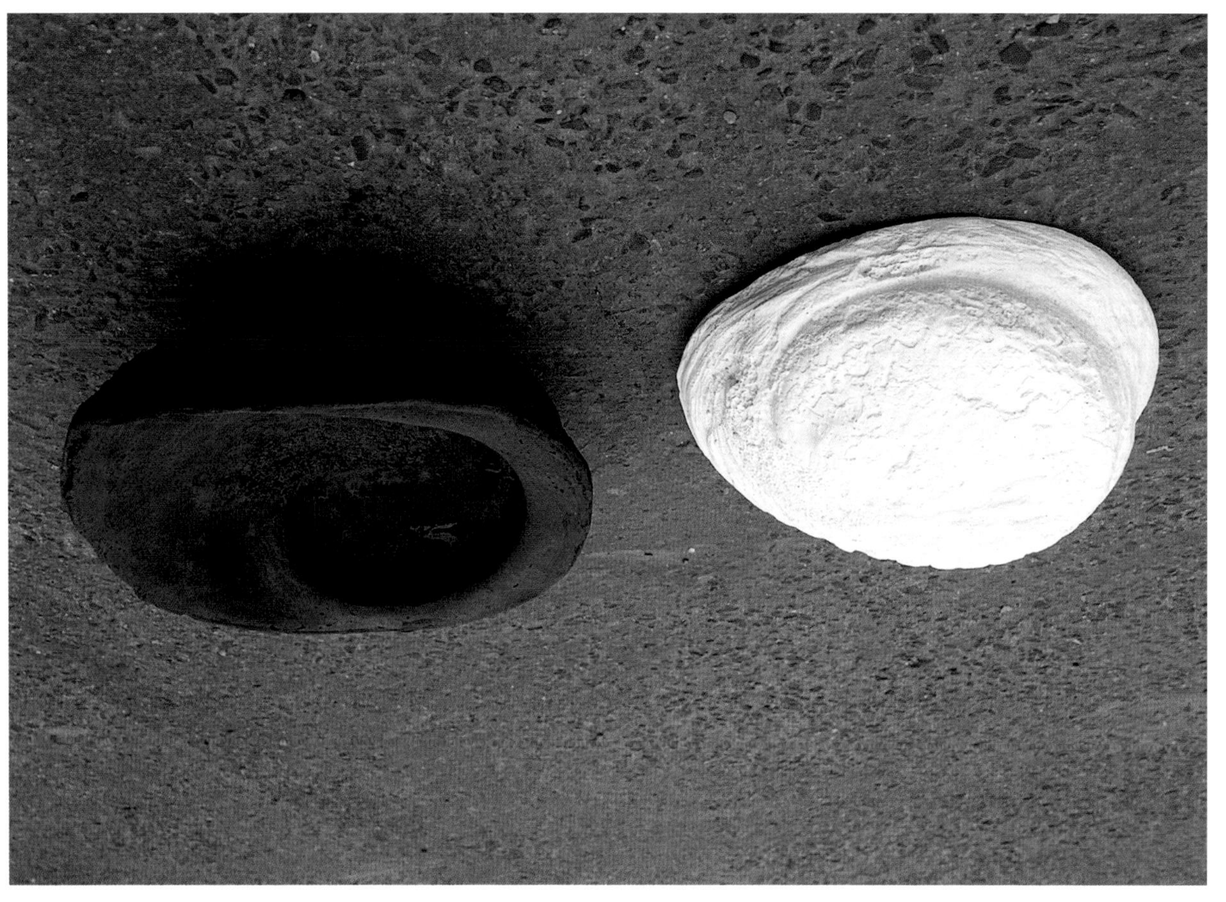

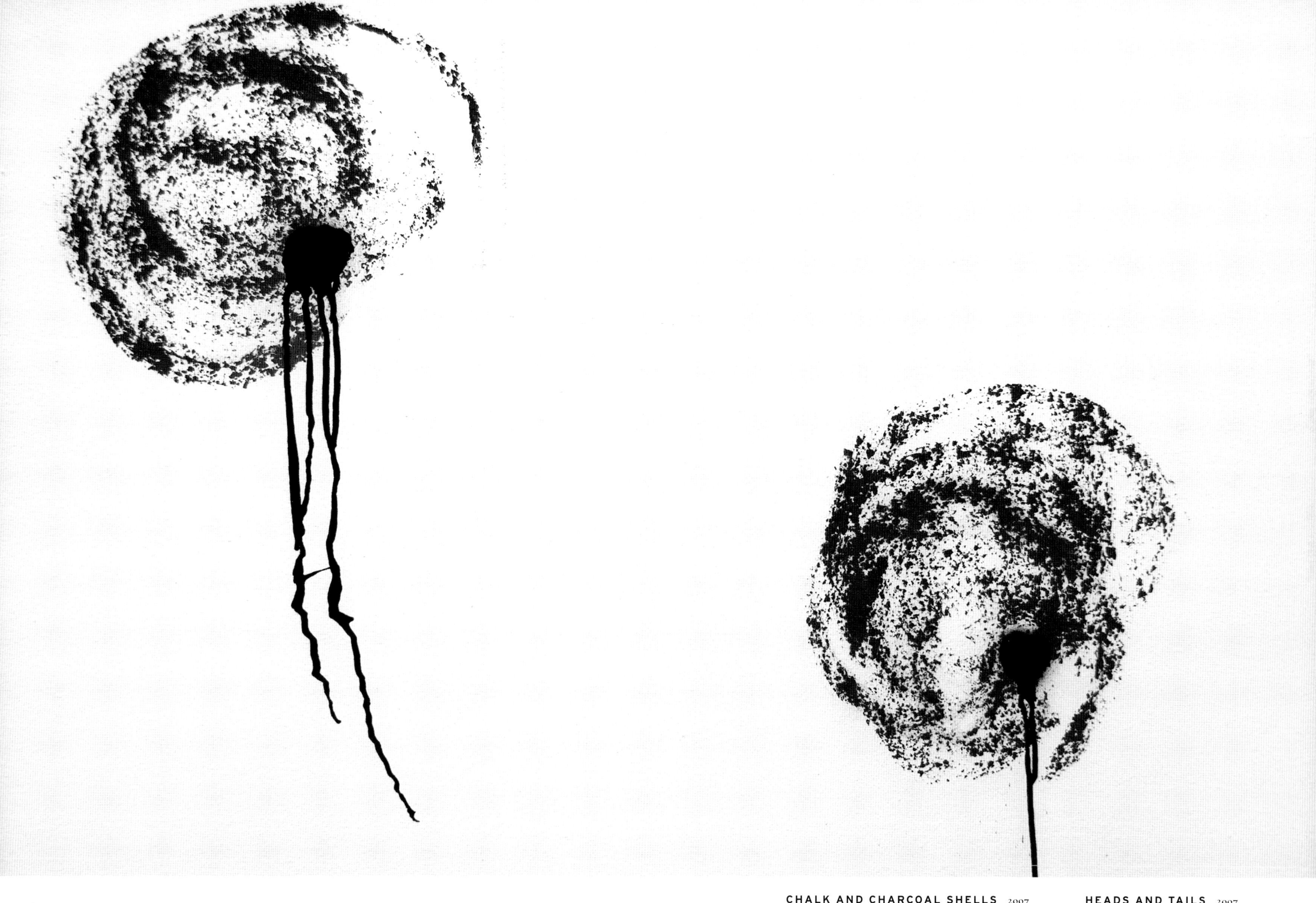

CHALK AND CHARCOAL SHELLS 2007

HEADS AND TAILS 2007

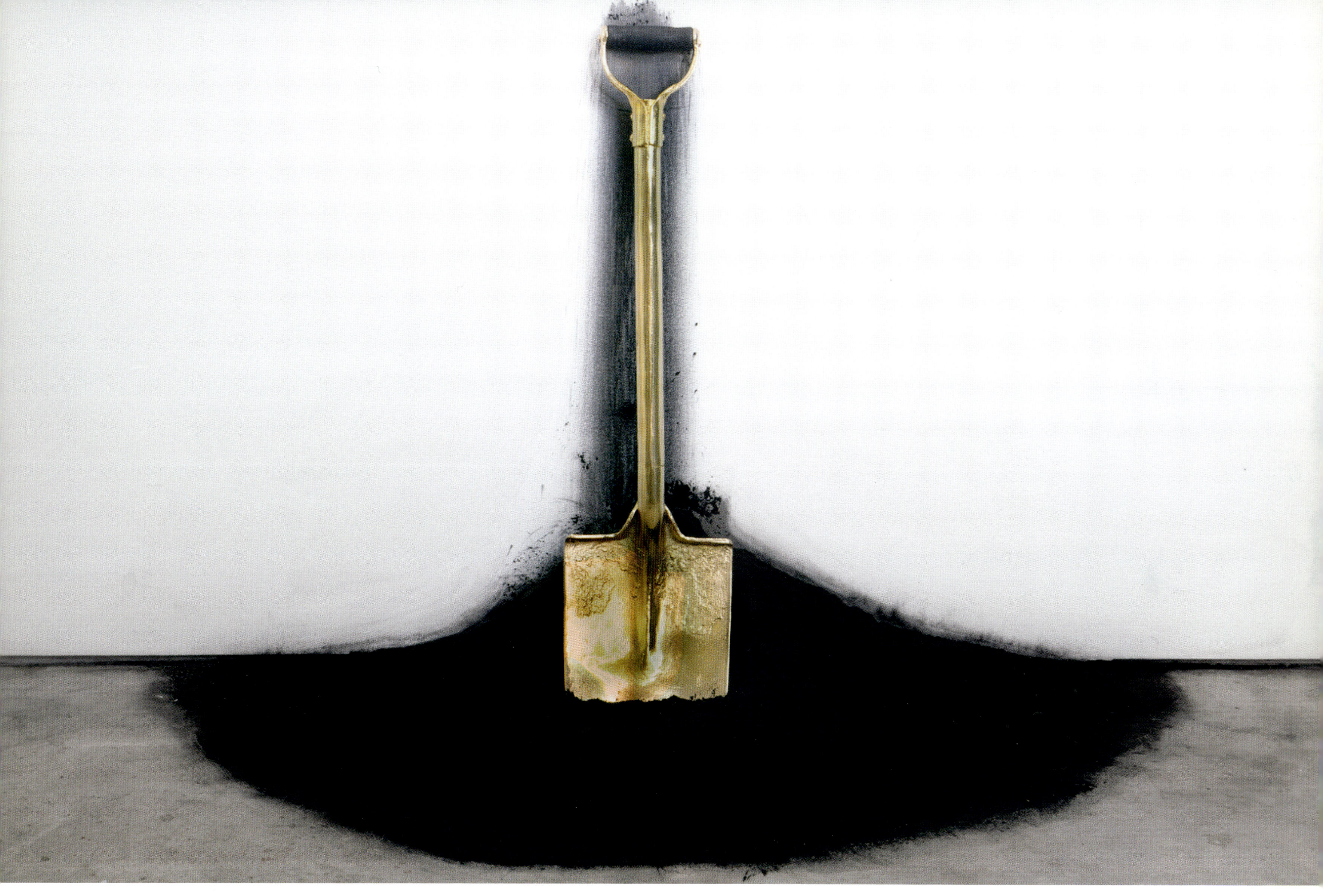

SPADE 2007

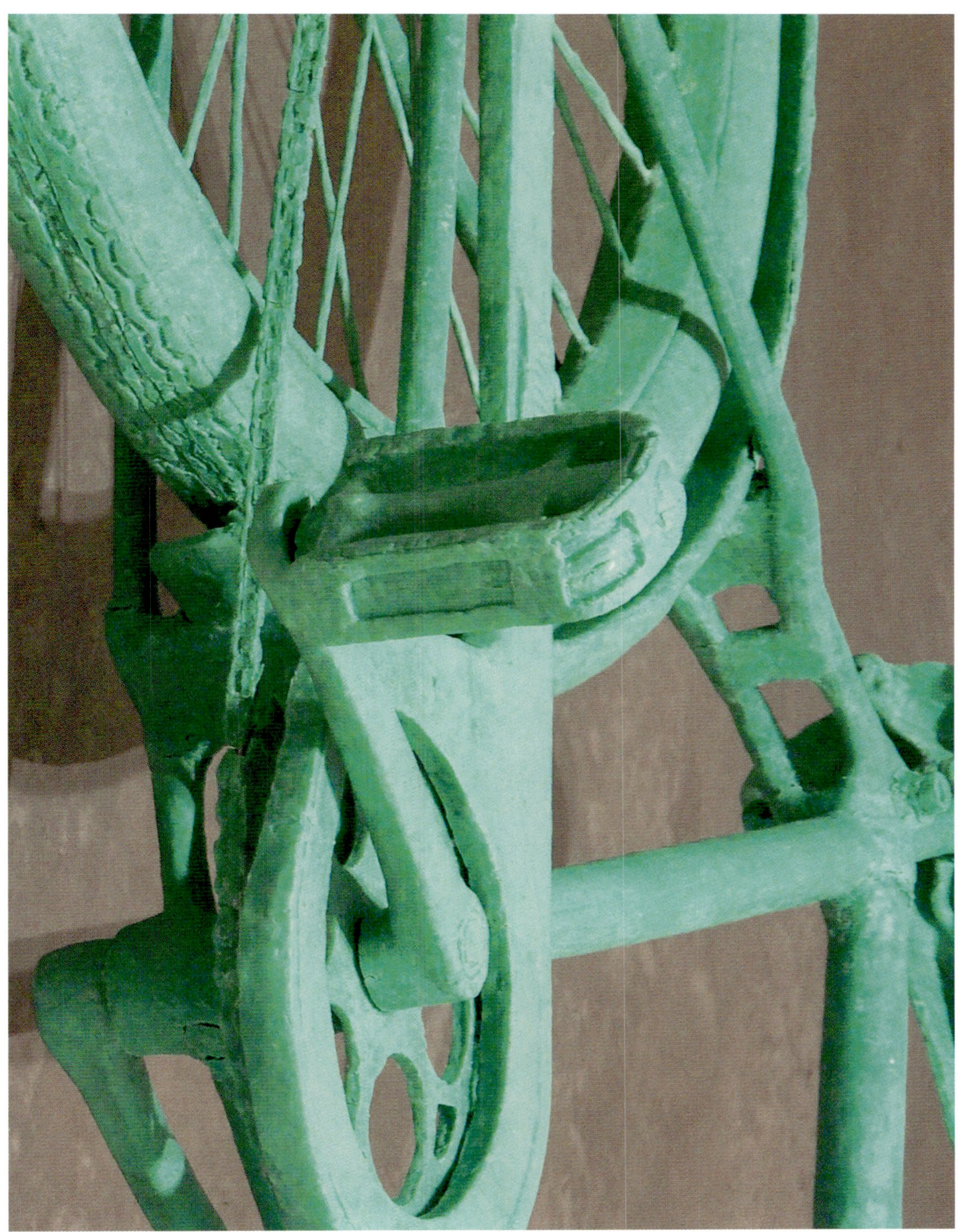

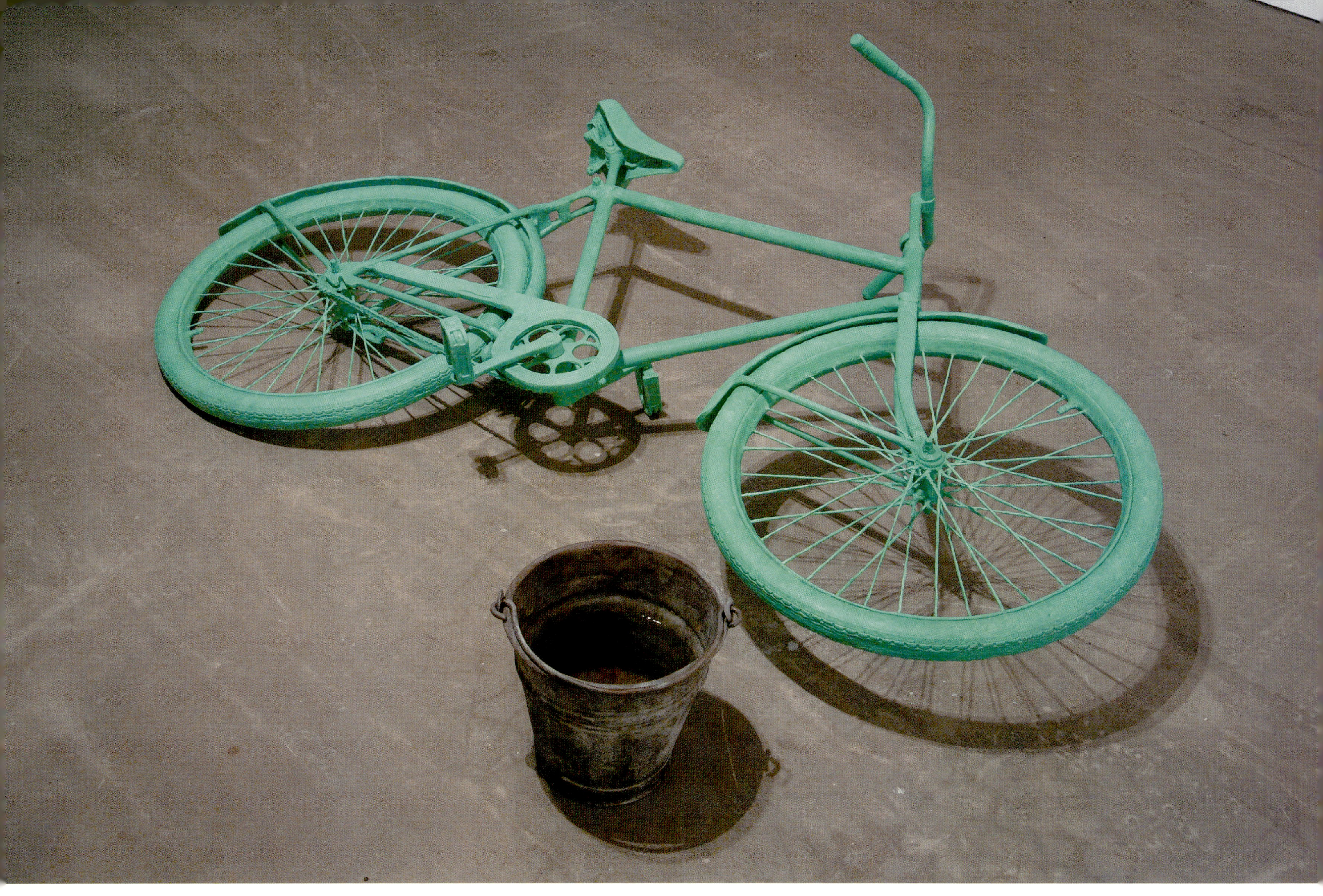

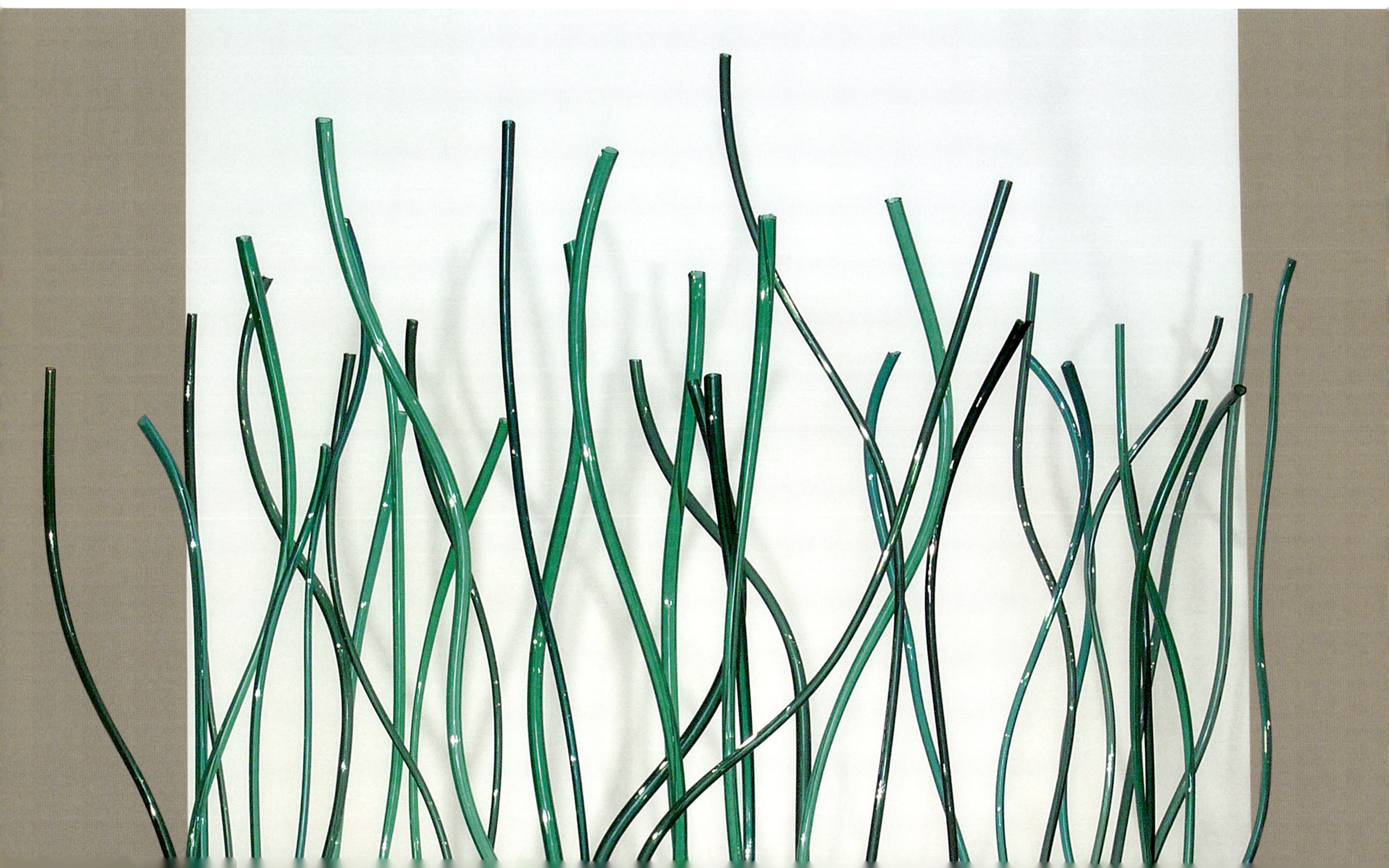

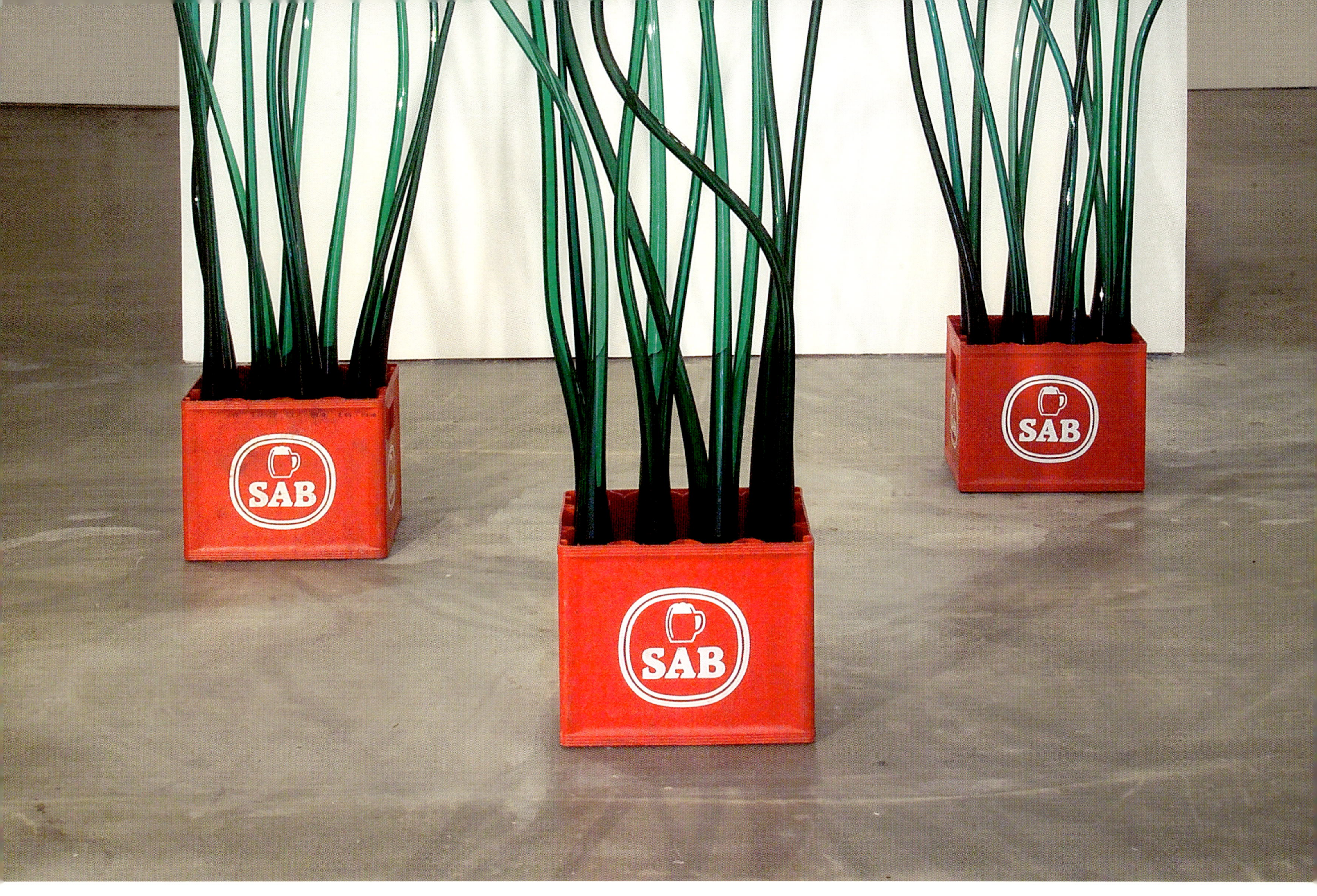

EMPTIES (GREEN) 2007

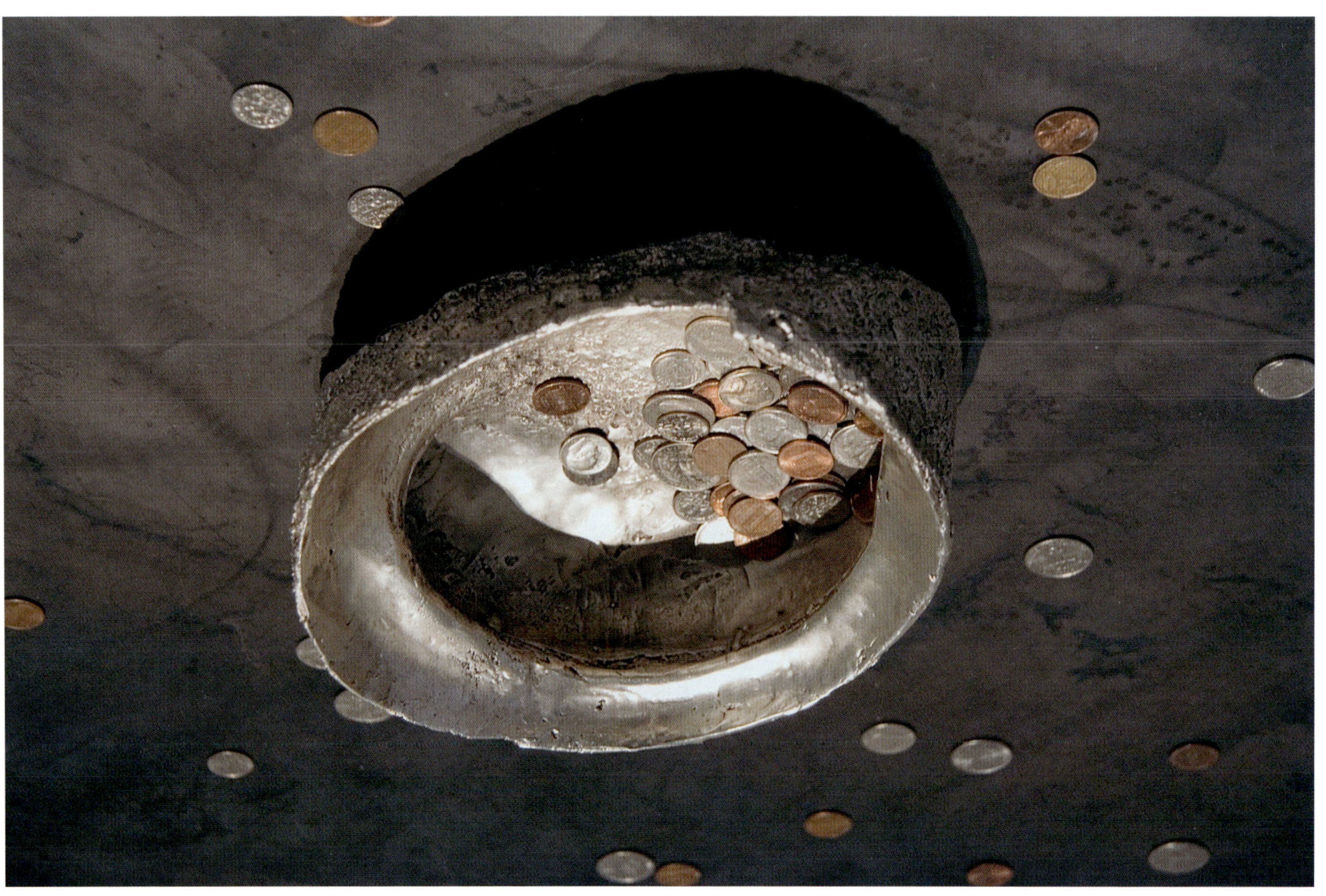

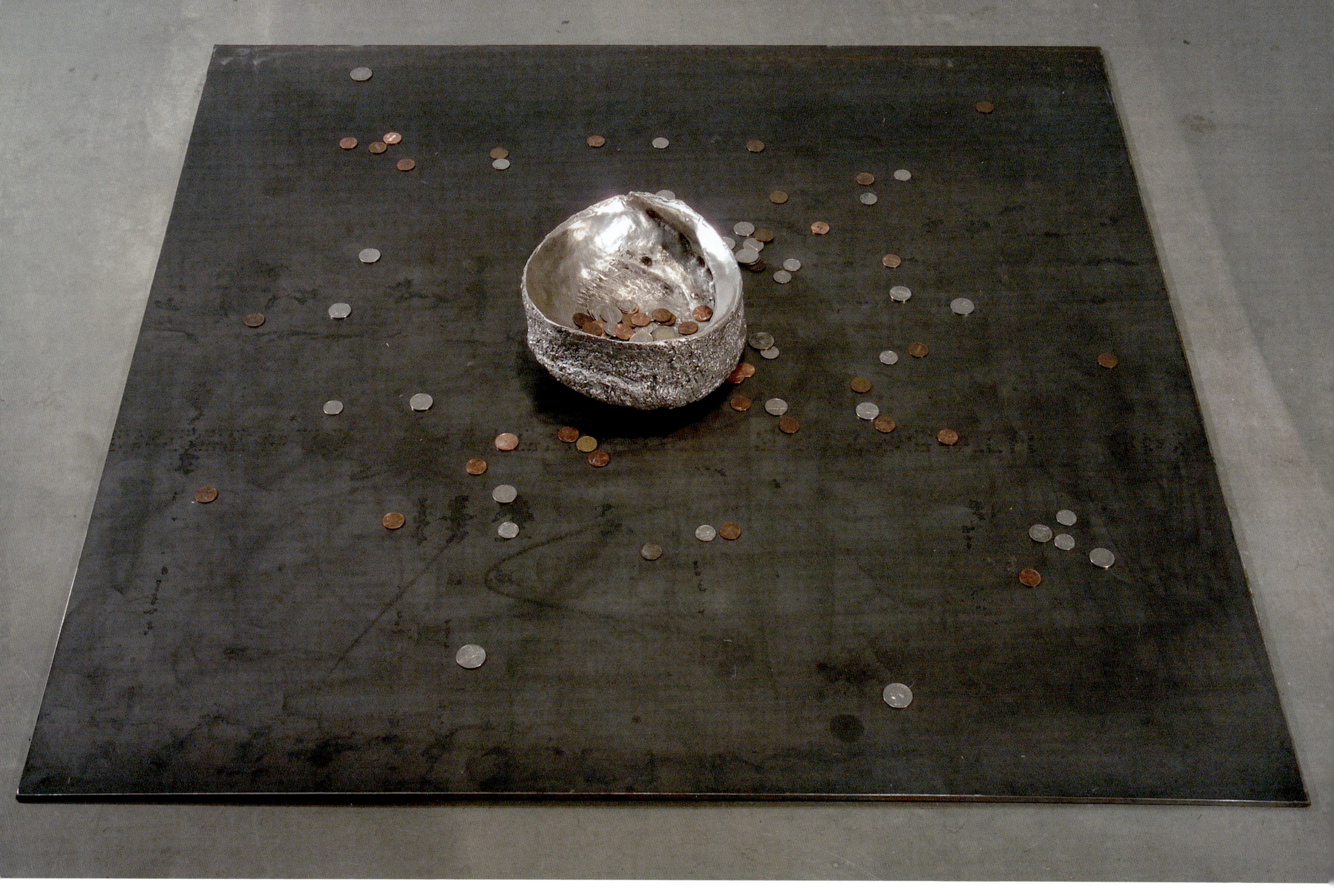

CAP N' COINS 2007

WERKVERZEICHNIS

Alle Werke © Robin Rhode
* In der Ausstellung gezeigte Werke

FOTOGRAFISCHE SERIEN

Wenn nicht anders angegeben:
Courtesy Perry Rubenstein Gallery, New York

JUGGLA 2007 *
20 digitale Pigmentdrucke
Jeweils 53,3 × 35,6 cm
Auflage 5 + 2 e. a.
Abbildung S. 88–89 (Auswahl)

WALK THE DAWG 2007
12 C-Prints
Jeweils 41,9 × 55,9 cm
Auflage 5 + 2 e. a.
Courtesy Perry Rubenstein Gallery, New York, und carlier | gebauer, Berlin
Ohne Abbildung

BLACKHEAD 2006 *
16 digitale Pigmentdrucke
Jeweils 39,4 × 55,9 cm
Auflage 5 + 2 e. a.
Courtesy Perry Rubenstein Gallery, New York, und carlier | gebauer, Berlin
Abbildung S. 78–79 (Auswahl)

TABLE OF CONTENTS 2006
36 digitale Pigmentdrucke
Jeweils 33 × 50,2 cm
Auflage 5 + 2 e. a.
Abbildung S. 80–81

UNTITLED (RINGS) 2006
28 Silbergelatineabzüge
Jeweils 45 × 30 cm
Auflage 5 + 1 e. a.
Courtesy Tucci Russo Studio per l'Arte Contemporanea, Torre Pelice, und Perry Rubenstein Gallery, New York
Abbildung S. 82–83 (Auswahl)

UNTITLED (STREET LIGHT) 2006 *
24 Silbergelatineabzüge
Jeweils 45 × 30 cm
Auflage 5 + 1 e. a.
Courtesy Tucci Russo Studio per l'Arte Contemporanea, Torre Pelice, und Perry Rubenstein Gallery, New York
Abbildung S. 84–85 (Auswahl)

WHEEL OF STEEL 2006 *
9 Silbergelatineabzüge
Jeweils 39,4 × 55,9 cm
Auflage 5 + 2 e. a.
Abbildung S. 86–87 (Auswahl)

UNTITLED (ANCHOR) 2005
9 C-Prints
Jeweils 30,5 × 45,7 cm
Auflage 5 + 1 e. a.
Abbildung S. 66–67

UNTITLED (BUCKET) 2005
10 C-Prints
Jeweils 30,3 × 45,4 cm
Auflage 5 + 1 e. a.
Ohne Abbildung

UNTITLED (DREAM HOUSES) 2005
28 C-Prints
Jeweils 46 × 31 cm
Auflage 5 + 1 e. a.
Abbildung S. 68–69 (Auswahl)

UNTITLED (HARD RAIN) 2005 *
16 C-Prints
Jeweils 45,7 × 30,5 cm
Auflage 5 + 1 e. a.
Abbildung S. 70–71 (Auswahl)

UNTITLED (LANDING) 2005
20 C-Prints
Jeweils 30,5 × 45,7 cm
Auflage 5 + 1 e. a.
Abbildung S. 72–73 (Auswahl)

UNTITLED (SCHOOLED CHAIRS) 2005
16 C-Prints
Jeweils 30,5 × 45,7 cm
Auflage 5 + 1 e. a.
Abbildung S. 74–75 (Auswahl)

UNTITLED (STICKS) 2005
28 C-Prints
Jeweils 30,3 × 45,4 cm
Auflage 5 + 1 e. a.
Ohne Abbildung

UNTITLED (TEAPOT) 2005
12 C-Prints
Jeweils 30,5 × 45,7 cm
Auflage 5 + 1 e. a.
Ohne Abbildung

UNTITLED (YO YO) 2005
15 C-Prints
Jeweils 30,5 × 45,7 cm
Auflage 5 + 1 e. a.
Abbildung S. 76–77 (Auswahl)

AUTOMATIC DROWNING 2004
18 C-Prints
Jeweils 29,5 × 44,3 cm
Auflage 3 + 2 e. a.
Courtesy carlier | gebauer, Berlin
Abbildung S. 50–51 (Auswahl)

COLOR CHART 2004–2006 *
192 C-Prints
Jeweils 24,8 × 30,2 cm
Auflage 5 + 2 e. a.
Abbildung S. 108–109 (Auswahl)

DESCENDING A BRIDGE 2004
2 C-Prints
Jeweils 30,5 × 48,9 cm
Auflage 5 + 1 e. a.
Ohne Abbildung

MASTER BLASTER 2004
6 C-Prints
Jeweils 30,5 × 45,4 cm
Auflage 5 + 1 e. a.
Abbildung S. 52–53

NIGHT BOARDING 2004
6 Silbergelatineabzüge
Jeweils 26,7 x 40 cm
Auflage 5 + 1 e. a.
Abbildung S. 54–55

NIGHT CALLER 2004
11 Silbergelatineabzüge
Jeweils 30,5 × 45,7 cm
Auflage 5 + 1 e. a.
Abbildung S. 56–57 (Auswahl)

PULLING THE LOAD 2004
6 C-Prints
Jeweils 30,5 × 47 cm
Auflage 5 + 1 e. a.
Abbildung S. 58–59

SNAKE EYES 2004 *
12 Silbergelatineabzüge
Jeweils 26,7 × 40 cm
Auflage 5 + 1 e. a.
Abbildung S. 60–61

STACKED DRAWING 2004
10 Silbergelatineabzüge
Jeweils 26,7 × 40 cm
Auflage 5 + 1 e. a.
Abbildung S. 62–63

STONE FLAG 2004
9 C-Prints
Jeweils 30,5 × 45,7 cm
Auflage 5 + 1 e. a.
Abbildung S. 64–65 (Auswahl)

BLACK TIE 2003
8 C-Prints
Jeweils 36,8 × 24,1 cm
Auflage 5 + 2 e. a.
Abbildung S. 46–47 (Auswahl)

BOARD 2003
8 C-Prints
Jeweils 29,9 × 45,7 cm
Auflage 5 + 1 e. a.
Ohne Abbildung

CATCH AIR 2003
12 C-Prints
Jeweils 26 × 34,3 cm
Auflage 5 + 1 e. a.
Abbildung S. 48–49 (Auswahl)

BENCH SLIDE 2002
6 C-Prints
Jeweils 30,2 × 45,4 cm
Auflage 5 + 1 e. a.
Abbildung S. 44–45

COMPANY BENCH 2002
6 C-Prints
Jeweils 30,5 × 48,9 cm
Auflage 5 + 1 e. a.
Ohne Abbildung

BENCH PRESS 2001
9 C-Prints
Jeweils 20 × 27 cm
Auflage 3 + 2 e. a.
Courtesy carlier | gebauer, Berlin
Ohne Abbildung

MOTORBIKE 2001
28 C-Prints
Jeweils 21 × 30,5 cm
Auflage 3 + 2 e. a.
Courtesy carlier | gebauer, Berlin
Ohne Abbildung

STOOL 2001
6 Digitalpigmentdrucke
Jeweils 30,5 × 32,5 cm
Auflage 5 + 2 e. a.
Courtesy Perry Rubenstein Gallery,
New York, und carlier | gebauer, Berlin
Ohne Abbildung

THE MATRIKS 2001
12 C-Prints
Jeweils 21,9 × 30,5 cm
Auflage 5 + 1 e. a.
Courtesy Galerie Kamel Mennour, Paris
Abbildung S. 42–43

HE GOT GAME 2000
12 C-Prints
Jeweils 22,9 × 29,8 cm
Auflage 5 + 1 e. a.
Abbildung S. 40–41

CLASSIC BIKE 1998
12 C-Prints
Jeweils 29,8 × 45,7 cm
Auflage 5 + 1 e. a.
Abbildung S. 38–39 (Auswahl)

ANIMATIONEN

Wenn nicht anders angegeben:
Courtesy Perry Rubenstein Gallery, New York

HARVEST 2005 *
00:03:48
Auflage 5 + 2 e. a.
Courtesy Perry Rubenstein Gallery,
New York, carlier | gebauer, Berlin, und Tucci Russo
Studio per l'Arte Contemporanea, Torre Pellice
Abbildung S. 106–107 (Videostills)

UNTITLED (SPADE FOR SPADE) 2005
00:02:47
Auflage 5 + 2 e. a.
Courtesy Perry Rubenstein Gallery,
New York, und Tucci Russo Studio per l'Arte
Contemporanea, Torre Pellice
Abbildung S. 110–111 (Videostills)

COLOR CHART 2004–2006
00:04:50
Auflage 5 + 2 e. a.
Abbildung S. 108–109 (Videostills)

HE GOT GAME 2004
00:01:04
Auflage 5 + 2 e. a.
Ohne Abbildung

STREET GYM 2004
00:00:43
Auflage 5 + 2 e. a.
Abbildung S. 102–103 (Videostills)

THE SHOWER 2004
00:03:42
Auflage 5 + 2 e. a.
Courtesy Perry Rubenstein Gallery,
New York, und carlier | gebauer, Berlin
Ohne Abbildung

THE STRIPPER 2004
00:02:22
Auflage 5 + 2 e. a.
Abbildung S. 104–105 (Videostills)

HORSE 2002
00:00:53
Auflage 5 + 2 e. a.
Abbildung S. 92–93 (Videostills)

MARONGRONG 2002
00:01:01
Auflage 5 + 2 e. a.
Abbildung S. 94–95 (Videostills)

NEW KIDS ON THE BIKE 2002
00:01:21
Auflage 5 + 2 e. a.
Abbildung S. 100–101 (Videostills)

SEE/SAW 2002
00:00:55
Auflage 5 + 2 e. a.
Abbildung S. 96–97 (Videostills)

WHITE WALLS 2002
00:00:50
Auflage 5 + 2 e. a.
Abbildung S. 98–99 (Videostills)

HONDJIE 2001
00:01:20
Auflage 5 + 2 e. a.
Ohne Abbildung

PERFORMANCES

Alle Performances:
Courtesy Perry Rubenstein Gallery, New York

UNTITLED 2007 *
Mori Art Museum, Tokio
Abbildungen S. 128–129 (Videostills)

UNTITLED (SKIPPING ROPE) 2005 *
Musée d'art moderne de la ville de Paris /ARC, Paris
Ohne Abbildung

UNTITLED (SKIPPING ROPE) 2005 *
The Museum of Modern Art, New York
Abbildung S. 126–127 (Videostills)

BREAK IN 2004 *
New Museum of Contemporary Art, New York
Ohne Abbildung

NIGHT CALLER 2004 *
Perry Rubenstein Gallery, New York
Ohne Abbildung

PULLING LOADS 2004 *
Museo Tamayo Arte Contemporáneo,
Mexico-Stadt
Ohne Abbildung

THE SCORE 2004 *
Artists Space, New York
Abbildung S. 124–125 (Videostills)

UNTITLED (EXIT/ENTRY) 2004 *
Contemporary Arts Museum, Houston
Abbildung S. 122–123 (Videostills)

CAR THEFT 2003 *
Walker Art Center, Minneapolis
Abbildung S. 118–119 (Videostills)

CAR WASH 2003 *
Walker Art Center, Minneapolis
Abbildung S. 116–117 (Videostills)

UNTITLED 2003 *
Fondazione Sandretto Re Rebaudengo, Turin
Abbildung S. 120–121 (Videostills)

MOTORBIKE 2001 *
Gasworks Gallery, London
Abbildung S. 114–115 (Videostills)

FILMPROJEKTE

Wenn nicht anders angegeben:
Courtesy Perry Rubenstein Gallery, New York

CANDLE 2007 *
16-mm-Film
Schwarz-Weiß
00:02:15
Auflage 5 + 2 e. a.
Courtesy Perry Rubenstein Gallery,
New York, und carlier | gebauer, Berlin
Abbildung S. 140–141 (Filmstills)

THE STORYTELLER 2006 *
16-mm-Film auf Video übertragen
Farbe
00:13:18
Auflage 3 + 2 e. a.
Courtesy Perry Rubenstein Gallery,
New York, und carlier | gebauer, Berlin
Abbildung S. 138–139 (Filmstills)

UNTITLED (AIR GUITAR) 2005
Super-8-Film auf Video übertragen
Schwarz-Weiß
00:07:15
Auflage 5 + 2 e. a.
Courtesy Perry Rubenstein Gallery,
New York, und Tucci Russo Studio per l'Arte
Contemporanea, Torre Pellice
Abbildung S. 132–133 (Filmstills)

UNTITLED (BOTTLES) 2005
Super-8-Film auf Video übertragen
Schwarz-Weiß
00:10:09
Auflage 5 + 2 e. a.
Courtesy Perry Rubenstein Gallery,
New York, und Tucci Russo Studio per l'Arte
Contemporanea, Torre Pellice
Abbildung S. 134–135 (Filmstills)

UNTITLED (MICROPHONE) 2005
Super-8-Film auf Video übertragen
Schwarz-Weiß
00:10:23
Auflage 5 + 2 e. a.
Courtesy Perry Rubenstein Gallery,
New York, und Tucci Russo Studio per l'Arte
Contemporanea, Torre Pellice
Abbildung S. 136–137 (Filmstills)

SPACE DRAWINGS 2004–2005
Video
Schwarz-Weiß
00:12:59
Auflage 5 + 2 e. a.
Ohne Abbildung

DIAPROJEKTIONEN

Alle Diaprojektionen:
Courtesy Perry Rubenstein Gallery,
New York, und carlier | gebauer, Berlin

JUNE'S WINDOW 2006 *
80 Diapositive
Auflage 3 + 2 e. a.
Abbildung S. 144–145 (Auswahl)

UNTITLED (BITS AND PIECES) 2004 *
160 Diapositive (Doppelprojektion)
Auflage 3 + 2 e. a.
Abbildung S. 148–149 (Auswahl)

UNTITLED (WINEBOTTLES) 2004 *
80 Diapositive
Auflage 3 + 2 e. a.
Abbildung S. 146–147 (Auswahl)

ZEICHNUNGEN

Alle Zeichnungen:
Courtesy Perry Rubenstein Gallery, New York

8 Zeichnungen aus der Serie **GUN DRAWINGS** 2004
Je 69,9 × 100,3 cm

28
Kohle auf Papier
Abbildung S. 153

DESERT RABBITS
Kohle auf Papier
Abbildung S. 152

F.B.I.'S 2004
Kohle auf Papier
Abbildung S. 158

JUNKY FUNKY KIDS
Kohle auf Papier
Abbildung S. 156

SCULPTURE
Kohle auf Papier
Abbildung S. 157

THE AMERICANS
Kohle auf Papier
Abbildung S. 154

THE HARD LIVINGS
Kohle auf Papier
Abbildung S. 159

UNTITLED
Kreide auf schwarzem Papier
Abbildung S. 155

SKULPTUREN

Wenn nicht anders angegeben:
Courtesy Perry Rubenstein Gallery, New York

CAP N' COINS 2007 *
Versilberte Bronze, Stahl und Münzen
Maße variabel
Auflage 3 + 2 e. a.
Courtesy Perry Rubenstein Gallery,
New York, und carlier | gebauer, Berlin
Abbildung S. 170–171

CHALK AND CHARCOAL SHELLS 2007 *
Kreide und Kohle
Jeweils 17,5 × 15 × 5,5 cm
Courtesy Perry Rubenstein Gallery,
New York, und carlier | gebauer, Berlin
Abbildung S. 162 (Ausstellungsansicht
ROBIN RHODE, Perry Rubenstein Gallery, 2007)

EMPTIES (GREEN) 2007 *
Satz mit 12 handgeblasenen Glasflaschen
und roter Plastikkiste
Kiste: 305 × 35,6 × 27,9 cm
Höchste Flasche: 228,6 × 7,6 × 7,6 cm
Auflage 3 + 2 e. a.
Abbildung S. 168–169 (Ausstellungsansicht
ROBIN RHODE, Perry Rubenstein Gallery, 2007)

HEADS AND TAILS (Detail) 2007
Kohle und Sprühfarbe mit *Charcoal Shell*
Maße variabel
Abbildung S. 163 (Ausstellungsansicht
ROBIN RHODE, Perry Rubenstein Gallery, 2007)

SOAP AND WATER 2007 *
Seife, Stahl, Bronze und Wasser
Fahrrad: 188 × 114 × 64 cm
Eimer: 30 × 33 × 30 cm
Auflage 3 + 2 e. a.
Courtesy Perry Rubenstein Gallery,
New York, und carlier | gebauer, Berlin
Abbildung S. 166–167 (Ausstellungsansicht
ROBIN RHODE, Perry Rubenstein Gallery, 2007)

SPADE 2007 *
Vergoldete Bronze und Kohle
88 × 21 × 9 cm
Auflage 3 + 2 e. a.
Courtesy Perry Rubenstein Gallery,
New York, und carlier | gebauer, Berlin
Abbildung S. 165 (Blick in die Ausstellung
ROBIN RHODE, Perry Rubenstein Gallery, 2007)

WERKE VON ROBIN RHODE SIND IN DEN FOLGENDEN SAMMLUNGEN VERTRETEN:

BHP Billiton South African Art Collection, Johannesburg;
Collection Frac Champagne-Ardenne, Reims;
Collection Martin Z. Margulies, Miami, Florida;
Collection of Beth Rudin DeWoody, Palm Beach, Florida;
Collection of Donald J. Bryant Jr., New York;
Collection of Eileen Harris Norton, Santa Monica, Kalifornien;
Collection of Lenore and Adam Sender, New York;
Ebrahim Melamed, Honart Museum Collection, Teheran;
General Mills Art Collection, Minneapolis, Minnesota;
Hall Collection, Southport, Connecticut;
Johannesburg Art Gallery, Johannesburg;
Lauren and Benedikt Taschen Collection;
Marieluise Hessel Collection, Hessel Museum of Art, Center for Curatorial Studies, Bard College, Annandale-on-Hudson, New York;
Musée d'Art Moderne de la Ville de Paris, Paris;
Nasher Museum of Art at Duke University, Durham, North Carolina;
Orange County Museum of Art, Orange County, Kalifornien;
Rubell Family Collection, Miami, Florida;
Solomon R. Guggenheim Museum, New York;
South African National Gallery, Kapstadt;
Steven A. Cohen Collection, Stamford, Connecticut;
The Dakis Joannou Collection, Athens;
The Ella Fontanals Cisneros Collection, Miami, Florida;
The Ninah and Michael Lynne Collection, New York;
The Museum of Modern Art (MoMA), New York;
The Studio Museum in Harlem, New York;
Walker Art Center, Minneapolis, Minnesota.

ROBIN RHODE

Geboren 1976 in Kapstadt
Lebt und arbeitet in Berlin

AUSBILDUNG

2000
South African School of Film, Television and Dramatic Arts, Johannesburg

1998
Abschluss in Bildender Kunst, Technikon Witwatersrand, Johannesburg

EINZELAUSSTELLUNGEN (Auswahl)

2007
Walk off, Haus der Kunst, München
Robin Rhode, Perry Rubenstein Gallery, New York

2006
The Storyteller, carlier | gebauer, Berlin
Robin Rhode, Shiseido Gallery, Tokio
Robin Rhode, Le Collège/FRAC Champagne-Ardenne, Reims

2005
Street Smart, Rubell Family Collection, Miami, Florida

2004
Robin Rhode, Perry Rubenstein Gallery, New York
Busted, New Langton Arts, San Francisco, Kalifornien (mit Felipe Dulzaides)
The Score, Artists Space, New York
The Animators, The Rose Art Museum, Brandeis University, Waltham, Massachusetts

2000
Fresh, South African National Gallery, Kapstadt
Living in Public, Market Theatre Galleries, Johannesburg

GRUPPENAUSSTELLUNGEN (Auswahl)

2007
Kunstpreis der Böttcherstraße in Bremen 2007, Kunsthalle Bremen
Street Level: Mark Bradford, William Cordova, and Robin Rhode, Nasher Museum of Art at Duke University, Durham, North Carolina
Cape 07, University of Stellenbosch Gallery, Kapstadt
Momentary Momentum: Animated Drawings, Parasol Unit Foundation for Contemporary Art, London
All About Laughter: The Role of Humour in Contemporary Art, Mori Art Museum, Tokio

2006
Dirty Joga: 2006 Taipei Biennial, Taipei Fine Arts Museum, Taipeh
Venice-Istanbul: Selections from the 51st International Venice Biennale, Istanbul Museum of Modern Art, Istanbul
Version Animée: Animation in Contemporary Art, Centre pour l'image contemporaine, Genf
Street: Behind the Cliché, Witte de With Center for Contemporary Art, Rotterdam
Out of Time: a Contemporary View, The Museum of Modern Art, New York
Ars Viva 05/06 – Identität/Identity, Kunst-Werke Berlin e.V., Berlin
Echigo Tsumari Triennale 2006, Echigo-Tsumari
Human Game. Winners and Losers, Stazione Leopolda, Florenz
Empieza el Juego, La Casa Encendida, Madrid
The Beautiful Game: Contemporary Art and Fútbol, BICA, Brooklyn Institute of Contemporary Art, New York
Dak'Art, Biennale de l'art africain contemporain, Dakar
Collection in Context: Gesture, The Studio Museum in Harlem, New York
Contemporary Masterworks: St. Louis Collects, Contemporary Art Museum St. Louis, St. Louis, Missouri
Mima Offsite: Animated Drawing, Middlesbrough Institute for Modern Art, Middlesbrough
Personal Affects: Power & Poetics in Contemporary South African Art, The Contemporary Museum, Honolulu, Hawaii
Biennale Cuvée. World Selection of Contemporary Art, O.K. Centrum für Gegenwartskunst, Linz

2005
Hidden Rhythms, Museum Het Valkhof & Paraplufabriek, Nijmegen
New Photography '05, The Museum of Modern Art, New York
Sounds like Drawing, The Drawing Room, London
Sculpture in a Non-Objective Way (S.N.O.W.), Tucci Russo Studio per l'arte contemporanea, Torre Pellice
Ars Viva 05/06 – Identität/Identity, Kunsthalle Rostock
Art Circus, Yokohama Triennial, Yokohama Museum of Art, Yokohama
Irreducible: Contemporary Short Form Video, Miami Art Central, Miami, Florida
The Experience of Art, Italian Pavilion, 51st International Art Exhibition: La Biennale di Venezia, Venedig
I Still Believe in Miracles/Drawing Space (Part 1), Musée d'art moderne de la ville de Paris/ARC, Paris
Attention à la marche (histoires de gestes), La Galerie, Centre d'art contemporain Noisy-le-Sec
Tres Escenarios, Centro Atlántico de Arte Moderno (CAAM), Las Palmas, Gran Canaria
How Latitudes Become Forms, Museum of Modern Art Monterrey, Mexiko
Upon Further Review; Looking at Sports in Contemporary Art, The Bertha and Karl Leubsdorf Art Gallery at Hunter College, New York

2004
Dedicated to a Proposition, Extra City Center for Contemporary Art, Antwerpen
How Latitudes Become Forms, Museo Tamayo Arte Contemporáneo, Mexiko-Stadt
Personal Affects: Power and Poetics in Contemporary South African Art, Museum for African Art, Long Island City, New York, und The Cathedral of St. John the Divine, New York
Adaptive Behavior, New Museum of Contemporary Art, New York
MINE(D)FIELDS, Kunsthaus Baselland, Muttenz, Basel; Stadtgalerie Bern, Bern
How Latitudes Become Forms, Contemporary Arts Museum, Houston, Texas

Tremor – Contemporary South African Art, Palais des Beaux Arts, Charleroi
Things You Don't Know 2, Home Gallery, Prag
Schizorama, National Centre for Contemporary Art (NCAA), Moskau

2003
Making Space, Platform Garanti Contemporary Art Center, Istanbul
How Latitudes Become Forms, Fondazione Sandretto Re Rebaudengo, Turin
Things You Don't Know 2, Galerie K & S, Berlin
How Latitudes Become Forms, Walker Art Center, Minneapolis, Minnesota
Coexistence: Contemporary Cultural Production in South Africa, The Rose Art Museum, Brandeis University, Boston, Massachusetts

2002
Survivre à l'apartheid. De Drum Magazine à Aujourd'hui, Maison européenne de la photographie und Le Studio – Yvon Lambert, Paris
Playtime: Video Art and Identity in South Africa, Museum Africa, Johannesburg
Dislocation, Image and Identity in South Africa, Sala Rekalde, Bilbao
Shelf Life, Spike Island, Bristol

2001
Shelf Life, Gasworks Gallery, London
FNB Vita Art Prize, NSA Gallery, Durban
Tour Guides of the Inner City, Market Theatre Galleries, Johannesburg
Switch On/Off, Klein Karoo National Arts Festival, Oudtshoorn
Light Sculptures, Klein Karoo National Arts Festival, Oudtshoorn
Juncture, The Granary, Kapstadt; Studio Voltaire, London

2000
Pulse: Open Circuit, NSA Gallery, Durban

1999
Babel Tower – 70 South African Artists, Johannesburg Civic Gallery, Johannesburg
Softserve, South African National Gallery, Kapstadt
Visions of the Future: The World's Largest Canvas, Johannesburg Civic Gallery, Johannesburg
Personal Concerns, Market Theatre Galleries, Johannesburg
Truth Veils: The Inner City, Market Theatre Galleries, Johannesburg
Channel: South African Video Art, Association for Video Art (AVA), Kapstadt
Unplugged IV, Market Theatre Galleries, Johannesburg

1998
Human Rights Day Exhibition, Hillbrow Fort, Johannesburg
Technikon Witwatersrand Final Year Exhibition, Market Theatre Galleries, Johannesburg

PERFORMANCES

2007
UNTITLED, *All About Laughter: The Role of Humour in Contemporary Art,* Mori Art Museum, Tokio

2005
UNTITLED (SKIPPING ROPE), *New Photography '05,* The Museum of Modern Art, New York
UNTITLED (SKIPPING ROPE), *I Still Believe in Miracles/Drawing Space (part 1),* Musée d'art moderne de la ville de Paris/ARC, Paris

2004
PULLING LOADS, *How Latitudes Become Forms,* Museo Tamayo Arte Contemporáneo, Mexiko-Stadt
BREAK IN, *Adaptive Behavior,* New Museum of Contemporary Art, New York
NIGHT CALLER, *Robin Rhode,* Perry Rubenstein Gallery, New York
UNTITLED (EXIT/ENTRY), *How Latitudes Become Forms,* Contemporary Arts Museum, Houston, Texas
THE SCORE, *The Score,* Artists Space, New York

2003
UNTITLED, *How Latitudes Become Forms,* Fondazione Sandretto Re Rebaudengo, Turin
CAR THEFT, CAR WASH, *How Latitudes Become Forms,* Walker Art Center, Minneapolis, Minnesota

2001
MOTORBIKE, *Shelf Life,* Gasworks Gallery, London

2000
LEAK, UPSIDE DOWN BIKE, BENCH, *Fresh,* South African National Gallery, Kapstadt
UNTITLED, *Living in Public,* Market Theatre Galleries, Johannesburg

PREISE UND STIPENDIEN

2007
Gewinner des *illycaffè Prize,* artbrussels 2007, Brüssel

2006
Gewinner des Preises der *W South Beach Commission,* Art Positions at Art Basel Miami Beach 2006, Miami, Florida

2005
Ars Viva 05/06 – Identität/Identity, Kulturkreis der Deutschen Wirtschaft, Berlin

2003
Arbeitsstipendium, Walker Art Center, Minneapolis, Minnesota
Arbeitsstipendium, The Rose Art Museum, Brandeis University, Boston, Massachusetts

2001
Arbeitsstipendium, Karl Hofer Gesellschaft, Universität der Künste, Berlin
Arbeitsstipendium, Gasworks Gallery, London

2000
Arbeitsstipendium, South African National Gallery, Kapstadt

KATALOGE & BÜCHER

(E) Einzelausstellungen
(G) Gruppenausstellungen

2007

All About Laughter: Humor in Contemporary Art, hrsg. von Mami Kataoka, Ausst.-Kat. Mori Art Museum, Tokio. **(G)**

Kunstpreis der Böttcherstraße in Bremen 2007, hrsg. von Michael Sauer, Ausst.-Kat. Kunsthalle Bremen, Bremen. **(G)**

Momentary Momentum: Animated Drawing, hrsg. von Ziba de Weck Ardalan, Ausst.-Kat. Parasol Unit Foundation for Contemporary Art, London. **(G)**

Street Level: Mark Bradford, William Cordova, and Robin Rhode, hrsg. von Trevor Schoonmaker, Ausst.-Kat. Nasher Museum of Art at Duke University, Durham, North Carolina. **(G)**

2006

Animated Drawing, hrsg. von Judith Winter, Ausst.-Kat. mima:offsite, Middlesbrough Institute for Modern Art, Middlesbrough. **(G)**

Mónica Ashida, *Casa Del Lago Juan José Arreola: Memoria de Exposiciones '06*, Mexiko-Stadt.

Biennale Cuvée: World Selection of Contemporary Art, hrsg. von Ingrid Fischer-Schreiber, Ausst.-Kat. O.K. Centrum für Gegenwartskunst, Linz. **(G)**

Contemporary Masterworks: Saint Louis Collects, hrsg. von Paul Ha, Ausst.-Kat. Saint Louis Art Museum, St. Louis. **(G)**

Das Schicksal des Paradieses liegt in seiner Geometrie, hrsg. von Philippa Walz, Ausst.-Kat. Kunstverein KISS Temporäres Museum, Kunst im Schloss Untergröningen e.V., Abtsgmünd-Untergröningen. **(G)**

Dirty Yoga: 2006 Taipei Biennial, hrsg. von S. Yu and F. Chou, Ausst.-Kat. Taipei Fine Arts Museum, Taipeh. **(G)**

Inéditos 2006, hrsg. von Obra Social Caja Madrid, Ausst.-Kat. La Casa Encendida, Madrid. **(G)**

Human Game: Winners and Losers, hrsg. von Francesco Bonami, Maria Luisa Frisa und Stefano Tonchi, Ausst.-Kat. Fondazione Pitti Discovery, Florenz. **(G)**

Robin Rhode, hrsg. von T. Okamura, Ausst.-Kat. Shiseido Gallery, Tokio. **(E)**

Robin Rhode: The Storyteller, une légende d'automne, hrsg. von Gwénola Ménou, Ausst.-Kat. Le Collège/FRAC Champagne-Ardenne, Reims, veröffentlicht in der Reihe: Editions Analogues, Semaine 08.06, 84, Arles. **(E)**

Street: Behind the Cliché, hrsg. von Nicolaus Schafhausen, Ausst.-Kat. Witte de With Center for Contemporary Art, Rotterdam. **(G)**

Venice-Istanbul: a Selection from the 51st International Venice Biennale, hrsg. von Cem Ileri, Ausst.-Kat. Istanbul Museum of Modern Art, Istanbul. **(G)**

2005

Ars Viva 05/06 – Identität/Identity, hrsg. von Kulturkreis der deutschen Wirtschaft im BDI e.V. Ausst.-Kat. Kunsthalle Rostock; Extra City – Center for Contemporary Art, Antwerpen; Kunst-Werke Berlin e.V., Berlin; und Frankfurt am Main. **(G)**

Attention à la marche (histoires de gestes), hrsg. von Julie Pellegrin, Ausst.-Kat. La Galerie, Centre d'art contemporain, Noisy-le-Sec. **(G)**

TJ Demos, *Vitamin Ph*, New York.

Hidden Rhythms, hrsg. von Hilde De Brujin. Ausst.-Kat. Museum Het Valkhof & Paraplufabriek, Nijmegen. **(G)**

Jens Hoffmann und Joan Jonas, *Art Works: Aktion*, Hildesheim.

S.N.O.W.: Sculpture in Non-Objective Way, hrsg. von hopefulmonster, Ausst.-Kat. Tucci Russo Studio per l'Arte Contemporanea, Torre Pellice. **(G)**

Tres escenarios, hrsg. von Elvira Dyangani, Ausst.-Kat. Centro Atlántico de Arte Moderno, Gran Canaria.

2004

Adaptive Behavior, hrsg. von Yukie Kamiya, Ausst.-Kat. New Museum of Contemporary Art, New York.

Personal Affects: Power and Poetics in Contemporary African Art, hrsg. von Sophie Perryer, Ausst.-Kat. Museum for African Art, Long Island City, 2 Bde., New York. **(G)**

Tremor. Contemporary South African Art, hrsg. von Emma Bedford, Ausst.-Kat. Palais des Beaux Arts, Charleroi, Brüssel. **(G)**

2003

How Latitudes Become Forms, hrsg. von Philippe Vergne, Ausst.-Kat. Walker Art Center, Minneapolis. **(G)**

Things You Don't Know, hrsg. von Karel Cisar, Ausst.-Kat. Galerie K & S, Berlin. **(G)**

2001

Fresh. Robin Rhode, hrsg. von Emma Bedford, Ausst.-Kat. South African National Gallery, Kapstadt. **(E)**

ARTIKEL (AUSWAHL)

2007

Benjamin Genocchio, »Robin Rhode«, in: *The New York Times,* 8. Juni, S. E27.

Sue Williamson, »Robin Rhode at Perry Rubenstein«, in: *ARTTRHOB,* 8. Juni, http://www.artthrob.co.za/07jun/reviews/perry.html.

Anne Stringfield, »Robin Rhode«, in: *The New Yorker,* 4. Juni, S. 17.

Carol Kino, »Something there Is that Loves a Wall«, in: *The New York Times,* 13. Mai, S. AR24.

Miguel Amado, »Street Level«, in: *Artforum.com,* Critics' Picks, Mai, http://artforum.com/archive/id=15286.

Francois Quintin, »Robin Rhode«, in: *UOVO #13: Spectrum,* März, S. 114–147.

Lucy Birmingham Fujii, »Funny and Dark, the Mori Laughs«, in: *The Japan Times,* 8. Februar, S. 17.

2006

Melvyn Minaar, »SA Artist's Work a Knock-out at International Miami Fair«, in: *Cape Times,* 14. Dezember, http://www.capetimes.co.za/index.php?fArticleId=3592039.

Christina Ruiz, »Punching Well above His Weight«, in: *The Art Newspaper,* Art Basel/Miami Beach, 7. Dezember, S. 2.

Ignacio Villarreal Jr., »Art Basel Miami Beach – Art Perform«, in: *ArtDaily.com,* 8. November, http://www.artdaily.com/section/news/index.asp?int_sec=28int_news=180658b=robin%20rhode

Claire Tancons, »One to Watch: Robin Rhode«, in: *ArtKrush.com,* 3. Mai, http://betartkrush.com/12194.

Philip Auslander, »Straight Out of Cape Town«, in: *Art Papers,* März/April, S. 17–19.

Filipp Bakhtin, »Sport: Street Games«, in: *Esquire* (Russland), Januar, S. 234.

2005

Andrea Bellini, »Robin Rhode: The Dimension of Desire«, in: *Flash Art,* 244, Oktober, S. 90–93.

Lauri Firstenberg, »Robin Rhode«, in: *Contemporary,* 21, 74, September, S. 86–89.

Sean O'Toole, »At the Centre's Edge«, in: *Art South Africa,* 1, 4, Frühling, S. 24–29.

Grace Glueck, »The Listings«, in: *The New York Times,* 11. Februar, S. 28.Faye Hirsch, »Subjective State: Recently on View in New York, a Two-Venue Exhibition of Contemporary Art from South Africa Conveyed a Refreshing Cultural Openness 10 Years after the Demise of Apartheid«, in: *Art in America,* Februar, S. 131.

Sean O'Toole, »Robin Rhode at Perry Rubenstein«, in: *Art in America,* Februar, S. 131.

Megan Ratner, »Robin Rhode«, in: *Frieze,* 88, Januar/Februar, S. 120–121.

Jonathan Turner, »Review: Robin Rhode at Perry Rubenstein Gallery«, in: *ARTnews,* Januar, S. 123–124.

2004

RoseLee Goldberg, »Robin Rhode: New Museum of Contemporary Art/Perry Rubenstein Gallery/Museum for African Art«, in: *Artforum,* Dezember, S. 196–197.

Roberta Smith, »Art in Review«, in: *The New York Times,* 29. Oktober, S. 38.

Laurie Ann Farrell, »At the Centre's Edge«, in: *Art South Africa,* 4, 1, Frühling, S. 68.

Ivan Mecl, »Street Animation«, in: *Umelec,* 2, Sommer, S. 78–79.

2003

Ruth Kerkham, »Coexistence: Contemporary Cultural Production in South Africa«, in: *NKA Journal,* Frühling/Sommer, S. 92–93.

Claire Tancons, »Fugitive: Robin Rhode Drawings and Performances«, in: *NKA Journal,* Frühling/Sommer, S. 66–71.

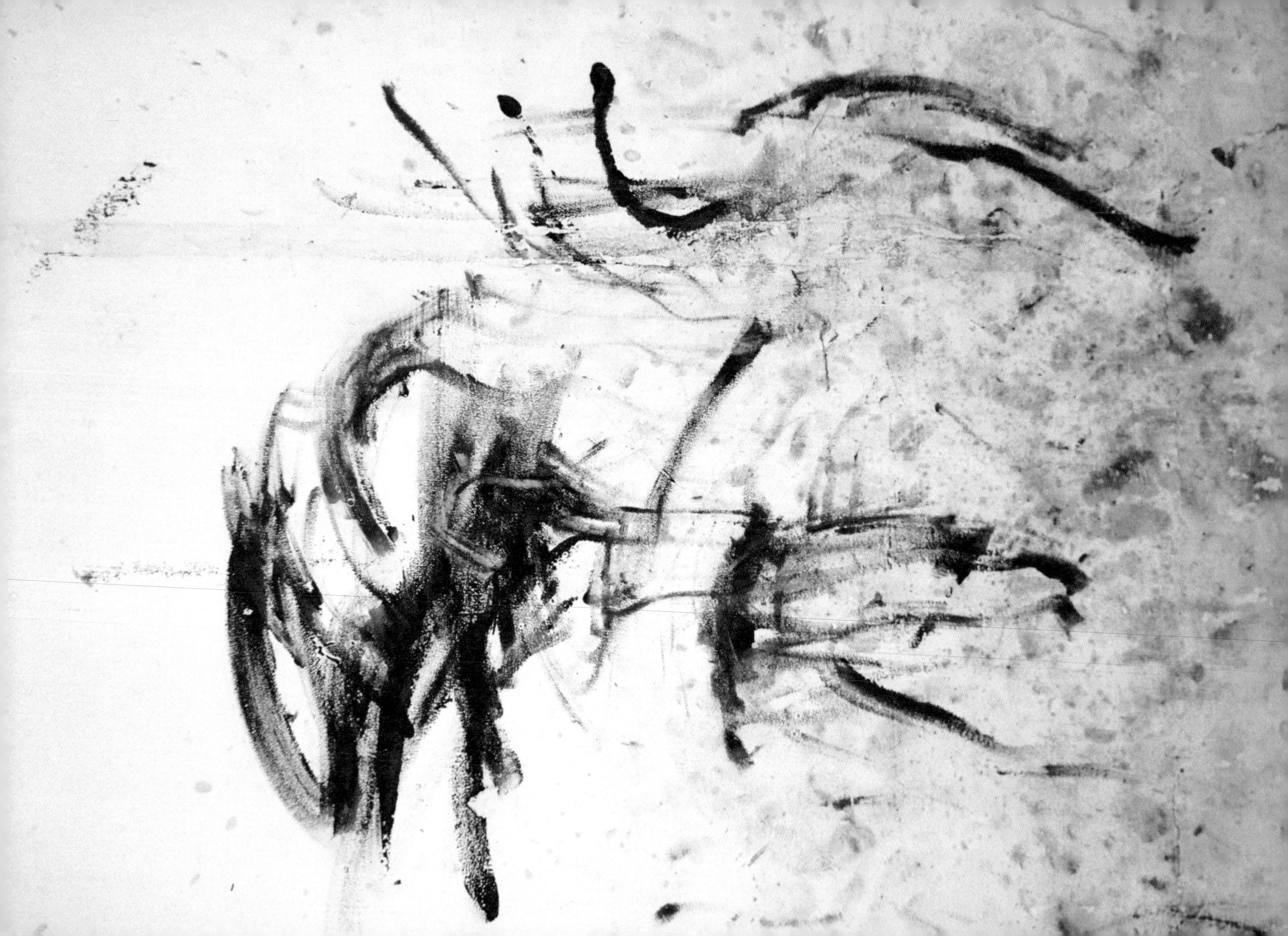

IMPRESSUM

HERAUSGEBER
Stephanie Rosenthal

REDAKTION
Patrizia Dander, Stephanie Rosenthal

VERLAGSLEKTORAT
Julika Zimmermann

ÜBERSETZUNGEN
Ralf Schauff, Matthias Wolf

GESTALTUNG
Stephan Fiedler

SATZ
Margarethe Hausstätter, ExtraGestaltung

REPRODUKTIONEN
hausstætter herstellung

SCHRIFT
Century, Interstate

PAPIER
Galaxi Supermat, 150 g/m², Alster Werkdruck, 120 g/m²

BUCHBINDEREI
Verlagsbuchbinderei Dieringer, Gerlingen

GESAMTHERSTELLUNG
Dr. Cantz'sche Druckerei, Ostfildern

Erschienen im
Hatje Cantz Verlag
Zeppelinstraße 32, 73760 Ostfildern
Tel. +49 711 4405-200, Fax +49 711 4405-220
www.hatjecantz.de

Es erscheint eine Collector's Edition.
Nähere Informationen erhalten Sie beim Verlag.

Diese Publikation erscheint anlässlich der Ausstellung
ROBIN RHODE. WALK OFF
Haus der Kunst, München
16. September 2007 bis 6. Januar 2008

DIREKTOR
Chris Dercon

KAUFMÄNNISCHE LEITUNG
Marco Graf von Matuschka

KURATORIN
Stephanie Rosenthal

ASSISTENZ
Patrizia Dander

AUSSTELLUNGSORGANISATION
Tina Köhler mit Cassandre Schmid

KONSERVATORISCHE BETREUUNG
Jesús del Pozo

TECHNISCHE LEITUNG
Anton Köttl mit Glenn Rossiter

BELEUCHTUNG
Rudolf Ortner mit Harald Magiera

KULTURPROGRAMM
Swantje Grundler

KINDERPROGRAMM
Anne Leopold

PRESSE
Elena Heitsch

ÖFFENTLICHKEITSARBEIT
Anna Schüller

ROBIN RHODE, DER HATJE CANTZ VERLAG UND HAUS DER KUNST DANKEN:

Thomas Boutoux, Franca & Marco Brignone, Michael Franke, Serge Hasenboler, Tony Hernandez, Stephen Hobbs, André Lepecki, Brenton Maart, Nathan Meadows, David Miller, dem Team des Museo Tamayo Arte Contemporáneo, Mexico-Stadt, Paolo Mussat Sartor (a.k.a. Mr. Mussat), Bildgießerei Hermann Noack, Sabinah Odumosu, Charlotte Reimann, Will Rogan, Ernest Swartz, Atelier Joost van der Velden, Vladimir Vidakovic, Barend de Wet, Cameron Wittig, Marie-Liesse Zambeaux, Martin & Danielle Zimmerman, sowie weiterhin: Perry Rubenstein Gallery, New York; carlier | gebauer, Berlin; Tucci Russo Studio per l'Arte Contemporanea, Torre Pellice; Galerie Kamel Mennour, Paris; dem Haus-der-Kunst-Team sowie jenen, die ungenannt bleiben möchten.

UMSCHLAGABBILDUNG
Auszug aus der fotografischen Serie
BLACKHEAD 2006
(siehe auch S. 78–79)

Die Fotografien auf den Seiten 2–3, 6, 10, 12, 14, 18, 22, 26, 30, 173, 182 wurden von Robin Rhode für das Layout dieses Kataloges aufgenommen.

ISBN 978-3-7757-2005-2

Printed in Germany